빅 히스토리

BIG HISTORY MAIN LECTURE

Copyright © 2011, 2013 bgC3, The Big History Project
Korean translation Copyright © 2013 Ji-Hyung Cho

All rights reserved including the right of reproduction in whole or in part in any form.
This edition published by arrangement with Ji-Hyung Cho.

이 책은 저작권법에 의하여 한국 내에서 보호를 받는 저작물이므로
무단 전재와 무단 복제를 금합니다.

데이비드 크리스천, 밥 베인 지음 | 조지형 옮김

한국어판 서문

간결하고 명료한 빅 히스토리

데이비드 크리스천
(호주 매쿼리 대학교 교수)

빅 히스토리 프로젝트Big History Project를 위해 제작한 빅 히스토리 강의 시리즈가 한국어로 번역된 것을 매우 기쁘게 생각합니다. 빅 히스토리 강의는 우주, 지구, 지구 상의 생명, 인류의 진화에 대한 간결하고 명료한 설명으로 138억 년 동안 더욱 복잡한 것들이 출현해왔다는 것을 보여주려고 했습니다. 진실로 오늘날의 현대 인류 사회는 우주에서 가장 복잡한 것 중의 하나이며, 이 순간은 전체 우주의 역사에서 가장 빠르게 변화하는 시기 중 하나라고 생각합니다. 빅 히스토리는 우리가 매우 흥미로운 행성에 살고 있으며 이 행성의 역사에서 매우 흥미로운 시기에 살고 있다는 사실을 알려줍니다. 또한 빅 히스토리는 우리 인간이 지구에 나타났던 종species 가운데 아마도 가장 강력하고 창의적인 종이라는 사실도 말해줍니다.

나는 이 빅 히스토리 강의가 한국 학생들에게 인류의 역사는 물론 우주의 역사 속에서 자신들의 위치를 보다 잘 이해하는 데 큰 도움을 줄 수 있을 것이라고 기대합니다. 그리고 한국에서의 빅 히스토리의 발전에 이 빅 히스토리 강의가 기여하기를 바랍니다. 이 자리를 빌려 한국에서 빅 히스토리 강의 시리즈의 여러 편을 준비하고 촬영하는 데 친절한 도움을 준 이화여자대학교 지구사연구소의 여러분, 특히 조지형 교수, 김서형 박사, 그리고 장수영 양에게 감사의 뜻을 전합니다.

한 명의 학생으로서

내가 빅 히스토리를
좋아하는 이유

빌 게이츠
(마이크로소프트 사 공동창업자, 빌앤드멀린다게이츠재단 이사장)

빅 히스토리에 오신 것을 환영합니다. 빅 히스토리는 제 삶을 통틀어 가장 좋아하는 학문 분야입니다. 사실, 빅 히스토리는 매우 특별한 학문 분야입니다. 왜냐하면 빅 히스토리는 여러 학문 분야의 수많은 지식들을 다룰 수 있는 틀framework을 만들어주기 때문입니다. 빅 히스토리는 어느 다른 분야보다도 포괄적입니다. 그것은 빅 히스토리가 다루는 시간의 길이 때문만은 아닙니다. 빅 히스토리는 우리가 자연과학에서 배우는 것과 역사학, 경제학에서 배우는 것을 다루고 있으며 이것을 모두 융합하기 때문입니다.

빅 히스토리를 처음 접했을 때 제 머릿속에는 이미 많은 개별적인 지식이 들어 있었습니다. 저는 생물학을 조금,

"빅 히스토리는 제 삶을 통틀어
가장 좋아하는 학문 분야입니다."

물리학을 조금, 문명이 어떻게 더욱 전문적인 역할을 하게 되었으며 시간의 흐름에 따라 인구가 어떻게 증가했는지를 조금 알고 있었습니다. 그러나 저는 이 모든 것을 융합시켜본 적이 없었습니다.

빅 히스토리는 제게 원소, 태양, 행성, 초기 생물을 상기시켜주었고, 다세포 생물이 출현하기까지 오랜 시간이 걸렸으며 그 후에 다세포 동물의 폭발적인 증가가 일어났다는 것을 알려주었습니다. 빅 히스토리는 초기 인류의 역사와 이에 대한 우리의 지식, 최근까지의 지식, 또한 어떻게 문명이 생겨나게 되었으며 농경은 어떤 특별한 역할을 담당했는지, 여러 나라와 대륙의 특징들이 어떻게 오늘날의 세계를 만들었는지를 다루고 있습니다. 이렇게 빅 히스토리는 이 모든 것을 종합하고 이해할 수 있도록 해줍니다. 사실, 저는 속상했습니다. 제가 어렸을 때 이런 학문 분야가 없었기 때문입니다. 만약 있었다면, 제 생각에 저는 더 많은 것들을 알 수 있었을 것이며 어떤 형태로든 지식을 연결시켰을 것입니다. 그렇지만 저는 그렇게 할 수 없었습니다.

빅 히스토리는 바로 그런 학문 분야입니다. 저는 모든 사람들이 이 빅 히스토리의 혜택을 받게 될 것이라는 생각에 흥분을 감출 수 없습니다. 많은 경우에, 빅 히스토리에서 여러분이 배우는 것은 출발점starting point이 될 것입니다. 여러분은 지식의 다양한 분야에서 더 깊이 배우기를 원하게 될 것이며 자신만의 아이디어를 갖기 원하게 될 것입니다. 소득의 증가, 수명의 증가, 공정하게 사람을 대하는 우리의 능력에 대해 살펴볼 때 우리는 우리의 관점을 우리 가족이나 우리 부족에서, 단지 국가의 수준으로가 아니라 인류 전체를 고려하는 층위로 밀고 나아가야 합니다.

그렇다면 이 층위에서, 우리는 문제들을 어떻게 다루어야 할까요? 이러한 방식으로 문제들을 해결하기 위해 우리는 무엇을 어떻게 조직해야 할까요? 여러분은 이 강의 전체를 들은 후에 많은 의문을 가지게 될 것입니다. 빅 히스토리는 학문의 전체적인 윤곽을 보여주겠지만, 여러분이 호기심과 깊은 관심을 가질 때에만 빅 히스토리는 여러분과 여러분의 지적인 열망에 부응하는 것이 될 것입니다.

차례

한국어판 서문 간결하고 명료한 빅 히스토리　5
한 명의 학생으로서 내가 빅 히스토리를 좋아하는 이유 _빌 게이츠　7

1 빅 히스토리란
1-1 빅 히스토리란 무엇인가?　15
1-2 우리는 무엇이 진실인지 아닌지 어떻게 아는가?　33

2 빅뱅
2-1 우리의 우주관은 어떻게 변해왔는가?　51
2-2 빅뱅에서 무엇이 나타났는가?　73

3 별과 원소
3-1 별은 어떻게 생성되었는가?　99
3-2 별은 우리에게 무엇을 주었는가?　121

4 태양계와 지구
4-1 지구는 어떻게 생성되었는가?　143
4-2 초기 지구는 어떻게 생겼는가?　167

5 생명
5-1 생명은 무엇인가?　193
5-2 생명은 어떻게 시작했으며 변화했는가?　213
5-3 지구와 생물은 어떻게 상호작용하는가?　233

6 초기 인류
  6-1 우리의 조상은 어떻게 진화했는가? **251**
  6-2 무엇이 인간을 독특하게 했는가? **269**
  6-3 최초의 인간은 어떻게 살았는가? **285**

7 농경과 문명
  7-1 농경은 왜 매우 중요한가? **305**
  7-2 최초의 도시는 어디에서 그리고 왜 출현했는가? **321**

8 확장과 상호연결
  8-1 세계는 어떻게 서로 연결되었는가? **343**

9 가속
  9-1 변화는 어떻게 가속하게 되었는가? **369**
  9-2 현대 세계는 어떻게 만들어졌는가? **389**

10 미래
  10-1 미래에 복잡성은 어떻게 증가할 것인가? **407**

옮긴이의 말 **421**
도판의 출처 **426**

BIG HISTORY

1

빅 히스토리란

1-1 빅 히스토리란 무엇인가?

빅 히스토리 혹은 거대사는 하나의 거대한 이야기로, 이 세상 모든 것이 어떻게 해서 오늘날과 같이 되었으며 그 이야기 속에 우리는 어디에 위치해 있고, 그 모든 것들이 어떻게 될 것인지를 설명하는 데 도움이 되는 이야기다. 이 장에서, 데이비드 크리스천 교수는 빅 히스토리의 정의, 138억 년의 빅 히스토리 타임라인, 빅 히스토리 관련 지식에 대한 여러 접근 방법, 그리고 빅 히스토리가 세상 모든 것의 기원 이야기 origin story를 창조해낸 인류의 오랜 전통과 어떤 관계가 있는지를 설명한다. 여러분은 빅 히스토리가 무엇인지 정의할 수 있게 될 것이며, 왜 빅 히스토리가 배울 만한 것인지, 왜 애써서 살펴볼 만한 것인지를 알게 될 것이다.

핵심 질문

1. 빅 히스토리란 무엇인가요?
2. 왜 빅 히스토리를 공부해야 하나요?

지구는 우리 인류가 집home이라고 부르는 곳입니다. 지구는 경이로움이 가득한 매우 아름다운 곳입니다. 지구에는 산과 강, 그리고 바다로 펼쳐지는 눈부신 풍경이 있습니다. 지구는 삼나무에서 제비, 비버, 거미, 그리고 아마도 가장 불가사의한 종이겠지만 여러분과 저와 같은 70억 명의 인류에 이르기까지 경이로울 정도로 다양한 종이 사는 곳입니다.

눈을 들어 태양을 한번 바라보세요. 태양은 지구의 생명 에너지입니다. 태양은 우리의 은하, 은하수Milky Way에 있는 1000억 개의 별 중의 하나입니다. 그리고 우리 은하는 우주 전체의 1000~2000억 개의 은하 중의 하나입니다.

1 빅 히스토리란

우주는 어떻게 오늘날과 같이 되었을까요?
어떻게 우주가 만들어졌을까요?
우주는 어떻게 오늘날과 같이 작동하게 되었을까요?
왜 별들은 클까요?
여러분과 저는 왜 작을까요?
왜 우리는 거대한 우주 속의
이 작지만 특별한 곳에,
생명들로 가득한 이 작은 행성에
자리를 잡게 되었을까요?
왜 인간은 그토록 강력한 힘을 가지게 되었을까요?
인간이란 무엇일까요?

이 질문들은 훌륭한 질문이며, 동서고금에 걸쳐 계속해서
제기된 질문입니다. 그리고 이 질문들은 고도의 전문지식을
가진 많은 사람들이 제기한 것들입니다. 지질학자, 생물학자,
천문학자, 물리학자, 역사학자, 인류학자 들이 계속
이 질문들을 제기해왔습니다.

여기에서는 전문적인 답변과 함께, 그것들을 일관성 있는
하나의 이야기로 통합하여 어떻게 세상 모든 것들이 오늘날과
같이 되었는지, 그 이야기 속에 우리는 어디에 위치해 있으며
모든 것들이 어떻게 될 것인지를 설명할 것입니다.

이 질문들은 심지어 제가 어렸을 때에도 저를 매혹시켰습니다. 이 질문들을 떠올리면 저는 어떤 절대적으로 거대하고 매우 불가사의한 것의 한 부분이라는 느낌을 갖게 되기 때문이었습니다. 저는 좀 더 많은 것들을 알고 싶었습니다.

그래서 저는 잡화상에서 망원경을 구입했습니다. 영국에 있는 집 뒤뜰에 망원경을 설치하고 별들을 관찰하기 시작했습니다. 갑자기 제가 관찰하는 하늘 모든 곳에서 별들이 이중으로 보였습니다. 저는 정말 새로운 것을 발견했다고 생각했습니다. 그래서 친구에게 그 사실을 말했고, 친구는 의심쩍어하며 망원경을 어디서 샀느냐고 물었습니다. 저는 뭔가 잘못되었다는 생각이 들었습니다. "잡화상에서 망원경을 샀니? 만약 하늘을 제대로 관찰하려면, 망원경은 매우 정교하게 만들어진 것이어야 해." 그럼에도 저는 그런 둔한 망원경으로도 어떤 매혹적인 일을 그럭저럭 잘하고 있었습니다. 예를 들면, 저는 고리가 달린 토성을 보았는데, 마치 밝고 빛나는 볼 베어링 주위를 금속 와셔(너트 밑에 끼우는 둥글고 얇은 나사받이)가 도는 것처럼 보였습니다. 정말로 토성은 매우 아름다웠습니다.

저는 이 일로 해서 이 질문들이 거대한 것들이며 이 질문들에 대한 훌륭한 대답이 있고, 이 질문이 우리를 복잡하지만 경이로우면서도 긴 여행으로 인도하리라는 것을 알게 되었습니다.

데이비드 크리스천 호주 매쿼리 대학교 교수

옆의 타임라인을 보세요.

이 타임라인은 여러분에게 시간 순서대로 제 삶의 여정을 보여줍니다. 저는 이 타임라인에 제가 무엇을 했는지를 적어놓았습니다. 제 삶에서 중요하다고 생각되는 사건들이 적혀 있습니다. 이 사건들은 제 생애의 중요한 전환점 혹은 임계국면threshold°이라고 간주할 수 있습니다.

저는 태어난 지 13개월이 되었을 때 나이지리아로 갔습니다. 그리고 저는 캐나다에 가서 아내를 만났습니다. 또 영국의 대학으로 가서 러시아사 연구자로 훈련을 받았고, 오스트레일리아에서 첫 직장을 잡았습니다. 이 모든 일들, 전환점들이 제게 소중합니다.

○**임계국면**
어떤 현상이 다르게 나타나기 시작하는 지점 혹은 경계. 빅 히스토리에서는 새로운 현상이나 물질이 나타나는 지점 혹은 시기를 의미한다.

1946　　1960　　1970　　1980

1959
아버지가 독립국가가 된
나이지리아를 떠남

1954~1959
영국에 있는 기숙학교 다님

나이지리아에서
홈스쿨링

3개월
아버지가 영국 식민국의
분교구 관리였던
나이지리아로 떠남

1946.12.8
미국 브루클린에서
태어남

1975
호주 매쿼리 대학교에서
러시아사를 가르치기 시작함

1974
옥스포드대학교에서
러시아사 Ph. D. 학위 받음

U.S.S.R에서 러시아의
입법기관 역사 공부

웨스트 온타리오 대학교에서
러시아사 M. A. 학위 받음

캐나다 온타리오에서 장차
아내가 될 차디(Chardi)를 만남

1968
옥스포드 애드먼드 컬리지에서
현대사 B. A. 학위 받음

1980　　1990　　2000　　TODAY

2009
호주 매쿼리 대학교로
되돌아감

2001
미국 샌디에고 주립대학교에서
세계사와 빅 히스토리 강의 시작

1987
호주 매쿼리 대학교에서
빅 히스토리 강의 시작

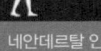 네안데르탈 인 멸종

저는 해외여행을 많이 다녔고, 현재 3개국의 여권을 가지고 있습니다. 그래서 생기는 문제는 내가 어느 나라의 국민인지 혹은 나는 누구인지 정말 확신을 가질 수 없다는 것입니다. 진실로 저는 한 국가의 역사(제 경우에는 러시아 역사)를 배우거나 가르치는 일에 만족한 적이 결코 없습니다.

저는 전체 인류의 역사에 대해 알고 싶었습니다. 이 질문은 계속 사라졌다가도 되돌아오곤 했습니다. 만약 여러분이 인류에 대해 알고 싶다면, 인류가 유인원에서 어떻게 진화했는지에 대해 질문해야 합니다. 더 거슬러 올라가 어떻게 유인원으로 진화하였는가를 질문할 수도 있습니다. 마침내 지구 상에 생명의 기원에 대해 이야기할 때까지 거슬러 올라갈 수 있습니다. 일단 이렇게 거슬러 올라가게

호모 사피엔스

되면, 여러분은 지구의 기원은 물론 우주 전체의 기원에 대해 묻지 않을 수 없게 됩니다.

이 질문들은 거대한 것이지만, 제게 정말 중요한 것이었습니다. 이 질문들을 던짐으로써 나는 누구인지 무엇의 한 부분인지 알게 되었기 때문입니다.

1 빅 히스토리란

저는 모든 사회가 이 질문들을 동일하게 제기해왔다는 것을 깨달았고, 그 똑같은 이유 때문에 이 질문들을 던졌습니다. 그러나 대답은 매우 다양합니다. 어떤 사람은 우주가 매우 최근에 출현했다고 주장하고, 어떤 다른 사람은 우주가 항상 존재해왔다고 주장합니다. 어떤 이들은 우주가 하느님 혹은 일단의 여러 신들에 의해 창조되었다고 말하며, 어떤 이들은 우주에 퍼져 있던 일종의 균일한 죽에서 출현했다고 말합니다.

그리고 이러한 이야기들은 각각 별, 태양과 달, 산과 바다, 식물과 동물, 그리고 당연히 여러분과 나의 기원에 관해 설명합니다.

빅 히스토리는 이러한 이야기들의 현대적 버전입니다. 빅 히스토리는 완벽한 것은 아니지만, 오늘날 우리 사회에서 활용할 수 있는 가장 믿을 만한 지식에 근거한 것입니다. 새로운 지식이 계속 나오고 있으며, 그 결과 우리는 빅 히스토리의 이야기를 계속 조정하고 향상시켜야 합니다. 빅 히스토리 안에는 우리가 완벽한 대답을 제시할 수 없는, 그래서 우리가 확신할 수 없는 부분도 많습니다. 그래서 빅 히스토리는 계속 작게나마 갱신되고 있고, 솔직히 말한다면 이런 갱신은 빅 히스토리를 더 흥미롭게 만드는 것들 중의 하나입니다.

자, 여러분은 저의 개인사적인 타임라인을 보았습니다. 여러분은 이 타임라인을 일종의 개인사적인 기원 이야기라고 간주할 수 있으며, 여러분 모두가 자기 자신의 타임라인을 작성할 수도 있을 것입니다. 어떤 사람들의 경우 그 타임라인이 매우 길 수도 있습니다. 그러나 만약 여러분이 긴 타임라인을 살펴보기를 원한다면, 우주의 역사, 즉 138억 년과 같이 매우 긴 타임라인을 생각할 수도 있습니다! 천천히 그 숫자가 의미하는 바를 생각해보세요. 만약 그 숫자를 세기를 원한다면, 1초에 숫자 하나를 센다고 하고 100만을 센다면, 얼마나 걸릴까요? 이 경우, 11.5일이 걸립니다. 10억을 센다고 한다면, 1000배 즉 약 32년이 걸릴 것입니다. 138억 년을 센다면, 441년이 걸릴 것입니다.

이것은 엄청나게 긴 시간 동안의 스토리입니다. 그러나 바로 이 스토리가 이 책에서 여러분과 함께 나누고자 하는 스토리입니다.

이것은 놀라운 스토리입니다. 이 스토리에는 많은 굴곡과 변곡점들이 있고, 해결하지 못한 의문들이 많이 있으며 놀라운 아이디어들과 이야기들이 있습니다.

우리가 진정으로 관심을 가지고 있는 관점들 중의 하나는 복잡성의 증가라는 것입니다. 138억 년이라는 시간 속에서, 우주에서 완전히 새로운 특징을 가진 새로운 것들, 새로운 복잡한 것들이 점진적으로 출현했습니다. 우리는 특히 이를 '임계국면'이라고 부르는 전환점을 통해 살펴보려는 것입니다. 마지막 임계국면은 오늘날의 세계이며, 이 세계는 우리가 현재 알고 있는 것들 가운데 가장 복잡한 것입니다.

이제 여러분은 우주의 전 역사를 살펴보게 될 것이고 여러분 자신들이 그 속에 어느 곳에 위치해 있는지를 알게 될 것입니다.

자, 시작해봅시다.

여덟 가지 임계국면

복잡성의 증가는 빅 히스토리의 주요 주제 가운데 하나다. 우주의 기나긴 역사 전체에 걸쳐 놀라운 방식으로 더욱더 복잡한 것들이 출현했다. 새로운 형태의 존재는 출현 조건이 정확히 맞아 떨어지면 기존의 존재하는 것을 근간으로 하여 나타났다. 우리는 이것을 '복잡성 증가의 임계국면'이라고 부른다. 우리는 역사 속에서 많은 임계국면을 발견할 수 있다. 이 강의에서는 여덟 가지로 간추려 설명한다.

첫 번째 임계국면
빅뱅 (138억 년 전)

두 번째 임계국면
별의 출현 (135억 년 전)

세 번째 임계국면
새로운 원소의 출현 (135억 년 전)

여섯 번째 임계국면
집단학습 (20만 년 전)

일곱 번째 임계국면
농경 (1만 1000년 전)

| 138억 년 전 | 50억 년 전 | 10억 년 전 | 100만 년 전 | 5000년 전 | 1000년 전 | 오늘날 |

다섯 번째 임계국면
지구 상의 생명 (38억 년 전)

여덟 번째 임계국면
근대 혁명 (250년 전)

네 번째 임계국면
태양계와 지구 (45억 년 전)

💡 더 깊이 생각하기

1 여러분이 지구와 우주를 묘사한다면
어떻게 할 것인가요?

2
**다양한 종류의 많은 사람들이
우주, 생명 그리고 인류에 대한
우리의 이해를 높이기 위해
노력하고 있습니다.**
접근 방법은 서로 어떻게 다를까요?
예를 들면, 여러분의 역사 선생님과 과학 선생님은
서로 다른 방법론을 가지고 동일한 (혹은 비슷한)
문제를 어떻게 접근하고 있나요?

3 밤하늘을 올려다보면,
무슨 생각이 떠오르나요?

4 여러분 자신의 삶을
돌이켜 생각한다면, 삶에서 어떤
전환점이 가장 중요했나요?
몇 가지만 들어볼까요?

5 어떤 것이든 간에, 잘 알고 있는 기원 이야기가
있나요? 어떤 기원 이야기인가요?
모든 기원 이야기의 공통점은
무엇인가요?
빅 히스토리와 기존의 기원 이야기와의 차이는
무엇인가요?

1-2 우리는 무엇이 진실인지 아닌지 어떻게 아는가?

밥 베인 교수는 우리가 일상에서 주장들과 마주친다고 설명한다. 주장이란 우리 모두가 어떤 정보를 신뢰할 만하다고 판단할 때 활용하는 결론, 단언 혹은 대답이다. 그에 따르면, 신뢰는 직관, 권위, 논리, 증거라는 네 가지의 '주장의 신뢰성 판단기준claim tester' 가운데 하나에 근거한다. 여러분은 이 장을 읽고 난 후 여러분의 삶 속에서 제기되는 주장들을 평가할 수 있게 될 것이다.

핵심 질문

1. 여러분은 어떤 주장이 믿을 만한지, 어떤 주장은 무시해도 되는지, 그리고 어떤 주장은 좀 더 검토를 해봐야 하는지 어떻게 결정하나요?
2. 주장의 신뢰성 판단기준인 네 가지는 무엇이며, 그것들은 서로 어떻게 다른가요?

PART 1

안녕하세요. 밥 베인입니다. 여기는 아름다운 시애틀입니다. 날씨가 좋은 오늘, 여러분에게 빅 히스토리에 대해 이야기할 수 있게 되어서 매우 기쁩니다. 저는 데이비드 크리스천 교수의 친구이자 오랜 동료입니다. 우리는 많은 프로젝트에서 함께 일했고, 빅 히스토리 프로젝트에서도 함께 일하게 되었습니다.

여러분처럼, 저도 데이비드의 강연을 들을 예정입니다. 여러분처럼, 저도 새로운 것들을 배우게 될 것입니다. 빅 히스토리는 생각하도록 만들기 때문에 제게 매우 흥미로운 것입니다. 빅 히스토리는 새로운 질문을 던지도록 저를 이끕니다. 빅 히스토리는 우주와 세계, 그리고 그 속의 나의 위치에 대해 다시 생각하도록 합니다. 때때로 데이비드는 저를 초청해 빅 히스토리 강의에 나오는 몇몇 중요한 개념에 관하여 여러분과 이야기를 나누고 함께 생각하도록 할 것입니다.

예를 들면, 저는 데이비드가 기원 이야기에 대해 말했던 1장의 첫 강의가 좋았다고 생각합니다.

사실, 기원 이야기는 제 삶에 줄곧 중요한 것이었습니다. 할머니는 기원 이야기를 제게 말해주곤 했습니다. 그 이야기는 아름다웠고, 놀라운 것들이었습니다. 저 역시 손주들이 조금 더 크면 그들에게 그 이야기들을 전해줄 것입니다.

데이비드는 기원 이야기가 재미있는 이야기 그 이상이라는 사실을 지적하고 있습니다. 이 이야기들은 세상이 어떻게 시작되었으며 어떻게 움직이고 있는지에 대한 주장을 만들어내기 때문입니다.

밥 베인 미국 미시간 대학교 교수

주장

주장이라는 말을 사용한 적이 있나요? 역사가와 과학자들은 질문에 답할 때, 그 궁금증을 해소하면서 이 세상이 작동하는 방식에 대해 단언할 때 '주장'이라는 단어를 사용합니다.

'주장'은 여러분이 일상적으로 사용하는 단어가 아닐 수도 있지만, 여러분은 매일 주장을 하고 있고, 매일 주장에 둘러싸여 있으며, 날마다 주장을 접하고 있습니다.

예를 들면, 어떤 친구가 여러분에게 "그녀는 독감에 걸렸어. 그래서 그녀가 주말 내내 너에게 전화를 하지 않은 거야."라고 말한다면, 그것은 일종의 주장입니다. 혹은 여러분이 좋아하는 음악 밴드가 해체되었다고 알리는 블로그 글을 읽었다면, 그 글은 주장을 하는 것입니다. "핸드폰 배터리가 닳았기 때문에 늦게 집에 가겠다는 사실을 알리지 못했어요."라고 부모님에게 말한다면, 여러분은 주장을 하고 있는 것입니다.

여러분은 어떤 주장이 신뢰할 만한 것인지, 어떤 주장은 무시할 만한 것인지, 그리고 어떤 주장은 더 조사를 해야 하는지 어떻게 결정하나요?

예를 들면, 여러분은 주말에 그녀가 독감에 걸렸다는 친구의 주장을 자동적으로 믿나요? 여러분이 좋아하는 음악 밴드의 해체에 대한 리포스팅을 믿을 수 있나요? 여러분의 부모는 어떤가요? 그분들은 여러분의 핸드폰 배터리가 닳았다는 것을 믿으실까요?

이 장에서, 여러분들이 주장에 대해 질문을 던지고, 사람들이 주장을 한다는 것은 어떻게 하는 것이며, 어떤 수단을 통해 우리는 사람들의 주장을 믿게 되는지 이해하기를 바랍니다.

PART 2

자, 그럼, 여러분이 주장을 어떻게 믿고 평가하는가라는 질문에 대해 이야기해볼까요? 여러분이 실제로 겪었을 것이라고 생각되는 일상적인 경험을 적용해보겠습니다.

'빅 히스토리 카페'라는 새로운 레스토랑을 찾고 있다고 상상해보세요. 여러분은 이 레스토랑에 대해 좋은 이야기를 들었습니다. 음식은 이국적이고, 우주의 여러 곳에서 온 음식을 주문할 수 있으며, 충분한 양의 음식을 준다고 합니다. 그런데 불행하게도 우리는 어떻게 찾아가야 할지 모르는 상황입니다.

희소식 그 레스토랑에 가는 것으로 보이는 어떤 사람이 우리를 향해 걸어오고 있습니다.

여러분은 그녀를 붙잡고 물어볼 것입니다. "저, 어느 길로 가면 빅 히스토리 카페로 가는지 알려주시겠어요?"

"물론이죠." 그녀는 대답했습니다.
"길모퉁이까지 곧장 가서, 오른쪽으로 돌아 큰 백화점을 지나 조금 가다보면 왼편에 빅 히스토리 카페가 있어요."

그래서 우리는 그 방향으로 길을 갑니다. 갑자기 우리는 멈춰 섰습니다.

우리는 그녀를 신뢰할 수 있는 걸까요? 그녀는 정말로 알고 있는 것일까요? 우리의 직관, 우리의 본능은 그녀가 확신에 차 있다고 판단했습니다. 직관을 따르자. 그러다가, 우리는 멈춰 서서 가는 길을 확인해보기로 했습니다.

그래서 우리는 뒤돌아 그녀에게 물어보았습니다.

"실례하지만, 빅 히스토리 카페에 가보신 적이 있으신가요? 정말 그 레스토랑이 어디 있는지 알고 계시나요?"

그러자 그녀는 우리에게 말했습니다.

"물론이죠. 그곳은 단골 레스토랑인걸요. 저는 수년간 그곳을 다녔답니다."

우리는 기분이 좋아졌습니다. 그녀는 레스토랑의 장소에 대해 권위를 가지고 있는 것처럼 보였습니다. 그녀는 그곳에 가본 적이 있습니다. 그래서 우리는 그녀가 알려준 대로 빅 히스토리 카페로 향했습니다.

갑자기 빅 히스토리 카페가 새로 연 레스토랑이라는 사실을 기억해냈습니다. 그곳은 개업한 지 1년밖에 되지 않았습니다. 그녀는 수년간 그곳에 갈 수 없었습니다. 무엇인가 잘못되었습니다. 이치에 맞지 않습니다. 그녀가 수년간 그 레스토랑에 다녔다는 것은 비논리적입니다.

희소식   여러분은 우리가 지도 프로그램이 있는 스마트폰을 갖고 있다는 사실을 기억해냅니다. 빅 히스토리 카페로 가는 길을 지도에서 찾아보기로 결정합니다. 그리고 지도 프로그램에 오류가 날 수 있다는 사실을 알고 있기 때문에, 여러분도 지도에서 찾아보고 저도 찾아본 후에 확인하기로 합니다.

여러분과 제가 빅 히스토리 카페를 지도에서 찾아보았더니, 지도 프로그램의 찾기 결과가 서로 일치했습니다. 우리는 그녀가 길을 잘못 가르쳐주었다는 사실과 그녀가 미시사 카페로 가는 길을 알려주었다는 사실을 알게 됩니다. 빅 히스토리 카페는 다른 방향으로 다섯 블록 지난 곳에 있었습니다.

우리는 증거를 가지고 있다는 사실, 즉 우리가 가는 방향이 이제 올바르다는 사실, 그리고 그것을 두 개의 출처에서 확인해보았다는 사실에 확신을 가지고, 이제 빅 히스토리 카페로 갑니다.

우리는 마침내 그 레스토랑에 도착했습니다. 이 이야기는 매우 간단한 이야기이고 긴장감이 넘치는 이야기입니다. 여기에서 제가 하고자 하는 것은 우리가 주장을 평가하고 시험하는 네 가지 방법을 분명히 하는 것입니다. 그 네 가지는 무엇입니까?

직관 : 본능적인 느낌. 우리가 그냥 그녀가 우리에게 옳은 이야기를 하고 있다고 느꼈을 때의 느낌. 감정에 근거한 빠른 판단과 관련된 느낌

권위 : 우리가 신뢰할 만한 출처에서 정보를 얻게 되었을 때

논리 : 어떤 것에 대해 사고함으로써 주장을 테스트해보고 그것이 납득이 되는지를 파악하는 것

증거 : 이 세상에 대한 가능한 정보를 수집할 때, 어떤 것의 진위를 파악할 수 있는, 즉 '분명한' 것으로부터 유래하는 것. 빅 히스토리 카페 이야기에서, 우리는 각자 다른 출처에 근거하여 증거를 파악했고 그래서 우리는 그것을 신뢰했다.

물론 우리는 빅 히스토리 질문에 대한 사람들의 주장들을, 인간으로서의 이러한 질문들에 답하면서 제기할 수 있는 가장 중요하고 가장 좋은 주장들을 여러분이 배우고 이해하기를 바랍니다.

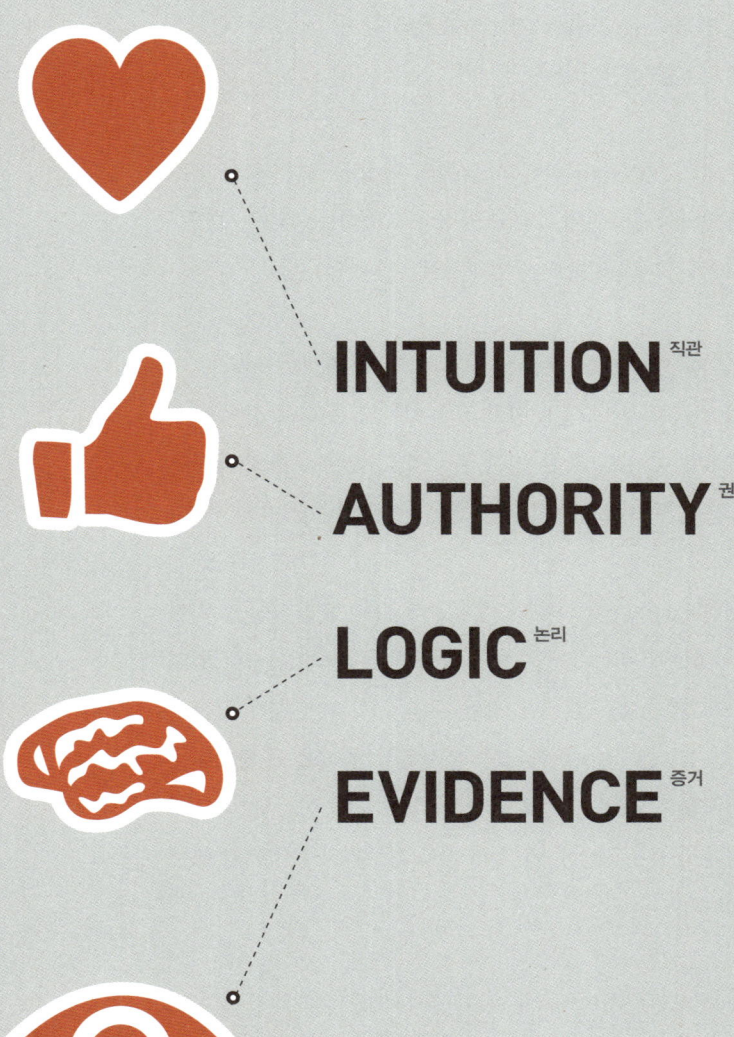

우리는 여러분이 뭔가를 더 하기 바랍니다. 또 사람들이 언제 좋은 질문을 던지는지를 인지할 수 있는 능력을 계발하기를 희망합니다.

우리는 여러분이 다른 사람들의 주장을 평가하고, 직관을 활용하고, 권위 그리고 가장 중요하게는 논리와 증거를 사용할 수 있는 능력을 발전시키기를 바랍니다.

우리는 여러분이 주장을 평가하고, 그 주장이 신뢰할 만한 것인지, 어느 정도 신뢰할 수 있는지, 어떤 주장이 무시되어야 하는지, 혹은 어떤 주장이 더 많은 조사와 새로운 질문을 필요로 하는지 결정할 수 있기를 바랍니다.

왜일까요? 사실 그것이 빅 히스토리가 작동하는 방법이기 때문입니다. 그것은 빅 히스토리를 움직이는 엔진입니다. 그것은 사람들의 주장을 시험하고, 이에 대해 질문하고, 새로운 질문을 제기하며, 새로운 증거를 구성해내는 방식을 찾아내고, 우리의 집단학습을 더 진전시키는, 여러분과 같은 사람들에 의해 빅 히스토리가 움직이기 때문입니다.

덧붙여 말하자면, 제가 제 자신에 대해 말한 주장을 여러분이 신뢰하는지 궁금합니다. 저는 여러분에게 많은 이야기를 하지 않았습니다.

저는 제가 밥 베인이라고 말했고, 데이비드 크리스천 교수의 친구이자 동료라고 했습니다. 그러나 저는 제 자신에 대해 많이 이야기하지 않았습니다.

여러분의 직관은 저를 믿으라고 말하고 있나요? 여러분은 제가 말하고 있기 때문에 주장을 내세울 수 있는 권위를 가지고 있다고 생각하나요? 여러분은 제 주장이 논리적으로 납득이 가기 때문에 제 주장에 동의하나요? 여러분은 인터넷에서 저에 대해 찾아보았나요? 제가 앤아버라는 도시에 있는 미시간 대학교의 역사학 및 교육학 교수이며, 26년간 교직 경력이 있는 전직 고등학교 교사라는 사실을 보여주는 믿을 만한 증거들을 많이 찾았나요?

저는 여러분이 제 주장을 신뢰하기를 바라며, 여러분이 이것을 판단하는 재판관이기를 바랍니다.

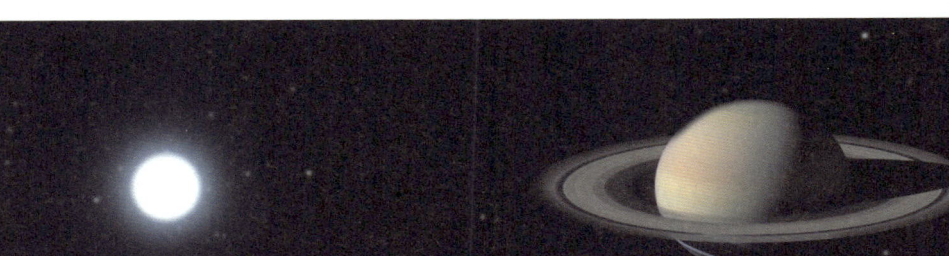

더 깊이 생각하기

1 여러분이 최근에 들었던 주장 가운데 여러분이 믿었던 주장은 어떤 것이었나요? 여러분이 믿지 않았던 주장은 어떤 것이었나요? 무엇 때문에 여러분은 그 주장을 신뢰하거나 불신하게 되었나요?

2 빅 히스토리 카페에서는 어떤 음식이 제공될까요? 어떤 정보에 근거해서 여러분은 음식이 먹을 만하다 혹은 먹을 만하지 못하다고 믿게 되나요?

3 여러분은 직관, 권위, 논리, 그리고 증거를 어떻게 구분하나요? 주장의 신뢰성 판단기준들은 어떻게 협력하여 작용하나요?

4 논리는 무엇이며,
여러분은 논리를 통해 어떻게
주장을 검증하나요?

5 여러분은 언제 복수 형태의 증거를 수집하나요?
증거를 비교해서 무엇을 하려고 하나요?

6 여러분은 빅 히스토리에서
어떤 종류의 주장을
듣고자 하나요?

7
밥 베인 교수가 누구인지 여러분 자신이 파악하기도 전에
베인 교수가 자신에 대해 여러분들에게 말해줬던 설명을
여러분은 믿었나요?
주장의 신뢰성 판단기준에 대한 이해가 빅 히스토리를
공부하는 데 어떤 도움을 주게 될까요?

BIG
HISTORY

2

빅뱅

2-1 우리의 우주관은 어떻게 변해왔는가?

데이비드 크리스천 교수는 우주관에서 세 가지의 주요 변화들을 설명한다. 프톨레마이오스, 뉴턴 그리고 허블이 우주를 어떻게 바라보았는지에 초점을 맞춰 지난 2000년 간의 우주론에 대한 생각을 망라하고 있다. 또한 이 장에서는 코페르니쿠스, 케플러, 갈릴레오, 그리고 리비트와 같은 과학자와 망원경과 같은 발명품이 우주에 대한 우리의 생각을 어떻게 변화시켰는지를 살펴본다. 여러분은 주요 우주관이 무엇인지, 어떤 새로운 증거들이 기존의 우주관을 대체하고 새로운 우주관을 출현시켰는지를 설명할 수 있게 될 것이다.

핵심 질문

1. 프톨레마이오스의 우주관, 뉴턴의 우주관, 코페르니쿠스의 우주관, 허블의 우주관 사이의 차이에 주목해보세요. 어떤 이유로 이 우주관들은 서로 다르게 되었을까요?
2. 당시 사람들은 왜 이 우주관의 차이에 민감하게 반응했을까요?
3. 어떤 새로운 증거 때문에 새로운 우주관으로 변했나요?

PART 1

기원에 관한 질문 가운데 여러분이 던질 수 있는 가장 큰 질문은 무엇인가요? 틀림없이 그것은 "어떻게 모든 것이 시작되었는가?"일 것입니다. 모든 기원 이야기는 이런 질문을 제기하고, 각각의 기원 이야기는 이에 대해 그 나름대로 답을 제시합니다. 어떤 기원 이야기에 따르면, 모든 것이 변함없이 그 전에도 있었는데, 다채로운 색을 가진 뱀이 빈 허공을 헤쳐 나가며 나무, 산, 동물, 사람, 세계를 창조했습니다. 다른 기원 이야기에 따르면, 신들이 모든 것을 만들었는데, 이는 신들이 따분하고 지루했기 때문입니다. 혹은 어떤 이야기에 따르면, 한 명의 신이 모든 것을 만들었습니다.

각 대답은 다양한 종류의 주장을 펼칩니다. 그러나 이야기는 항상 똑같지 않습니다. 시간이 흐르면 그 내용도 변합니다. 왜 그럴까라고 생각한 적이 있나요? 한 가지 이유는 이야기란 항상 어떤 것을 설명하는 것이고, 가끔 이 설명들은 새로운 정보가 발견되면 변화되어야 할 필요가 있기 때문입니다.

이 장에서 우리는 새로운 증거의 출현으로 기존의 주장들이 무너지게 되면서 등장한, 모든 것의 기원에 대한 현대적이고 과학적인 설명을 살펴보게 될 것입니다.

How Did Everything Begin?

500년 전의 유럽에서 시작해봅시다. 이 시기는 근대 과학이 처음으로 꽃을 피우게 된 시기입니다. 유럽에서 기독교는 지배적인 종교 형식이었고, 다른 모든 종교처럼 기독교는 "어떻게 모든 것이 시작되었나?"라는 질문을 포함해서 심오한 질문들에 대해 당시 사람들이 믿을 만한 대답을 내놓았습니다.

대부분의 기독교인은 하나님이 수천 년 전에 우주를 창조했다고 믿고 있었습니다. 대다수 기독교 교회는 약 1900년 전에 이집트의 알렉산드리아에서 살았던 천문학자인 프톨레마이오스가 구성한 우주 모델을 받아들여 자신들의 믿음과 연결시켰습니다.

프톨레마이오스는 지구가 우주의 중심이라고 말했습니다. 지구는 불완전한 세계입니다. 그러나 지구는 완벽하고 투명한 천구天球들로 이루어진 하늘 영역에 의해 둘러싸여 있으며, 하늘에는 달, 행성, 태양, 별들이 완벽한 원 궤도에 따라 움직입니다. 그 배후에는 천국이 있습니다.

Ptolemaeus

Sphæra X.
Sphæra IX.
Sphæra VIII.
Saturni.
Jovis.
Martis.
Solis.
Veneris.
Mercurii.
Lunæ.
Ignis.
Aer
Ele   menta

프톨레마이오스의 우주 모델은 천체의 운동을 예측하는 데 매우 훌륭했습니다. 그래서 기독교인들은 자신들이 이 모델을 지지하기 때문에 믿는 것이 아니라, 천문학적 증거들과 잘 들어맞는다고 생각했기 때문에 프톨레마이오스의 우주 모델을 믿었습니다. 그 천문학적 증거들은 당시 아무런 도구 없이 맨눈으로 조심스럽게 측정한 결과에 근거했습니다.

만약 여러분이 맨눈으로 우주를 관측한다면, 마치 태양과 별들이 지구를 중심으로 공전하고 있는 것처럼 보이지 않을까요? 그렇죠?

1550년과 1700년 사이에, 새로운 증거들과 새로운 기술이 나타나 프톨레마이오스의 주장을 믿을 수 없게 만들었습니다. 일부 천문학자들은 프톨레마이오스의 모델이 어떤 것들, 예를 들면 주기적으로 행성들이 후진하는 것처럼 보이는 현상을 설명하기 어렵다고 지적했습니다.

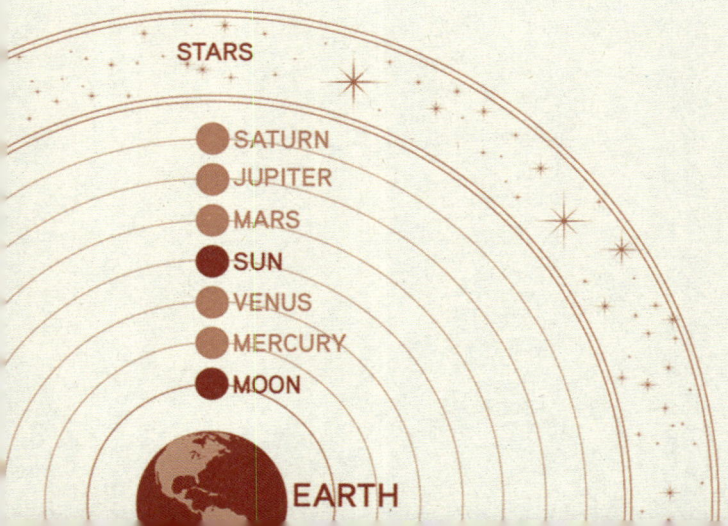

16세기에 폴란드 천문학자 코페르니쿠스는 만약 지구가 아니라 태양이 중심에 있다고 가정한다면 이 문제가 쉽게 풀린다는 것을 보여주었습니다.

곧이어, 또 다른 천문학자인 케플러는 행성들이 완벽한 동심원 궤도가 아니라 타원형 혹은 달걀형으로 공전한다는 것을 보여주었습니다.

Nicolaus Copernicus

마침내 이탈리아 천문학자 갈릴레이가 최초로 망원경을 이용해 목성이 그 자신의 위성들을 거느리고 있으며, 태양은 태양 흑점을 가지고 있기 때문에 완전하지 않다는 사실을 보여줌으로써 프톨레마이오스 우주 모델에 일격을 가했습니다.

그래서 천문학자들은 맨눈으로 관측하는 것보다 더 많은 것들을 볼 수 있게 해준 새로운 도구와 논리를 활용함으로써 프톨레마이오스의 우주관을 새로운 우주관으로 대체하기 시작했습니다.

17세기 말에, 영국의 위대한 과학자 아이작 뉴턴Issac Newton은 우주의 천체들이 완전하고 투명한 천구에 고정되어 있지 않다고 주장했습니다. 대신, 뉴턴은 천체들이 전 우주에 편재되어 있는 중력이라는 신비로운 힘에 의해 결합되어 있다고 주장했습니다.

Issac Newton

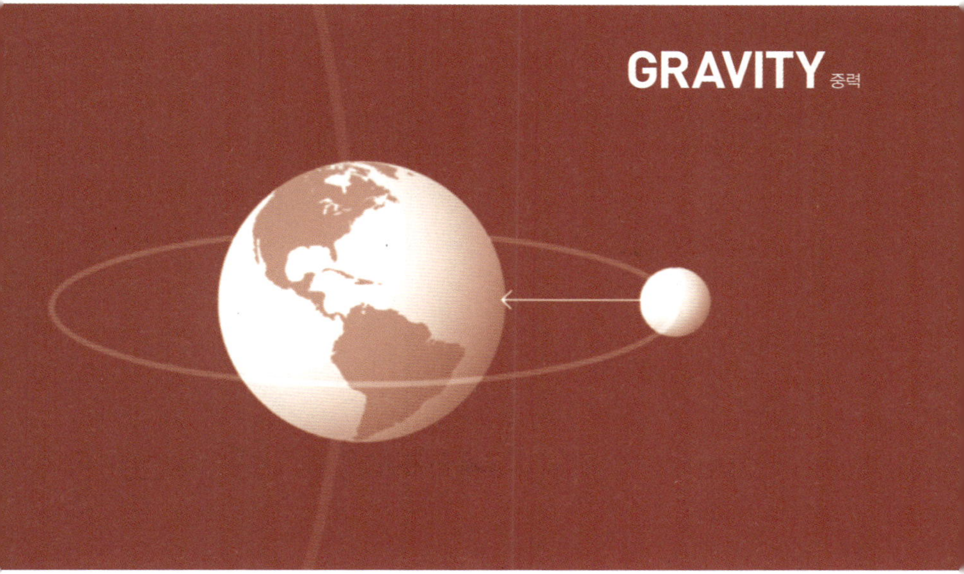

GRAVITY 중력

2 빅뱅

1700년에 이르러, 대부분의 천문학자들은 프톨레마이오스의 우주 모델을 포기했습니다. 그들은 우주에 천구도 외부 경계도 없다는 결론을 내렸습니다. 사실, 그들은 우주가 무한히 오래되었으며 무한히 크다고 믿었습니다.

이 우주 모델을 '뉴턴의 우주'라고 부르겠습니다. 이 모델은 프톨레마이오스의 우주 모델과 어긋나는 새로운 증거의 발견에 근거하고 있습니다. '뉴턴의 우주' 모델은 권위가 아니라 주로 증거가 뒷받침하는 주장에 입각하여 만든 최초의 우주 모델이었습니다.

이제, 우리는 정보 공유의 힘에 대해 조금 알게 되었습니다. 과학자들, 때로 여러 다른 나라에 있는 과학자들이 발견한 것들을 공유하는 것이, 일종의 '집단학습'을 통해, 어떻게 새로운 아이디어를 창조해내는지 알게 되었습니다.

PART 2

200년 이상의 기간 동안, 대부분의 과학자들은 '뉴턴의 우주' 모델을 받아들였습니다. 그러나 이 우주 모델과 맞지 않는 새로운 증거들이 발견되고, 새로운 도구를 통해 전에 볼 수 없던 것들을 볼 수 있게 되자, 이 모델도 폐기되었습니다.

그렇다면 그 새로운 증거란 무엇이며, 사람들이 기원 이야기를 바꾸도록 한 새로운 도구란 무엇인가요? 이 문제에 관해 이 자리에서는 간단히 살펴보겠지만, 여러분은 그 증거를 좀 더 세밀하게, 그리고 그 증거를 토대로 사람들이 어떻게 자신들의 생각을 바꾸었는지를 이해하기 위해 노력해야 합니다.

과학 도구가 향상됨에 따라, 천문학자들은 우주의 모습을 더욱더 정확하게 이해하게 되었습니다. 별들은 얼마나 멀리 있나요? 그리고 그들은 어떻게 움직이나요?

만약 여러분에게 누군가가 별들이 얼마나 멀리 있는지 어떻게 알 수 있느냐고 물어본다면, 여러분은 어떻게 시작할 것인가요? 그리스인들은 시차視差라는 방법을 활용해 원칙적으로 어떻게 해야 하는지를 이미 알고 있었습니다. 여러분의 코앞에 손가락 하나를 놓고 이리저리로 머리를 천천히 움직이면서 그 손가락이 먼 배경에서 어떻게 움직이는지 살펴보세요. 이젠, 팔을 뻗어 그 손가락을 멀리 두고 다시 머리를 움직여보세요. 그러면 그 손가락이 이전보다 훨씬 덜 움직이는 것처럼 보일 것입니다.

그리스인들은 이성, 논리, 수학에 근거한 주장을 능숙하게 펼쳤습니다. 그들은 이와 같은 생각을 별에도 적용할 수 있다고 주장했습니다. 우주 공간에서 지구가 움직이면 우주 공간을 배경으로 별들이 움직이는 것처럼 보일 것입니다. 그리스인들은 그 움직임을 활용해 그 별들이 얼마나 멀리 있는지를 알아낼 수 있다고 주장했습니다. 현대 천문학자들은 이 주장에 동의합니다. 그러나 그리스인들은 이 아이디어를 검증할 만큼 충분히 정확한 도구를 갖고 있지 않았습니다. 별의 움직임은 매우 작아서 최초의 시차 측정은 19세기에 와서야 이루어졌습니다.

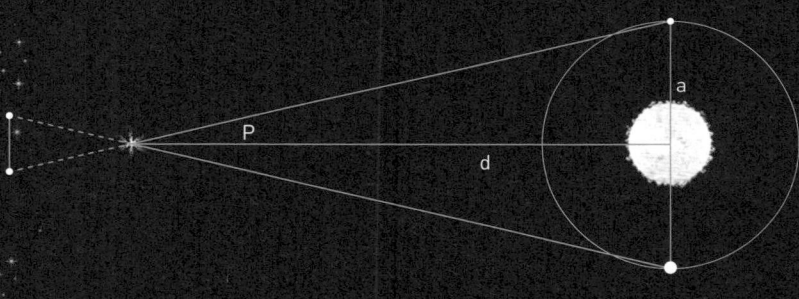

$$별까지의\ 거리(d) = \frac{지구\ 공전\ 궤도의\ 반지름(a)}{시차\ 각(P)}$$

오늘날 천문학자들은 별의 거리를 측정하는 많은 방법을 알고 있습니다. 어떤 사람들은 세페이드 변광성°이라고 부르는 별의 유형을 활용합니다. 그 별의 빛은 규칙적으로 변합니다. 미국의 천문학자인 헨리에타 리비트Henrietta Leavitt는 별의 실제 밝기를 추정할 수 있다는 사실을 알아냈으며, 그 밝기에 근거하여 여러분은 그 별이 얼마나 떨어져 있는지를 알아낼 수 있습니다.

또한 천문학자들은 별이나 은하가 우리를 향해 다가오는지 혹은 우리에게서 더 멀어지고 있는지를 측정할 수 있는 방법을 알아냈습니다.

○ **세페이드 변광성** Cepheid variable
시간에 따라서 밝기가 변하는 별로서, 별의 팽창과 수축에 의해 밝기가 변하는데, 세페우스자리 δ를 대표로 한다. 일반적으로 주기가 1일 미만에서 50일 정도까지이며, 변광 주기가 길수록 밝다.

○ **헨리에타 리비트** 1868~1921
미국의 여성 천문학자. 소마젤란 은하의 32개 세페이드 변광성을 연구하여 '주기-광도 관계'를 발견했다.

NGC 5584에서의 세페이드 변광성

안드로메다 은하의 세페이드 변광성 V1

2 빅뱅

응급차가 가깝게 왔다가 우리로부터 멀어지면 사이렌의 음높이가 높았다가 떨어지는 것처럼 들리는데, 이러한 현상을 도플러 효과라고 합니다. 마찬가지로 우리에게서 더 멀어지고 있는, 멀리 있는 은하의 빛의 파장은 길어지고 진동수가 낮아지는 것처럼 보이며 전자기 스펙트럼은 빨간색 쪽으로 옮겨갑니다.

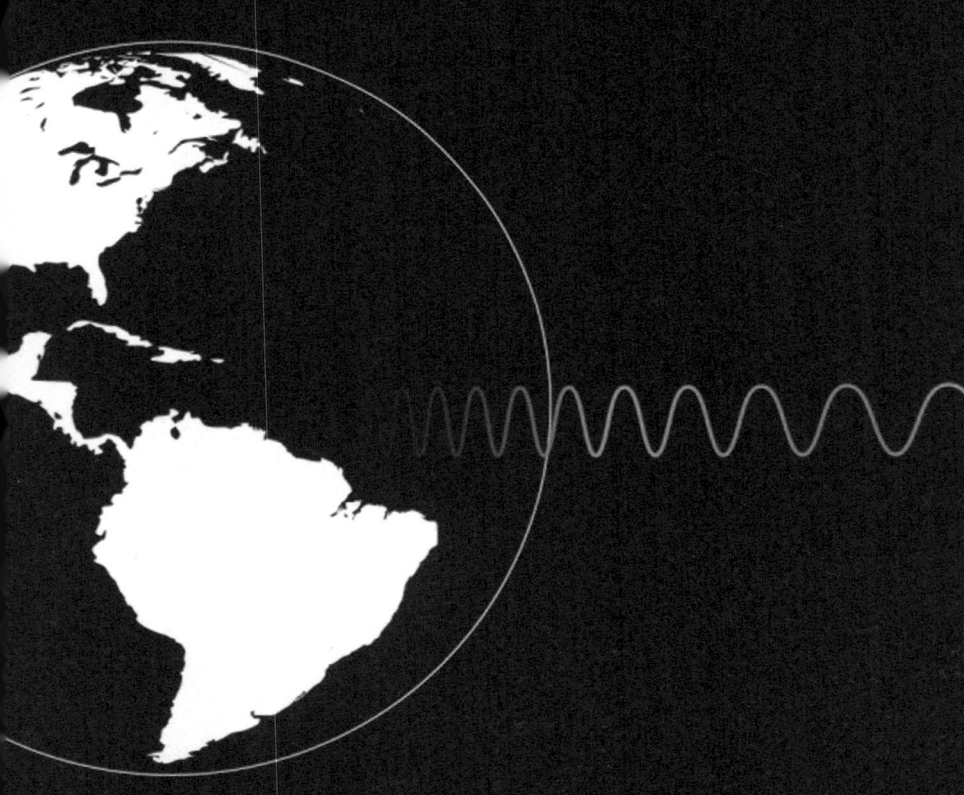

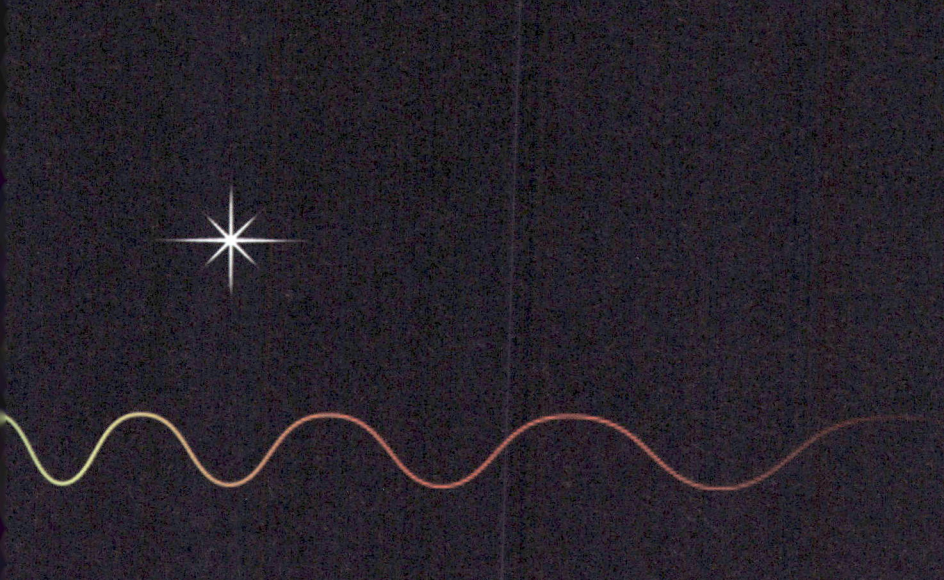

천문학자들은 이것을
'적색이동 red shift'이라고 합니다.

1920년대에, 미국의 천문학자인 에드윈 허블은 이러한 기술들을 한데 모아 기념비적인 발견을 했습니다. 그는 우리로부터 가장 멀리 있는 은하들이 점점 더 멀어져간다는 사실을 발견했습니다. 더욱 중요한 발견은 은하가 멀리 있으면 멀리 있을수록 더 빠르게 우리로부터 멀어져간다는 사실입니다. 이 현상의 의미를 해석하는 길은 단 하나밖에 없는 것처럼 보입니다. 새로이 발견된 증거에 따르면, 뉴턴의 우주 모델이 틀렸다는 것을 보여줍니다. 우주는 영원하지 않으며 무한하게 크지도 않습니다.

대신, 우주 전체가 팽창하고 있는 것처럼 보입니다. 그리고 만약 우주가 현재 팽창한다면, 머나먼 과거 어느 시점에 우주는 엄청나게 작았을 것이며, 어떤 시점에, 우주는 벨기에의 천문학자 조르주 르메트르 Georges Lemaître 가 말했던 것처럼 '원시 원자 primordial atom'라고 부르는 것에서 시작되었을 것입니다.

○ **조르주 르메트르** 1894~1966 벨기에의 가톨릭교 사제이자 천문학자이며 물리학 교수. 에드윈 허블 이전에 먼저 우주의 팽창 이론을 발표했다.

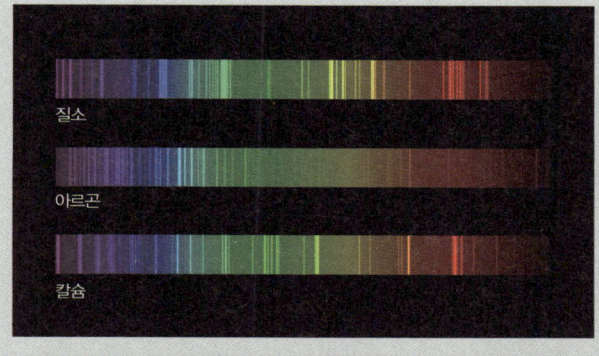

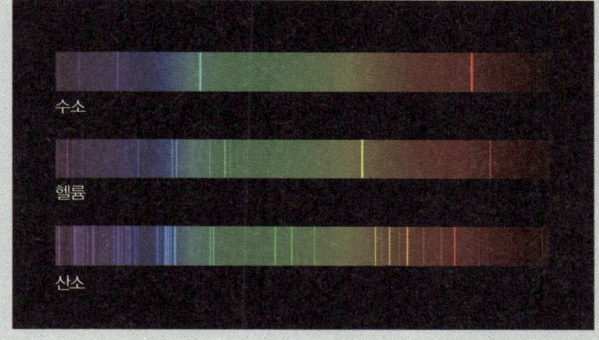

이 말은 우주의 시작이 있다는 것을 의미합니다. 여러분과 저처럼, 우주도 역사가 있습니다. 이것은 매우 놀라운 결론입니다. 그러나 허블이 발견한 것을 충분히 이해하기까지 반세기가 걸렸습니다.

이제 여러분은 여러 발견들을 살펴보면서 간단하고 매우 강력한 허블의 아이디어에 이르렀습니다. 곧 여러분은 과학자들이 허블의 아이디어에 내포된 여러 의미들을 어떻게 천천히 해독해 나갔는지를 살펴보게 될 것입니다.

더 깊이 생각하기

1 데이비드 크리스천 교수는 왜 기원 이야기가 변한다고 말하고 있나요? 여러분은 새로운 정보 때문에 이야기를 바꿨던 적이 있나요?

2 여러분이 태양, 달, 별들을 직접 관찰한 결과에 근거해서, 프톨레마이오스가 왜 지구를 우주의 중심으로 보았는지를 이해할 수 있나요?

3 코페르니쿠스의 우주관에 나타난 주된 변화는 무엇인가요?

4 뉴턴은 우주가 무한하게 크고 영원하다고 생각했습니다.
여러분은 이 말이 무슨 뜻이라 생각하나요?

5 맨눈으로 관찰한 결과도 일종의 증거인가요?
새로운 발견, 새로운 관찰이 어떻게 사람들의 우주관을 변화시켰나요?

6 데이비드 크리스천 교수가 설명한 '시차(視差)'라는 방법을 사용해보세요. 지구와 별 사이의 거리에 대해 설명해주는 이 방법에 대해 어떻게 생각하나요?

7 허블은 어떤 증거에 근거하여 우주가 팽창한다고 생각하게 되었나요?
여러분은 우주의 크기에 대해 어떤 결론을 내리고 있나요?

8 무한한 우주와 팽창하는 우주의 차이는 무엇인가요? 만일 어떤 것이 점점 더 커지고 있다면, 그 현상은 그것의 시작에 관해 어떤 것을 보여주는 것일까요?

2-2 빅뱅에서 무엇이 나타났는가?

데이비드 크리스천 교수는 빅뱅 이론이 20세기에 어떻게 발전하였는지를 설명한다. 이 장은 허블이 발견한 우주 팽창에 관한 증거, 펜지어스와 윌슨이 발견한 우주배경복사 현상을 살펴보고, 이것이 어떻게 천문학자들이 '빅뱅'을 우주 형성의 납득할 만하고 논리적이며 증거에 기반을 둔 설명이라고 확신하게 했는지를 중심적으로 설명한다. 또한 오늘날 과학자들이 믿고 있는 바와 같이 빅뱅 초기 단계에 무엇이 발생했는지를 살펴보고, 빅뱅 이야기에 나타나는 주요 전환점에 초점을 맞출 것이다. 여러분은 이 전환점들과 빅뱅 이야기를 지탱하고 있는 증거에 대하여 설명할 수 있게 될 것이다.

핵심 질문

1. 빅뱅 초기 역사에 나타나는 주요 전환점들(빅뱅의 순간, 빅뱅 이후 첫 몇 초간, 그리고 빅뱅 후 38만 년)에 주의를 기울이기 바랍니다. 빅뱅 이야기에서 이 전환점들의 각 단계에 대해 말할 수 있나요? 이 전환점들은 빅뱅 이야기에 왜 중요한가요?
2. 빅뱅 이야기에서 주요 전환점에 대해 과학자들의 설명을 지탱하는 증거란 무엇인가요?

PART 1

에드윈 허블Edwin Hubble은 천문학에서 수세대의 업적과 새롭게 발견된 많은 것들을 토대로 우주에 대한 매우 간단한 아이디어, 즉 우주는 팽창한다는 아이디어를 생각해냈습니다. 하지만 그는 이 아이디어를 생각해냈을 때, 그것은 정말 믿을 수 없는 것이었습니다.

예를 들어, 우주가 팽창한다는 이 아이디어는 우주에 있는 모든 것(모든 은하, 모든 별, 모든 행성, 여러분의 몸속에 있는 원자)이 하나의 원자보다도 아마도 더 작은 크기의 공간에 으스러져 들어가야 한다는 것을 의미합니다. 그 공간은 한 장의 종이 위에 여러분이 그릴 수 있는 가장 작은 점보다 더 작은 크기의 공간을 말합니다.

이 아이디어는 매우 낯설어서 허블이 살았던 시대의 많은 과학자들조차 이 아이디어를 받아들이기 힘들어했습니다. 그러나 어떤 과학자들은 증거가 너무나도 명확해서 이 아이디어를 매우 조심스럽고 천천히, 활용 가능한 증거와 논리, 때로는 새로운 증거를 사용해서 살펴보기 시작했습니다. 그리고 과학자들은 그런 우주 속에서 무슨 일이 일어났는지 이해하기 시작했습니다.

○ **에드윈 허블** 1889~1953
미국의 천문학자

Edwin Hubble

허블은 만약 우리가 우주 팽창의 속도를 계산할 수 있다면 우주가 언제 형성되었는지 계산할 수 있다는 것을 알았습니다. 생각해보세요. 사실 이것은 매우 놀라운 일입니다. 이것은 여러분이 우주의 생일을 계산해낼 수 있다는 것을 의미합니다. 이것은 정말 놀라운 일입니다.

그래서 어떤 과학자들은 빅뱅이 이루어졌을 때 어떤 일들이 일어났는지 우리가 알아낼 수 있다고 생각하기 시작했습니다. 그리고 곧이어 그들은 매우 작은 공간 안에 우주의 모든 에너지와 모든 물질이 들어가 있다면 그 공간은 엄청나게 뜨거운, 수십억 도의 온도로 뜨거운 것이어야 한다고 생각했습니다. 또한 그 공간은 매우 조밀하며 매우 빠르게 팽창해서, 마치 그것은 폭발하는 것과 같았을 것이라고 생각했습니다. 그래서 이 이론에 항상 회의적이었던 영국의 천문학자 프레드 호일 Fred Hoyle 은 비웃는 의미로 이것에 '빅뱅 이론'이라는 이름을 붙였습니다. 프레드 호일은 풍자적으로 말했지만, 실제로 빅뱅이라는 이름은 그렇게 굳어졌습니다.

○ 프레드 호일 1915~2001
정상 우주론을 처음 주장한 영국의 천문학자이자 이론물리학자

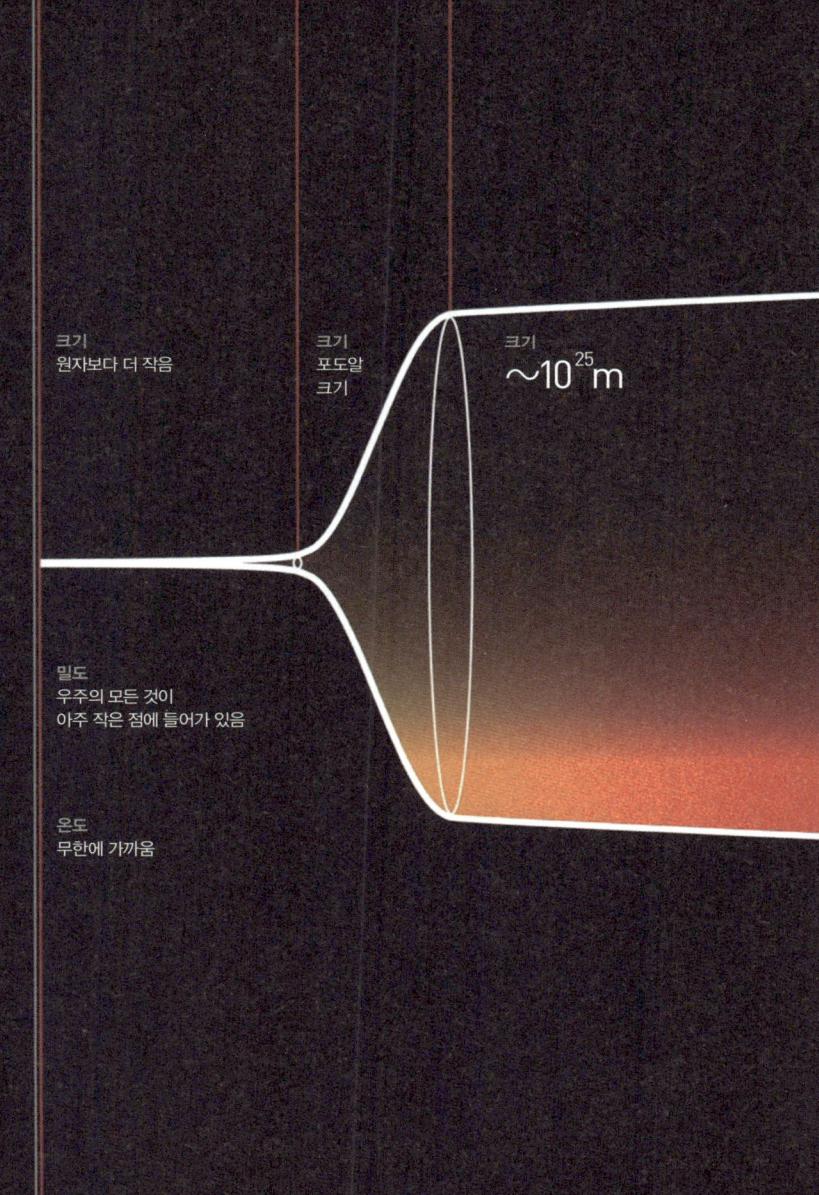

크기
원자보다 더 작음

크기
포도알
크기

크기
$\sim 10^{25}$m

밀도
우주의 모든 것이
아주 작은 점에 들어가 있음

온도
무한에 가까움

어떤 과학자들은 이런 극한 조건 아래에서 물질과 에너지가 무슨 일을 일으켰을까를 이해하려고 애쓰기 시작했습니다. 제2차 세계대전 기간 중에 많은 사람들이 원자폭탄에 대해 연구했고 원자폭탄이 극한 조건을 보여주었기 때문에, 과학자들은 이로부터 많은 도움을 받았습니다. 아인슈타인은 극도의 온도와 열기 속에서 물질과 에너지는 서로 교환 가능하다는 사실을 알아냈습니다. 물질과 에너지는 양방향으로 변화됩니다. 이것이 과학자들이 알아낸 첫 번째 발견이었습니다. 우주는 초기에 물질과 에너지가 명확하게 구분되지 않았을 겁니다.

또한 과학자들은 우주가 팽창해왔으며 점차 식었을 것이라고 생각했습니다. 그리고 물질과 에너지가 다른 온도와 압력에 다른 방식으로 작동했다고 생각했습니다. 서서히 그들은 빅뱅 이후 첫 순간들의 정확한 온도와 압력을 알게 되었습니다. 그리고 이런 방식으로 과학자들은 빅뱅 동안 무슨 일이 일어났는지에 대한 납득할 만하고 논리적인, 증거에 기반을 둔 이야기를 가까스로 만들었습니다. 이제, 그 이야기를 살펴봅시다.

과학자들은 빅뱅 바로 그 순간에 아무것도 없었다고 말합니다. 우리는 오늘날에도 여전히 이것을 어떻게 설명해야 하는지 모릅니다. 우리는 빅뱅의 그 순간, 빅뱅 직전에 무슨 일이 일어났으며, 왜 빅뱅이 일어났는지를 설명할 수 없습니다. 천문학자들은 이 문제에 대해 여러 생각을 품고 있지만, 솔직히 말해서 구체적인 증거를 가지고 있지 않습니다. 그래서 빅뱅 우주론은 왜 빅뱅이 일어났는지 혹은 우주 창조의 순간에 무슨 일이 일어났는지를 설명하는 데 있어 어떤 전통적인 기원 이야기보다 더 나은 것은 아닙니다. 그러나 과학자들은 빅뱅 이후 몇 분의 1초가 지난 후부터는 매우 납득할 만한, 증거에 기반을 둔 논리적인 이야기를 해줄 수 있습니다.

PART 2

우리는 빅뱅에서 심지어 시간과 공간을 포함한 모든 것이 나타났다고 믿습니다. 그리고 처음에 일들이 믿을 수 없을 만큼 빠르게 일어났습니다. 우주가 처음 출현한 이후 최초 10^{-36}초에 우리의 기원 이야기가 시작됩니다. 모든 것이 없었습니다. 우주는 엄청난 온도로 뜨거웠고 믿기 어려울 정도로 밀도가 높았습니다. 우주는 여러분이 상상할 수 없을 만큼 빠르게 팽창했습니다. 그러나 우주가 팽창하면서 우주의 온도가 내려갔고, 우주가 식으면서 분명한 형태의 에너지가 나타나기 시작했습니다.

이때, 에너지의 네 가지의 주요 형태가 생겨났는데, 이것을 '네 가지 기본 힘'이라고 부릅니다. 첫 번째 힘은 **중력**으로, 뉴턴이 밝혀낸 힘입니다. 중력은 우주가 만들어진 후 최초 10^{-36}초 안에 나타났습니다. 그리고 전자기력이 출현했습니다. 전자기력은 양전하와 음전하°를 가집니다. 전자기력은 우리에게 매우 익숙한 것인데, 기본적으로 전기력이 있습니다. 그리고 세 번째와 네 번째 힘이 있는데, 그것은 **강력**(강한 상호작용 혹은 강한 핵력)과 **약력**(약한 상호작용 혹은 약한 핵력)입니다. 이 힘들은 미세한 거리에 작용하는 것으로, 원자 안에서 핵의 중심을 묶어줍니다.

○ **전하** 電荷, charge
물체가 띠고 있는 정전기의 양. 같은 부호의 전하 사이에는 미는 힘(척력)이, 다른 부호의 전하 사이에는 끄는 힘(인력)이 작용한다.

네 가지 기본 힘

중력 重力, gravity
물체와 물체 사이에 작용하는 끄는 힘(인력). 주로 천체 운동을 설명하는 데 사용된다. 대표적으로 지구의 중력이 있는데, 이는 지구 위의 물체가 지구로부터 받는 힘을 말한다.

전자기력 電磁氣力, electromagnetic force
전하를 가진 물체 사이에 작용하는 힘. 전기나 자기에 의한 힘을 통틀어 일컫는다.

강력 强力, strong force
중력이나 전자기력보다 강한 힘이라는 뜻으로, 2개의 소립자가 약 10^{-15}m의 매우 가까운 거리에서만 작용하는 힘. 쿼크들을 결합하거나 양성자와 중성자가 결합하여 원자핵을 형성하는 힘이다.

약력 弱力, weak force
핵이나 소립자들에서 매개입자 없이 일어나는 약한 상호 작용으로, 소립자를 다른 소립자로 변화시키는 힘. 방사성 붕괴에 의해 작용하여 가벼운 입자를 지배하는 근거리의 힘으로, 입자의 붕괴를 일으켜 방사능의 원인이 된다.

이제, 우주가 팽창하면서 생긴 에너지(의 일부)가 응결되어 최초의 물질이 나타납니다. 에너지는 일을 일으키는 것이라는 점을 기억합시다. 물질은 우주의 '재료'로, 우주의 기본적인 구성 원료입니다. 물질의 최초 형태는 아마도 쿼크quark˚일 것입니다. 쿼크는 즉시 세 개가 한 세트가 되어 양성자proton와 중성자neutron를 구성했습니다. 양성자는 양전하를 띠지만 중성자는 어떤 전하도 띠지 않습니다. 양성자와 중성자는 원자의 핵을 만듭니다. 곧이어, 전자도 나타났습니다. 전자는 양성자나 중성자보다 가볍고, 음전하를 띱니다. 그러나 양성자와 전자가 반대의 전하를 가진다는 사실에도 불구하고, 아직 너무 많은 일들이 진행 중이었고, 너무 많은 에너지가 있어서 양성자와 전자는 아직 결합되지 않았습니다.

그래서 우리는 과학자들이 플라스마plasma˚ 우주라고 부르는 단계에 접어들게 되었습니다. 이 모든 일이 최초의 1초 혹은 2초 안에 일어났습니다. 이제 우주의 온도는 단지 100억 도 정도 되었습니다. 하지만 우주는 여전히 매우 밀도가 높았습니다. 그 밀도는 단단한 암석 덩어리보다도 10만 배 정도 높았을 것입니다. 그래서 만약 제가 이 암석 덩어리의 크기만 한 우주의 한 덩어리를 움켜쥔다면, 그것의 무게는 아마도 25마리의 코끼리만큼 무거울 겁니다.

○ 쿼크
양성자, 중성자와 같은 소립자를 구성하고 있다고 생각되는 기본적인 입자. 3분의 1이나 3분의 2의 전하를 갖는다.

● 플라스마
이온 핵과 자유 전자로 이루어진 입자들의 집합체 상태로, 지구 상에서는 흔하지 않지만 우주에서는 거의 모든 물질의 정상 상태이다.

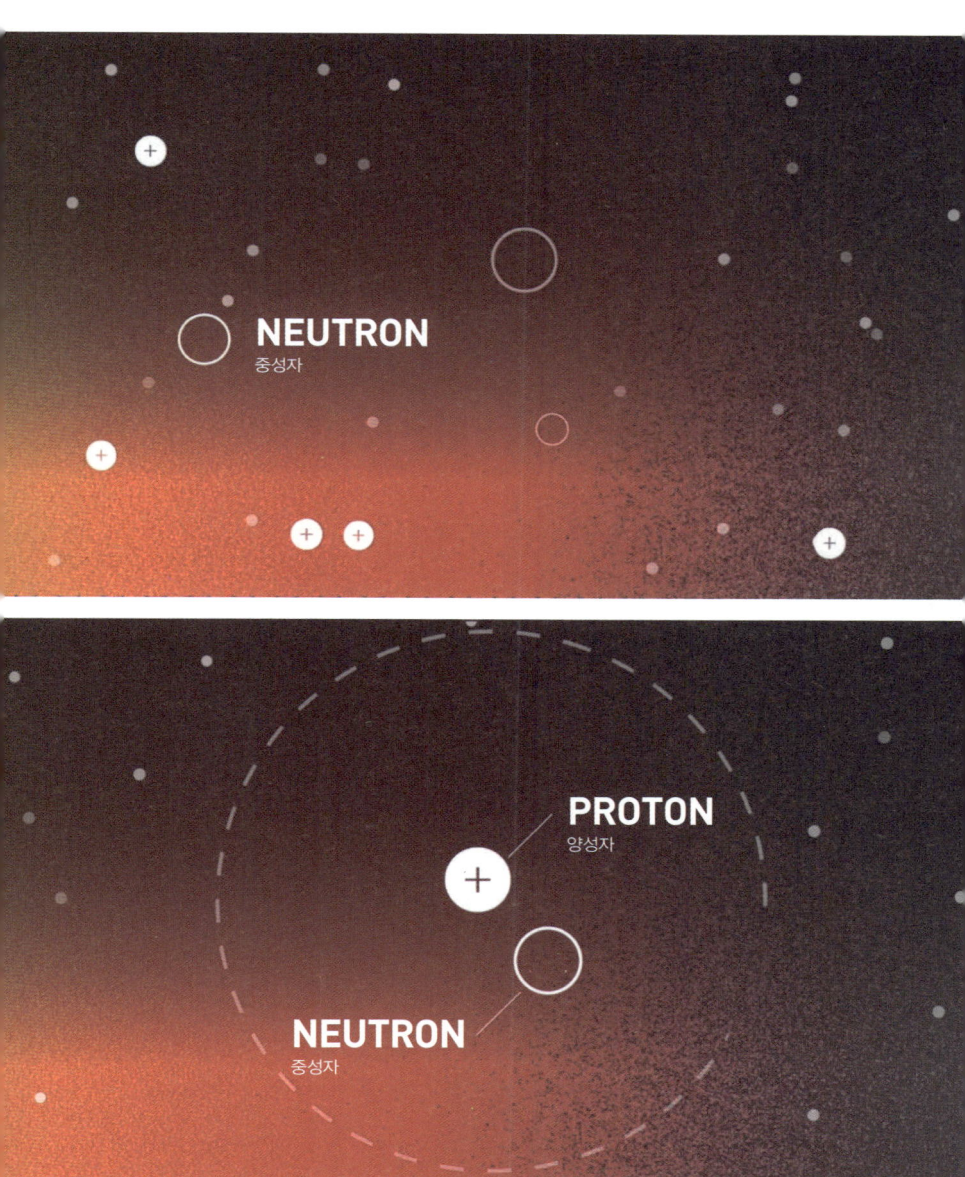

우리가 바라보고 있는 우주 역시 일종의 플라스마 상태입니다. 모든 물질은 플라스마의 형태로 되어 있었습니다. 말하자면 우주에는 전하를 띤 입자, 즉 양성자와 전자로 가득 차 있었습니다. 이들이 전하를 띠고 있기 때문에, 우주는 마치 벨크로velcro°로 가득 차 있는 것 같았습니다. 이들은 움직이려고 하면서 빛의 광자photon°에 엉겨 붙었습니다. 그래서 우주는 오늘날의 우주와 매우 달랐습니다. 빛은 우주를 가로질러 움직일 수 없었습니다. 우주의 기본적인 건축 재료가 되는 원자가 아직 형성되지 않았습니다.

빅뱅 이후의 38만 년 정도가 흐른 후에, 플라스마 우주가 끝났습니다. 이것은 우리의 빅 히스토리 이야기에서 두 가지 이유 때문에 매우 중요한 작은 임계국면mini-threshold이 됩니다. 첫 번째 이유는 플라스마가 끝났을 때 원자가 형성되기 시작했기 때문입니다. 두 번째 이유는 플라스마 우주의 종식은 빅뱅 우주론의 강력한 주요 증거를 제공해주었기 때문입니다.

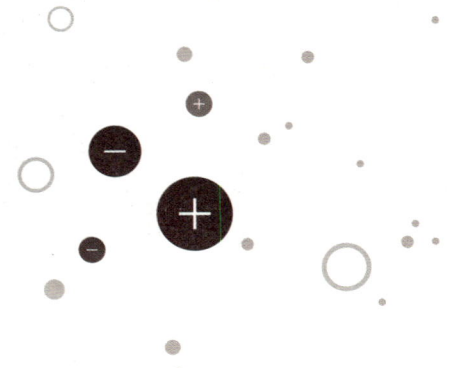

○ 벨크로
천 같은 것을 한쪽은 꺼끌꺼끌하게 만들고 다른 한쪽은 부드럽게 만들어 이 두 부분을 딱 붙여 떨어지지 않게 하는 옷 등의 여밈 장치

● 광자
입자로 보았을 때 빛의 이름. 빛은 파동의 성질로 본다면 전자기파에 해당한다.

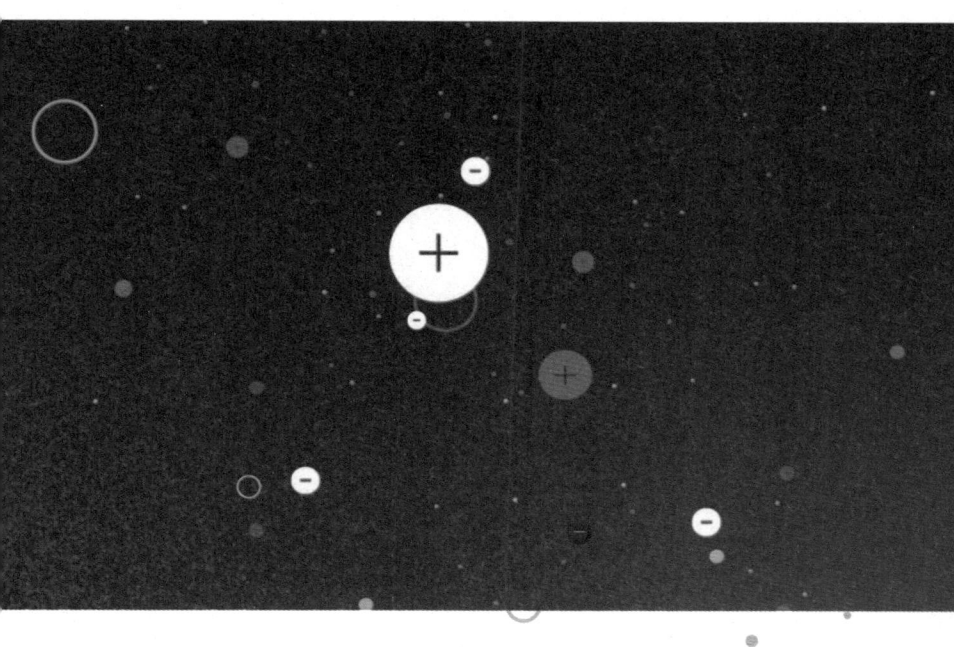

플라스마 우주의 종식은 우리의 빅 히스토리 이야기에서 중요합니다. 그 첫 번째 이유인 원자의 형성을 살펴보겠습니다. 빅뱅 이후 약 38만 년이 지난 후에, 우주의 온도는 약 3000도로 떨어졌습니다. 이것은 차가운 별의 표면 온도와 대략 같은 온도입니다. 이 온도에서, 양성자와 전자의 전하들은 서로 결합할 만큼 충분히 강력합니다. 그래서 갑자기 우주는 플라스마 대신에 전기적으로 중성인 원자로 가득하게 되었습니다. 각 원자에서 전하(양전하와 음전하)가 상쇄되었기 때문입니다.

2 빅뱅

원자에 대해 잠시 생각해봅시다. 원자의 첫 번째 두 가지 형태는 수소와 헬륨 원자입니다. 수소 원자는 가운데에 양성자 하나와 때때로 중성자 하나를 갖고 있습니다. 헬륨 원자는 두 개의 양성자와 대개 두 개의 중성자를 갖고 있습니다. 그리고 두 원자의 중앙 주위를 빠르게 돌고 있는 전자들을 갖고 있는데, 대개 양성자 수만큼의 전자를 갖고 있습니다. 이것이 원자가 중성을 띠는 이유입니다.

나는 여러분이 나탈리 앤지어 Natalie Angier 가 쓴, 원자에 대한 훌륭한 설명을 읽어보기를 권합니다. 이 책을 통해 여러분은 원자 구조의 기본적인 감각을 익힐 수 있을 것입니다. "만약 한 원자의 핵을 지구의 중심에 자리한 하나의 농구공이라고 비유한다면, 전자는 지구 대기권의 가장 바깥층에서 빠르게 돌고 있는 체리 씨앗이라 할 수 있다." 이것이 여러분이 원소에 대해 생각할 때 염두에 두어야 할 일종의 원자 이미지 입니다.

주에 걸쳐 자유롭게 움직일 수 있게 되었습니다. 벨크로가 없어졌습니다. 광자는 전하를 띤 입자와 더 이상 엉키지 않았습니다. 이 사실은 플라스마의 종식이 왜 우리 이야기에서 중요한지를 보여주는 두 번째 이유로 이끕니다. 그것은 빅뱅 우주론을 지지하는 중대한 증거를 제시합니다.

○ **나탈리 앤지어**
퓰리처상을 수상한 미국의 과학 저술가

PART 3

지난 1940년대에 일부 과학자들은 이미 우주의 온도가 내려감에 따라 갑자기 모든 물질이 전기적으로 중성이 된 순간이 있었으며, 그 지점에 빛의 광자가 전 우주를 통해 자유롭게 움직일 수 있게 되었다는 사실을 알았습니다. 그리고 그들은 일종의 에너지 섬광이 있었을 것이라는 점을 알아냈고, 어떤 이들은 에너지 섬광은 빅뱅 우주론의 강력한 증거가 될 것인데 왜 그 에너지 섬광을 찾지 않느냐고 말하기까지 했습니다. 그러나 이상하게도 어느 누구도 그것을 찾아 나서지 않았습니다. 아마도 그것은 대부분의 과학자들이 여전히 그 아이디어를 약간 회의적으로 생각했었다는 사실을 보여줍니다.

1960년대에 두 명의 천문학자, 아노 펜지어스Arno Penzias와 로버트 윌슨Robert Wilson은 매우 민감한 전파수신기를 제작하다가, 갑자기 이 에너지 섬광에 우연히 마주치게 되었습니다. 전파수신기가 하늘 어느 쪽을 향하든지 간에, 일종의 에너지 잡음(쉿소리)이 들렸습니다. 그 소리는 극도로 일정했습니다.

잠깐, 생각해봅시다. 이것은 매우 이상한 일입니다. 만약에 여러분이 전파수신기를 우주를 향해 가리키게 하고, 전파수신기가 어떤 은하를 가리킨다면, 에너지가 탐지될 것이라고 예상할 것입니다. 그러나 전파수신기를 아무것도 없는 우주 공간을 향해 가리키게 하는 경우에도 그럴까요?

그것은 정말 이상한 일입니다. 그래서 처음에 펜지어스와 윌슨은 이해하지 못했습니다. 그들은 주변의 천문학자 한두 명에게 말해보았습니다. 마침내 어떤 사람이 "내 생각에 너희가 1940년대에 예상했던 에너지 섬광을 발견했다"라고 말했습니다. 이것은 과학사에서 매우 흥미로운 순간이었습니다.

이제, 이 에너지 잡음은 빅뱅 우주론의 아주 강력한 증거가 되었습니다. 이것은 1940년대에 이뤄진 매우 이상한 예언을 입증하는 것이었기 때문입니다. 그 어떤 다른 이론도 왜 이 에너지가 있는지 혹은 이 에너지가 어디에서 오는지를 설명할 수 없었습니다. 대부분의 천문학자들이 빅뱅 우주론은 실재하며 빅뱅 우주론이 실재의 우주에 대해 진실한 이야기를 하고 있다고 마침내 인정하는 순간이었습니다.

그 이후, 빅뱅 우주론을 지지하는 많은 다른 형태의 증거가 나타났습니다. 그러나 여전히 오늘날까지도 (우주가 팽창한다는) 허블의 증거와 우주배경복사의 존재는 빅뱅 우주론을 입증하는 가장 강력한 단일 증거입니다.

우리가 지금 막 살펴본 이야기는 과학사에서 계속 반복해서 듣게 될 이야기입니다. 어떤 사람이 우주의 실재에 대해 하나의 새로운 주장을 들고 나와, 논리와 증거에 근거하여 주장을 펼칩니다. 그러나 증거는 충분하지 않습니다. 주변 사람들은 이 주장을 흥미로운 것으로 여기지만, 매우 진지하게 다루지는 않습니다. 그런 후에 점차 새로운 증거가 나타나고, 어떤 시점에서 갑자기 모든 사람들이 '오, 그래'라고 생각하게 됩니다. 제 생각에, 이런 식으로 일들이 일어나며 그들의 주장은 새로운 정설이 됩니다. 우리는 이 책에서 여러 번에 걸쳐 이런 전개 방식을 보게 될 것입니다.

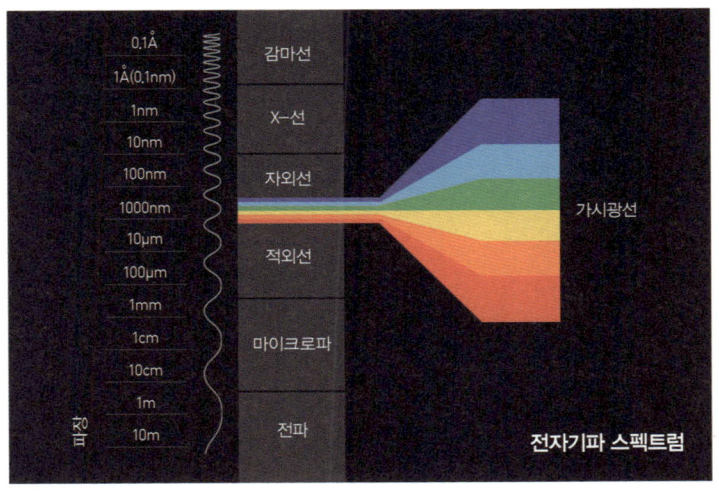

이제, 우리가 방금 했던 이야기를 생각해보기 바랍니다. 이것은 정말로 놀라운 이야기입니다. 우리 인간은 수세대를 거쳐 정보를 공유함으로써 천천히 설득력 있고 강력하고 증거를 기반으로 하는 이야기, 즉 10년 전의 이야기, 100년 전의 이야기, 심지어 1만 년 전의 이야기가 아니라, 138억 년 전의 이야기를 구성했습니다. 저는 여러분에 대해 잘 모르지만, 제 생각으로는 여러분이 지금 큰 감동을 받았을 것이라고 생각합니다.

자, 요약을 해보겠습니다. 빅뱅은 우리 주변의 모든 것, 모든 물질과 에너지를 만들어냈습니다. 그래서 빅뱅은 후에 더 많은 복잡성을 쌓아올리기 위한 토대를 만들어냈습니다. 바로 이 점 때문에 빅뱅을 우리의 빅 히스토리 이야기에서 첫 번째 주요 임계국면으로 간주하는 것입니다. 결국, 빅뱅 이전에 무$_{nothing}$에서 빅뱅 이후에 어떤 것$_{something}$이 생겨난 것은 복잡성의 증가로 간주됩니다.

다음 장에서 우리는 다음의 주요 임계국면, 즉 별의 출현을 살펴보게 될 것입니다.

The Big Bang
13.8 BILLION YEARS AGO

더 깊이 생각하기

1
우주의 모든 물질과 에너지가 한 장의 종이 위에 있는 '가장 작은 점보다 더 작은 점'에 응축되어 들어가 있는 것이 가능하다고 생각하나요?

2
핵무기 실험은 초기 우주에 대한 새로운 사고를 불러일으켰습니다. 특정 목적으로 개발된 지식이 다른 영역에서의 발전에 기여한 사례 중 아는 것이 있나요?

3
우리가 알고 있는 대부분의 기원 이야기들은 우주 창조 이전의 시간에 대해 언급하고 있습니다. 왜 과학자들은 빅뱅 이전에 무엇이 일어났는지를 설명하지 못할까요? 이 불확실성이 여러분의 지적 호기심에 불편함을 주지 않나요?

4
에너지와 물질이 출현하는 조건이 무엇인가요?

5 빅 히스토리 강의에서 중력과 전자기력에는 관심을 두지만, 다른 두 힘에 대해서는 언급하지 않는데, 그 이유는 무엇일까요?

6 데이비드 크리스천 교수가 설명한 플라스마 우주와 오늘날의 우주는 어떻게 다른가요?

7 빅뱅 이야기에서 플라스마의 온도 저하가 왜 중요한가요?
수소와 헬륨이 우주에서 가장 풍부한 원소인 이유가 무엇이라고 생각하나요?

8 펜지어스와 윌슨은 우주배경복사와 우연히 마주쳤습니다.
우연에 의해 발견된 또 다른 중요한 것이 있다면 무엇인가요?

9 빅뱅 이론의 발전에 근거하여, 여러분은 새로운 과학 이론이 정설로 받아들여지기 이전에 겪게 되는 과정에 대해 어떻게 설명할 수 있나요?

BIG
HISTORY

# 3

별과 원소

3-1 별은 어떻게 생성되었는가?

데이비드 크리스천 교수는 최초의 별이 어떻게 생성되었는지를 설명한다. 이 장에서는 별이 전혀 없었던 빅뱅 이후의 2억 년 동안 우주가 어떠했는가에 초점을 맞추어 이야기를 시작한다. 그러고 나서 이 강의는 별의 생성 과정을 살펴본다. 중력은 빅 히스토리 이야기의 이 부분에서 중요한 역할을 담당할 뿐만 아니라 은하, 은하단, 초은하단과 같은 우주의 보다 거대하고 한층 복잡한 구조를 형성하는 데 결정적으로 작용한다. 그 다음으로 빅뱅 이론에 중요한 증거를 제공한 우주배경복사는 별의 생성을 낳는 조건과 관련한 증거를 제공하기 때문에 여기에서도 역시 중요하다. 여러분은 별의 생성 과정이 어떠했는지, 왜 별의 생성이 빅 히스토리 이야기에서 두 번째 주요 임계국면으로 간주되는지를 설명할 수 있게 될 것이다.

핵심 질문
1. 별의 생성은 어떻게 가능했을까요?
2. 암흑 시기와 별의 생성에 대해 과학자들이 내놓은 설명을 지탱해 주는 증거는 무엇인가요?

PART 1

우리는 밤에 별들을 올려다보고 별들에 호기심을 느껴왔습니다. 그러나 만약 별들을 쳐다보려고 했는데 아무것도 볼 수 없다면 어떤 느낌일지 상상해본 적이 있나요? 전혀 별이 없다면 어떨까요? 빅뱅 이후의 약 2억 년 전에 우주가 바로 그러했습니다. 우주가 팽창하면서, 우주의 온도가 더욱 내려갔고 더욱 어두워졌습니다. 그리고 사실, 이런 상태는 여러분과 나와 같은 존재를 만들어낼 수 있는 조건과는 훨씬 달랐습니다. 천문학자들은 우주 역사 가운데 이 시기를 암흑 시기라고 부릅니다.

3 별과 원소

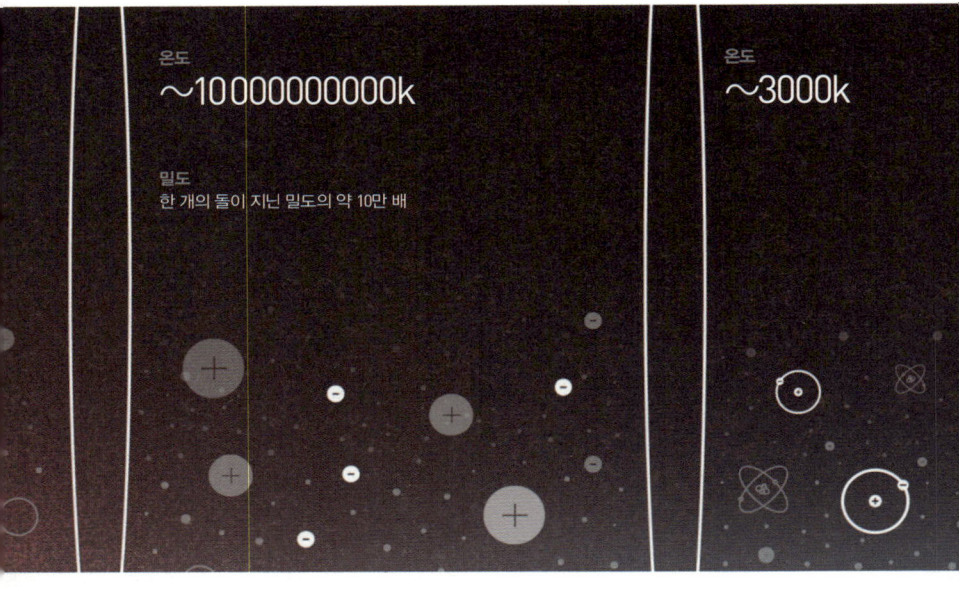

암흑 시기에 우주 공간에 많은 원자가 있었습니다. 하나의 양성자를 가진 수소가 약 75%를 차지했고, 나머지 25%의 대부분은 2개의 양성자를 가진 헬륨이 차지했습니다. 그리고 3개의 양성자를 가진 리튬과 4개의 양성자를 가진 베릴륨이 극소량 있었으며, 붕소도 있었습니다. 천문학자들이 말하는 암흑물질dark matter°도 있었는데, 매우 솔직히 말하자면 천문학자들은 그것이 무엇인지 모릅니다. 암흑물질은 빅 히스토리 이야기에서 그렇게 중요한 역할을 하지 않는 것으로 보이기 때문에 우리는 이것을 건너뛰기로 하겠습니다.

o **암흑물질**
우주의 약 23%를 차지하는 구성 물질로, 전자기파로 관측되지 않고 오로지 중력을 통해서만 존재를 인지할 수 있는 물질. 여기에서 암흑이라는 말은 모른다는 의미로 사용된다.

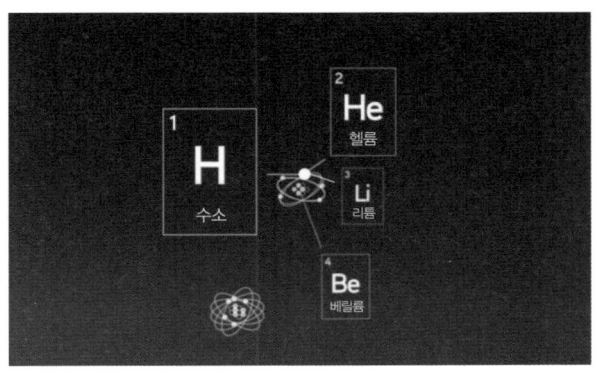

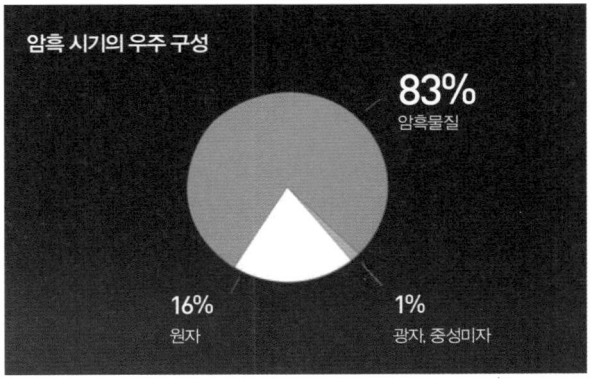

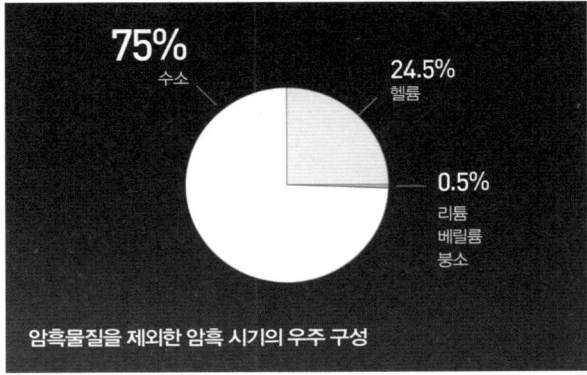

우주 전체는 정말 매우, 아주 간단합니다. 우리는 빅뱅 이후 38만 년경 방출된 우주배경복사에 대한 연구로 이 사실을 알게 되었습니다. 이 연구에 따르면, 물질은 전 우주에 걸쳐 극도로 고르게 분포합니다. 여러분이 우주 어느 곳을 바라보든지 상관없이, 동일한 온도, 동일한 밀도, 동일한 유형의 원소를 볼 수 있습니다. 정말로 모든 것이 균일합니다. 그런데 이 사실이 오히려 진짜 문제입니다. 우주가 너무나도 간단하고 너무나도 균일해서 어떤 것도 일어나지 않을 것 같기 때문입니다. 어떻게 이와 같은 우주로부터 여러분과 나와 같은 존재가 만들어졌을까요?

하지만 우리는 어떻게 이 모든 일이 일어났는지 알고 있습니다. 이 모든 일에 별이 주 역할을 담당했습니다. 자, 이제 우리는 최초의 별들이 어떻게 출현했는지에 초점을 맞추어 살펴보려고 합니다.

이 책 전체에 걸쳐 우리는 적절한 골디락스 조건goldilocks condition °이 갖추어지면 더욱 복잡한 것들이 나타나게 된다는 사실을 알게 될 것입니다. 영국 동화 「골디락스와 곰 세 마리」에서처럼, 너무 뜨겁지도 않고 너무 차갑지도 않은 것. 너무 크지도 않고 너무 작지도 않은 것. 너무 가깝게 있지도 않고, 너무 떨어져 있지도 않은 것. 그런 조건이 골디락스 조건입니다. 이해가 되었나요?

○ 골디락스 조건
알맞은 출현 조건. 골디락스는 영국 동화 「골디락스와 곰 세 마리」에 등장하는 금발머리 소녀의 이름으로, 배고픔에 지친 골디락스는 숲 속에서 곰의 집을 발견하고, 그곳에서 먹기에 알맞은 온도의 수프, 앉기에 적합한 의자, 잠자리에 알맞은 침대 등을 발견한다. 이 동화에서 유래한 골디락스 조건은 일반적으로 천문학에서 생명체가 출현하거나 생존하기에 적합한 영역이라는 뜻으로 사용되지만, 빅 히스토리에서는 임계국면이 나타나기에 알맞은 조건을 의미한다.

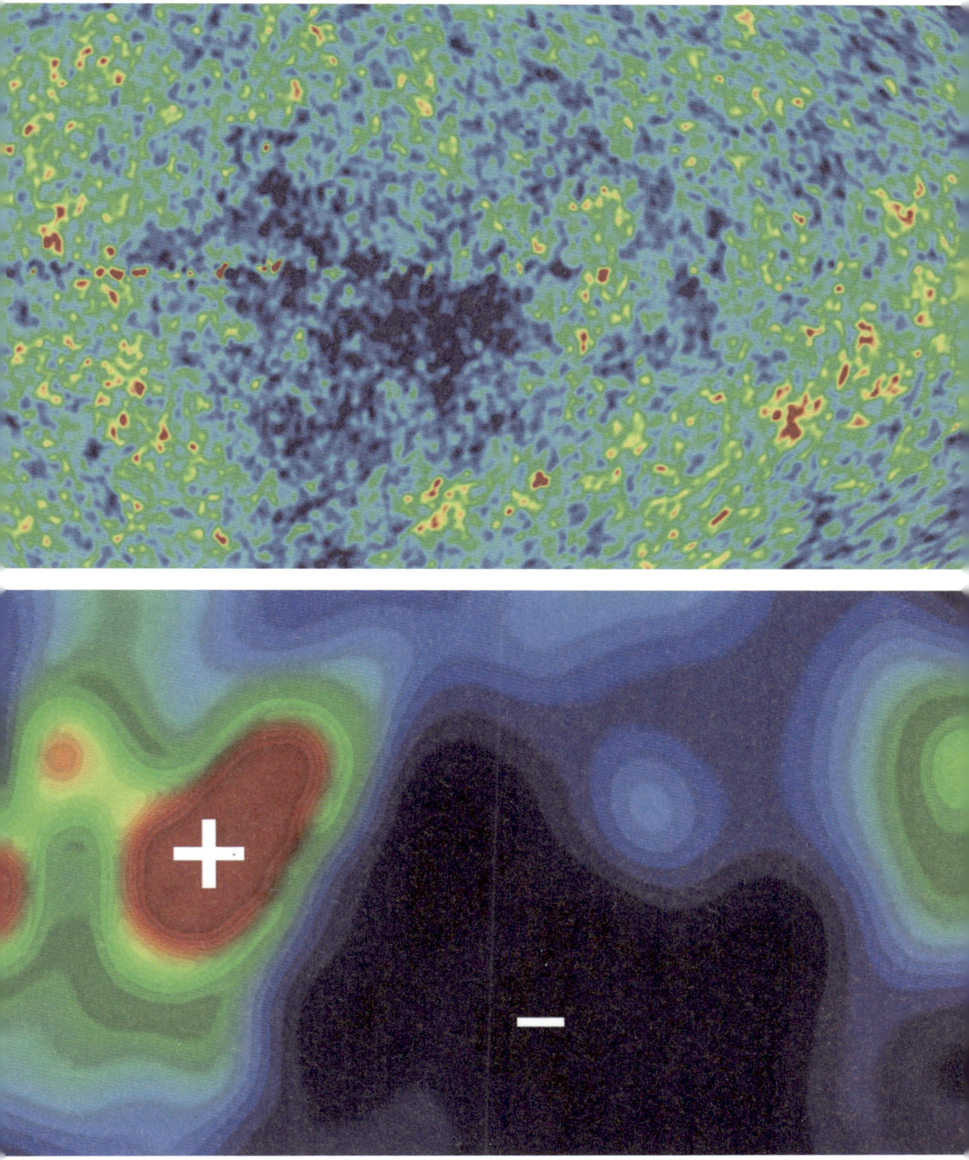

과학자들은 우주배경복사의 온도에서 어떤 부분이 다른 부분보다 수천 분의 1도만큼 더 뜨겁다는 것을 알아냈다.

3 별과 원소

그렇다면, 초기 우주에서 좀 더 복잡한 것을 만들어내기 위한 완벽한 '골디락스 조건'이란 무엇이었을까요? 이런 조건은 우주 전체에 걸쳐 퍼져 있었습니다. 여기에서 결정적인 것은 첫째 물질이 많아야 했고, 둘째 중력이 작용해야 했으며, 셋째 아주 작은 차이로 물질의 분포가 균질적이지 않아야 했습니다. 그러면 모든 것이 갖추어지게 됩니다.

WMAP 위성˚과 같은 특수 위성을 사용한 최근의 우주배경복사 연구는 우주배경복사의 온도에 아주 작은 차이가 있었다는 사실을 밝혀냈습니다. 예를 들면, 어떤 부분은 다른 부분보다 수천 분의 1도만큼 더 뜨거웠습니다. 자, 이런 상황은 중력이 작용하기에 충분했습니다. 중력은 이 아주 작은 차이를 확대시켰고 그 차이들을 더욱더 흥미로운 것이 되도록 했습니다. 그래서 다음과 같은 일이 벌어졌습니다. 중력은 이 차이에 작용하기 시작했고 마침내 전혀 새로운 것, 별들을 만들어냈습니다.

˚ **WMAP 위성**
특별히 우주배경복사를 연구하기 위해 2001년에 발사된 미국항공우주국(NASA)의 위성 '윌킨슨 마이크로파 관측위성(WMAP)'

이제, 중력이 어떻게 작용했는가를 살펴보겠습니다. 기억하고 있을 테지만, 중력은 네 가지 기본 힘 가운데 하나입니다. 빅 히스토리 이야기의 이 부분에서 중력은 주인공입니다. 뉴턴이 보여준 바와 같이, 중력은 물질이 많을수록, 물질이 가까울수록 더욱 강력해집니다. 예를 들면, 지구 중력의 끄는 힘은 여러분에게 매우 강력하지만, 만약 여러분이 우주 공간으로 멀리 나간다면, 멀리 있을수록 중력은 더욱 약해집니다.

자 이제, 초기 우주로 되돌아가서 이 힘이 어떻게 작용했는지를 생각해보겠습니다. 어떤 부분이 다른 부분보다 아주 조금 더 뜨거웠거나 아주 조금 밀도가 높았다는 사실을 기억해야 합니다. 이 아주 조금 더 뜨겁고 아주 조금 밀도가 높은 부분에서의 중력이 약간 더 강력했습니다. 그래서 중력은 이 부분을 응집시켰습니다. 이 부분이 응집됨에 따라, 이 부분은 더욱 밀도가 높아졌고 중력의 힘이 증가하게 되었으며 이 부분으로 더욱더 응집하게 되었습니다. 중력이 증가하고, 그러면 그 부분의 전체가 응집되어 마치 마구 달리는 기차와 같이 되었습니다. 그리고 이런 현상이 더욱더 빠르게, 빠르게 진행되었습니다. 그러고 나서 원자로 구성된 구름의 각 중심에서 원자가 매우 격렬하게 서로 부딪히기 시작했고, 특히 원자들이 가장 많이 모여 있는 곳인 중심에서 원자들이 열을 내기 시작했습니다.

PART 2

지금까지 우리의 이야기는 식어가는 우주에 관한 것이었습니다. 그런데 갑자기 우리는 이제 처음으로 열을 내기 시작하는 우주의 부분들에 대해서 이야기하고 있습니다. 마침내 온도는 약 3000도에 도달했습니다. 이 온도는 익숙할 것입니다. 양성자가 전자를 붙잡을 수 없기 때문에 원자들이 더 이상 결합 상태로 있을 수 없는 온도입니다. 그래서 우주배경복사가 발생하기 이전에 존재했던 일종의 플라스마가 다시 나타났습니다.

이제, 구름 속의 온도는 계속 올라가 드디어 1000만 도에 도달했습니다. 이 온도에서 장엄한 일이 일어났습니다. 양성자들은 서로 격렬하게 부딪히기 시작하여 양전하끼리 반발하는 척력을 압도하고, 서로 융합되었으며, 이제 강력(강한 핵력)에 의해 결합되었습니다. 이 일이 진행되면서 어떤 물질들은 순수한 에너지로 전환되었으며 대규모의 에너지 방출이 이루어졌습니다. 이것은 원자폭탄의 폭발에서 발생하는 현상과 매우 비슷합니다.

그 결과, 구름의 중심에 일종의 용광로가 생겨났습니다. 일종의 용광로는 반발하는 힘으로 중력의 힘을 밀어냈고, 이것이 구름 전체를 안정화시켰습니다. 이제, 별이 빛나게 되었습니다. 그리고 별은 수백만 년 혹은 수십억 년 동안 빛을 발하게 되었습니다.

우리는 빅 히스토리 이야기의 두 번째 주요 임계국면을 지났습니다. 빅뱅 이후 2억 년경부터 우주는 별들, 수십억의 수십억의 수십억 개의 별들로 가득하게 되었습니다.

그리고 우주는 이제 더욱 흥미로운 곳이 되었습니다. 최초의 별들이 출현하기 이전에 우리가 살펴본 일종의 균일한 죽 대신에, 우리는 이제 별들로 가득한 우주를 보게 되었습니다. 우주는 단순히 더 흥미롭게 볼 수 있는 곳이 아니었습니다. 별은 그 이상이었습니다. 우리의 우주는 빛과 열을 방사하는 일종의 강렬한 배터리로 가득해졌고, 더욱더 흥미로운 곳이 되었습니다.

사실, 천문학자들은 오늘날에도 별들이 생성되고 있다고 주장합니다. 실제로 별의 생성은 오늘날에도 지속되는 과정입니다. 천문학자들은 '별의 요람'에서 생성되는 별들을 찾아냈습니다. 이곳은 여러분이 하늘에서 찾아볼 수 있는 가장 아름다운 곳들 중의 하나입니다. 허블 웹사이트를 방문하거나, 망원경으로 별의 요람들을 관찰하는 것은 의미 있는 일입니다. 왜냐하면 별의 요람은 여러분이 하늘에서 볼 수 있는 가장 아름다운 장면 중의 하나이기 때문입니다.

별들은 또 다른 방식으로 우주의 복잡성을 증가시킵니다. 즉, 별의 수준에서 은하의 수준, 그리고 초은하단의 수준으로 별들은 여러 다른 규모로 새로운 형태의 구조를 우주에 제공했습니다. 자 그럼, 이들 구조를 하나씩 설명해 보겠습니다. 별에서 시작해볼까요? 별들은 그 자체로 매우 분명한 구조를 가지고 있습니다. 별의 중심에는 극도로 높은 온도의 양성자가 있으며, 이들은 융합하여 헬륨 핵을 형성합니다. 중심의 바로 옆 주위에는, 즉 핵 주위에는 중심으로 들어오면 결국 융합될 양성자로 가득 차 있습니다. 이제, 에너지의 광자와 중심으로부터 나온 빛이 플라스마를 통해 천천히 표면에 도달하여(때로는 수천 년이 걸린다) 결국 우주 공간으로 번쩍이며 날아갑니다.

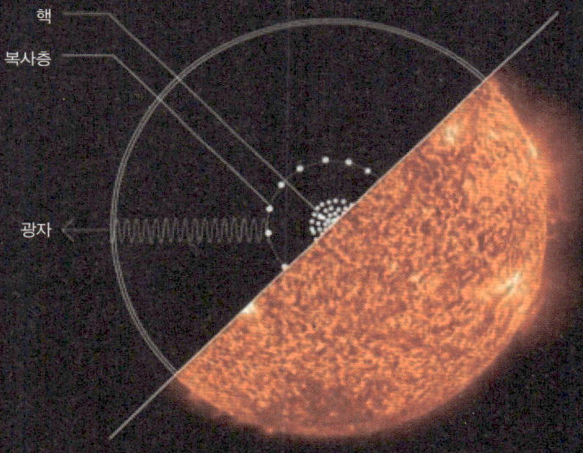

별의 기본 구조

별들은 많은 구조를 가지고 있지만, 별들 그 자체는 중력에 의해 더 큰 구조 안에 모여 있습니다. 우리는 이것을 은하라고 부릅니다. 은하수는 우리 은하입니다. 여기에는 아마도 1000억 개, 어떤 사람들의 주장에 의하면 2000억 개의 별들이 있습니다. 이것은 그야말로 엄청나게 큽니다. 그리고 전 우주에 걸쳐 약 1000억 개의 은하가 있습니다.

그러나 더욱 거대한 규모의 구조가 또한 존재합니다. 중력은 은하를 결집시켜 은하단이라고 부르는 것을 만듭니다. 우리의 국부 은하군은 그와 같은 은하단°이며, 우리가 맨눈으로 볼 수 있는 안드로메다 은하와 마젤란 은하를 포함하여 약 30개의 은하를 거느리고 있습니다.

중력은 심지어 은하단을 결집시켜 초은하단이라고 부르는 것을 형성합니다. 초은하단은 엄청난 거미줄과 사슬 형태로 전 우주에 펼쳐져 있습니다. 그러나 그것을 넘어서면 중력은 미약해지기 때문에 (다수의) 초은하단을 결집시키지 못합니다. 초은하단 규모의 수준을 넘어서면 여러분도 허블이 발견했던 것을 관찰하게 됩니다. 초은하단의 수준을 넘어서면, 초은하단은 서로 떨어져 움직입니다. 바로 그 규모의 수준에서 우주는 팽창합니다.

° 일반적으로 수십 개의 은하 집단은 은하군(group)이라고 하며, 수백에서 수천 개의 은하 집단을 은하단(cluster)이라고 한다. 하지만 이 책에서는 크게 은하와 은하단으로 구분하고 있다.

은하

은하단

3 별과 원소

자, 이제 요약해보겠습니다. 우리는 이 책 전체를 통해 복잡성에 근거하여 더 복잡한 복잡성이 형성되었다는 사실을 알게 될 것입니다. 우리는 별을 살펴보았습니다. 별은 이후의 복잡성 형태에 중요한 것이 됩니다. 대부분의 우주는 당시, 그리고 지금도 여전히 차갑고 어둡고 비어 있으며, 우리의 관점에서 본다면 실제로 매우, 매우 지루합니다. 그러나 별은 남극 대륙에서의 모닥불처럼 꽤 대단한 것입니다. 별은 차가운 우주를 밝혀주는 빛입니다. 그리고 이제 앞으로는 더 복잡한 복잡성을 만들기 위한 골디락스 조건은 우주 전체에서 걸쳐 이루어지는 것이 아니라 은하, 무엇보다도 차가운 모닥불이라고 할 수 있는 별 주위에서 조성됩니다. 그곳이 우리의 이야기가 앞으로 계속될 곳입니다.

💡 더 깊이 생각하기

1 최초의 별들이 생성되기 전의 우주는 어떠했나요?

2 골디락스 조건을 어떻게 정의하나요?

3 별의 생성에 필요한 골디락스 조건은 무엇일까요?

4 우주배경복사는 초기 별의 생성에 관해 어떤 사실을 말해주고 있나요?

5 여러분은 중력을 어떻게 정의할 수 있나요?

6 별의 생성 과정에서 일어난 물질의 응집을
"마구 달리는 기차runaway train"라고 부르는 것은
정당한 것일까요? 왜 그럴까요? 혹은 왜 그렇지 않을까요?

7 별의 생성 과정이 시작되는
조건은 무엇이었나요?

8 왜 "마구 달리는 기차"는 영원히 달리지 않고
마침내 멈추게 되었을까요?

9 복잡한 것에는 다양한 요소, 정교한 배열,
새로운 특성의 출현이 있습니다.
별은 어떻게 복잡한 것의 특징을
보여주고 있나요?

10 중력은 은하, 은하단, 초은하단을 형성합니다.
그러나 중력은 초은하단보다 큰 구조를 만들어낼 수 없습니다.
왜 우주에서는 보다 큰 복잡한 구조의 형성에 한계가 있는
것일까요?

3-2 별은 우리에게 무엇을 주었는가?

데이비드 크리스천 교수는 별이 수소와 헬륨 이외의 화학 원소를 어떻게 만들었는지를 설명한다. 이 장에서는 별의 유형과 별의 생애에 초점을 맞추고 있다. 별이 죽을 때에 별이 작은 별인지 큰 별인지가 중요하다. 오직 큰 별만이 무거운 원소 철까지 만들 수 있다. 다른 모든 화학 원소는 매우 큰 별이 폭발할 때 생겨난다. 이렇게 폭발하는 별을 초신성이라고 부른다. 또한 이 장은 원소의 생성에 원인이 되는 별 안의 힘을 살펴본다. 여러분은 어떻게 화학 원소가 별의 죽음과 폭발에 의해 생성되었는지를 설명할 수 있게 될 것이다.

핵심 질문
1. 큰 별과 작은 별의 차이는 무엇이며, 별의 죽음과 별의 폭발 간의 차이는 무엇인가요? 이 차이는 별이 원소를 만들어낼 수 있는가의 여부에 어떤 영향을 미치나요?
2. 이 임계국면을 가능하게 하는 골디락스 조건은 무엇인가요? 이 임계국면이 빅 히스토리의 이야기에서 중요한 이유는 무엇인가요?

PART 1

우리는 미국 워싱턴 주에 있는 아름다운 시애틀의 레이크사이드 고등학교에 있습니다. 이 장은 별이 우리에게 무엇을 주었는가를 다룰 것입니다. 자, 아름다운 학교 캠퍼스의 주변을 살펴보세요. 장담하건대, 이곳에는 수소와 헬륨 이외의 다른 많은 것들이 있습니다. 사실, 여기에 상당한 양의 탄소, 산소, 질소가 있고, 아마도 상당한 양의 인과 황도 있을 겁니다. 그리고 원소 주기율표periodic table◦에 있는 다른 원소●도 찾을 수 있을 것입니다.

원소 주기율표를 봅시다. 여러분은 우리가 말하고 있는 모든 원소들을 주기율표에서 볼 수 있습니다. 여기에 문제가 있습니다. 수소가 있고, 헬륨이 있습니다. 수소와 헬륨만이 있었던 우주에서, 무엇을 만들 수 있을까요? 그곳에서는 모든 재료들이 만들어지지 않습니다. 행성도 만들 수 없고, 노트북도 만들 수 없으며, 제 친구 라울(인체 모형을 지칭함-옮긴이)도 만들 수 없고, 여기 과학실 수족관 속의 살아 있는 동식물도 만들 수 없습니다. 이것이 진짜 질문입니다. 다른 모든 원소들은 어떻게 만들어졌을까요? 그 정답은 그 원소들이 별에서 만들어졌다는 것입니다.

◦ **주기율표**
원소를 원자번호 순으로 나열하여 원소의 성질이 주기적으로 변화하는 것을 보여주기 위해 원소들을 배열한 표

● 원자(atom)는 직접적이고 구체적인 대상을 일컫는 말이며, 원소(element)는 원자의 종류를 일컫는 말로 원자를 분류하는 기준이 된다. 만일 사과 10개와 키위 15개가 있다면, '원자'는 모두 25개가 있지만, '원소'는 2개가 있는 셈이다.

Q Where did all those other elements come from?
(수소와 헬륨 이외의) 다른 원소들은 모두 어디에서 왔나요?

A Star
별

지금까지 우리의 이야기는 온도가 내려가는 우주에 대한 것이었습니다. 우주가 식어가는 것은 물질과 에너지를 분리시켜주고 지금껏 우리가 본 물질의 형태를 만들기 때문에 매우 중요합니다. 그러나 이제 우주의 온도가 올라가기 시작하는 방식에 대해 말해보도록 하겠습니다. 이 현상은 별의 내부에서 일어난 대단한 일이었습니다. 별이 우리가 주변에서 발견할 수 있는 다른 모든 원소들을 만든 것은 바로 온도 상승 과정을 통해서였습니다. 그것이 별이 우리 이야기의 이 부분에서 일종의 스타인 까닭입니다.

우리에게 가장 가까운 별은 태양입니다. 태양의 표면은 섭씨 5800도이지만, 중심은 1500만 도입니다. 생각해보세요. 물은 섭씨 100도에서 끓습니다. 섭씨 100도는 가장 추운 온도인 절대온도° 0도보다 약 373도가 높습니다. 그래서 태양의 중심은 끓는 물보다 약 4만 배가 더 뜨겁습니다.

굉장히 높은 온도에서 양성자는 엄청난 에너지를 가집니다. 앞서 살펴본 것처럼, 양성자들은 매우 격렬하게 서로 부딪히며 결국에는 융합되어 헬륨 핵이 됩니다. 그것은 매우 격렬히 반응을 일으키지만, 여기에 문제가 있습니다. 탄소를 이야기해보겠습니다. 탄소는 중앙에 6개의 양성자를 가지고 있습니다. 탄소가 만들어지기 이전의 6개의 양성자가 있다고 해봅시다. 탄소를 얻으려면, 우리는 6개의 양성자를 서로 충돌시켜야 하고, 이를

○ 절대온도
절대온도 0도에서 모든 입자들의 운동 에너지는 최소인 상태가 되며, 엔트로피는 0으로 정의된다. 켈빈(K) 단위는 절대온도를 측정하는 국제적 온도 단위로, 열역학 분야에서 공헌한 영국의 수리물리학자인 윌리엄 톰슨 켈빈 경(William Thomson, 1st Baron Kelvin)의 이름에 유래했다.

Q Where does it get 3 billion degrees hot?
초기 우주의 어느 곳에서 30억 도라는 온도를 찾을 수 있을까요?

A Inside dying stars
죽어가는 별

위해서는 2억 도라는 매우 높은 온도가 필요합니다. 그러면 철은 어떤가요? 철은 26개의 양성자를 가지고 있습니다. 그래서 철을 얻으려면 26개의 양성자를 서로 충돌시킬 필요가 있고, 이를 위해서는 30억 도와 같이 높은 온도가 필요합니다.

그렇다면, 초기 우주의 어느 곳에서 30억 도라는 온도를 찾을 수 있을까요? 죽어가는 별 안에서입니다. 그렇습니다, 죽어가는 별입니다.

여기에 답이 있습니다. 대부분의 별들이 양성자, 즉 수소 핵을 융합시켜 헬륨 핵으로 만들면서 대부분의 생애(수십억 년의 생애 중에서 90%)를 보냅니다. 그러나 수소를 모두 태워버리면 무슨 일이 일어날지 생각해보세요. 별의 중심에 있는 용광로는 별을 지탱하는 일을 그만두게 됩니다. 중력이 우위를 차지하게 하고 별 전체를 붕괴시킵니다. 붕괴가 정말로 격렬하게 되면, 중앙의 온도가 매우 높아집니다. 그러나 온도가 얼마나 높이 올라갈 것인가는 별이 얼마만큼 큰지, 재료가 얼마나 많이 있는지, 중력이 얼마나 큰지에 따라 다릅니다.

작은 별은 어떨까요? 작은 별은 중앙에 그리 큰 압력이 없고, 낮은 온도로 수십억 년 이상 동안 천천히 수소를 태웁니다. 그래서 작은 별은 매우 길고 느린 생애를 갖습니다. 작은 별이 죽을 때에는 결국 연료를 소진하고, 마치 죽어가는 모닥불처럼 천천히 사그라집니다. 매우 흥미로운 일은 벌어지지 않습니다.

보다 큰 별은 훨씬 더 흥미롭습니다. 큰 별은 중심에서 더 높은 온도를 만들어냅니다. 큰 별은 더욱 격렬하게 수소를 태웁니다. 수소가 모두 타버리고 붕괴되면, 큰 별은 2억 도에 이르는 더욱 높은 온도를 만들어냅니다. 이 온도는 6개의 양성자가 탄소를 만들어내는 온도입니다. 그러면 큰 별은 헬륨을 태워서 탄소를 만들어냅니다.

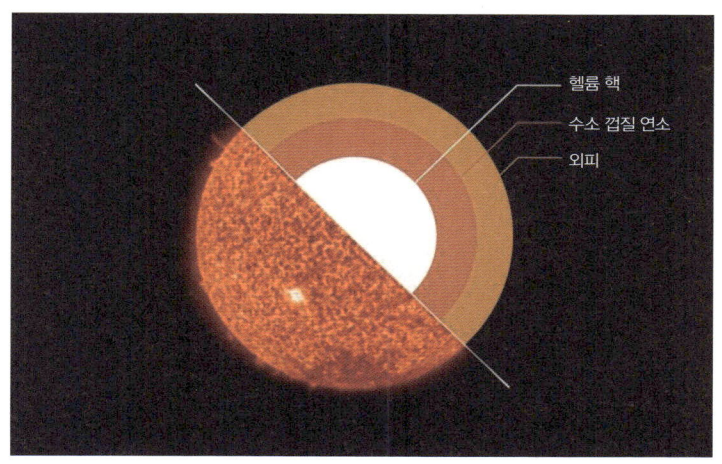

3 별과 원소

자, 우리의 태양은 이 단계에 접어들면 적색거성red giant star°으로 변합니다. 적색거성은 오리온자리에서 우리가 볼 수 있는 베텔게우스라는 별과 같이 됩니다. 이 별은 아름다운 빨간 별입니다. 그러나 이 단계에서 우리의 태양은 지구를 삼키고 지구에 있는 모든 것을 태워 파삭파삭하게 만들어버립니다. 이렇게 되면 여러분이 지구에 있으려고 하지 않을 것입니다. 별에서 헬륨이 모두 타 없어지게 되면, 일이 더욱더 빠르게 진행됩니다.

○ **적색거성**
표면 온도가 낮아 빨간색으로 빛나는 큰 별

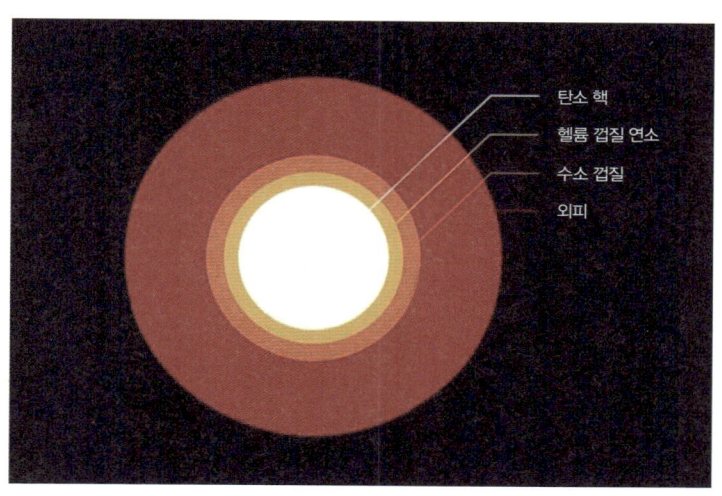

- 탄소 핵
- 헬륨 껍질 연소
- 수소 껍질
- 외피

PART 2

별이 헬륨을 소진하고 나면, 10억 도에 근접한 온도에서 탄소를 네온으로 만드는 융합을 시작합니다. 그러고 나면, 더욱더 빨라지는 일련의 전 붕괴 과정과 새로운 융합 과정을 통해 네온을 산소로 만드는 융합을, 그 후에 산소를 규소로 만드는 융합을 시작합니다. 그러고 나면 마침내 30억 도에서 규소를 철로 만드는 융합을 시작합니다. 그러면 그 과정은 끝에 도달하게 됩니다.

죽어가는 큰 별의 생애에서 마지막 몇 백만 년의 생애에 대한 체사레 에밀리아니Cesare Emiliani°의 빼어난 묘사를 인용해보겠습니다. "태양보다 25배가 더 큰 별이 중심에서 수백만 년 동안 수소를 소진하고, 50만 년 동안 헬륨을 태우고 나서, 별의 핵은 계속 수축하고 온도는 계속 올라가서 600년 동안 탄소를 태우고, 6개월 동안 산소를 태우고, 규소를 하루 동안 태운다."

이때쯤이 되면, 별의 중심은 다른 종류의 원소들로 층을 이루는 케이크처럼 됩니다. 마침내 별의 중심이 철로 가득하게 되면, 융합은 더 이상 진행되지 않습니다. 그리고 별은 붕괴됩니다. 별은 외부층을 우주 공간으로 퍼뜨리게 되고, 그러면 이제 막 생성된 모든 원소들을 별의 주변 공간으로 퍼뜨리게 됩니다.

○ **체사레 에밀리아니**
미국 지질학자이자 고해양학의 선구자

A star 25 times more massive than **the Sun will exhaust** the hydrogen in its core in **a few million years, will burn helium for** half a million years, and will burn carbon for **600 years,** oxygen for **six months,** and silicon for one day.

대단하죠? 우리는 원소 주기율표에서 철까지의 모든 원소들이 어떻게 생성되는지를 살펴보았습니다. 나머지 원소는 어떻게 생성될까요? 그 원소들은 어디에서 유래하는 것일까요? 네, 그 대답은 이렇습니다. 나머지 원소들은 죽어가는 별에서 만들어지지 않고 폭발하는 별에서 만들어집니다. 그렇습니다. 폭발하는 별입니다.

굉장히 큰 별이 중심에 철로 가득 찼을 때, 그 별이 붕괴하여 폭발하면 어마어마하게 높은 온도로 올라가게 됩니다. 이 폭발을 초신성이라고 부르며, 이것은 전체 천문 현상에서 여러분이 볼 수 있는 가장 경이로운 것 중의 하나입니다. 폭발 이후 몇 초 동안 원소 주기율표의 모든 원소들이 초신성 폭발에서 만들어집니다. 별은 매우 밝게 빛을 내며 높은 온도를 발생시키고, 초신성은 몇 주 동안 초신성이 속해 있는 은하 전체보다 더 빛납니다. 사실, 우리가 역사에서 들은 많은 "새로운 별"˚, 예를 들면 '베들레헴의 별'•은 초신성이었을 것입니다.

그래서 죽은 별이 있는 곳, 즉 초신성이 있었던 곳에서, 원소 주기율표에 있는 모든 개별 원소를 함유한, 먼지와 티끌로 이뤄진 엄청난 구름(성운)이 생기게 됩니다.

˚ **초신성** 超新星, supernova super는 '굉장한', nova는 '새로운 별'이라는 뜻으로 '굉장히 밝은 빛을 내는 새로운 별'이라는 의미를 갖지만, 실제로는 태양보다 8배 이상 큰 별이 폭발하는 현상이다. 태양보다 30배 이하의 큰 별이 폭발하는 경우에는 중성자별이 되고, 30배 이상의 큰 별인 경우에는 블랙홀이 나타난다.

• 기독교 신약성서에서, 예수의 탄생은 베들레헴의 하늘에 갑자기 나타나 매우 밝게 빛난 별로 상징되고 있다. 베들레헴은 예수가 탄생한 곳이다.

3 별과 원소

하나의 관점에서 이 모든 이야기를 모아보겠습니다. 우리가 이 장을 시작할 때 우주는 수소와 헬륨만이 있었고 그 이외의 원소는 없었습니다. 이 장의 끝에 도달한 지금은 원소 주기율표에 있는 모든 원소들이 생성되었습니다. 그러나 진실은 10억 개의 초신성이 터지고 수십억 년이 지난 후에도 헬륨과 수소는 우주에서 존재하는 원자의 98%를 차지하고 있다는 점입니다. 나머지 모든 원소들은 합쳐도 겨우 2%밖에 되지 않습니다. 그렇다면, 여러분은 그것이 뭐가 대단할까라고 생각할 것입니다. 하지만 2%가 사실 엄청나게 중요합니다. 이 원소들이 없다면, 여기에 제 친구 라울도 없고 나도 없으며 여러분도 없습니다. 그렇기 때문에 이 원소들은 큰 차이를 만들어냅니다. 이것 때문에 빅 히스토리 이야기에서 우리는 새로운 화학 원소의 생성을 세 번째 복합성 임계국면이라고 부르는 것입니다.

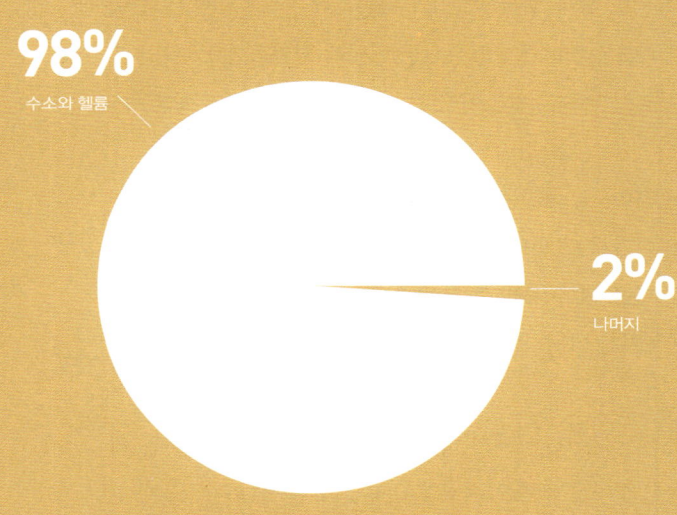

98%
수소와 헬륨

2%
나머지

자, 이제 우리는 몇 가지 질문을 할 차례입니다. 세 번째 임계국면의 주요 특징은 무엇인가요? 그리고 그것은 정말로 중요한가요? 또한 이 임계국면의 골디락스 조건은 무엇인가요?

여기 또 하나의 질문거리가 있습니다. 우리가 세 번째 임계국면을 건너가지 않는다면 어떻게 되었을까요? 만약 우주에 그렇게 큰 별들이 없었다면 어떻게 되었을까요?

마지막으로 여러분은 증거에 대해 생각해봐야 합니다. 저는 여기서 단 하나의 증거도 제시하지 않았습니다. 여러분은 저를 왜 신뢰하나요? 생각해보세요. 저는 역사가일 뿐 과학자가 아닙니다.

자, 우리는 이 장에서 많은 부분을 다뤘습니다. 이제, 더 깊이 알아보는 일은 여러분의 몫입니다.

what are the main features of this threshold?
(세 번째) 임계국면의 주요 특징은 무엇인가요?

what were the Goldilocks conditions?
(이 임계국면의) 골디락스 조건은 무엇인가요?

why does this threshold matter?
이 임계국면은 왜 중요한가요?

what evidence supports this unit?
이 장을 뒷받침하는 증거는 무엇인가요?

💡 더 깊이 생각하기

1 음식에 대해 생각해봅시다. 여러분이 만들 수 있는 가장 손쉬운 요리는 무엇인가요? 얼마나 많은 음식 재료가 들어가나요? 서너 가지 재료만 가지고 만들 수 있는 요리법은 무엇인가요?

2 별이 형성되는 골디락스 조건은 무엇인가요?

3 새로운 원소들이 만들어지는 온도와 별이 만들어지는 온도를 비교할 수 있나요?

4 태양과 같은 전형적인 별의 생애 주기는 어떠한가요?

5 별은 중력과 압력 사이의 균형을 의미합니다. 왜 모든 별에서 결국 이 균형이 깨지게 된다고 생각하나요?

6 우리의 태양은 작은 별과 같나요, 아니면 큰 별과 같나요?

7 죽어가는 별의 온도는 왜 별의 일반적인 생애 동안의 온도보다 매우 높은가요?

8 수십억 개의 죽어가는 별과 초신성에 의해 많은 화학 원소들이 만들어졌습니다. 그럼에도 수소와 헬륨은 우주에서 여전히 가장 풍부한 원소입니다. 왜 그럴까요?

 수소와 헬륨이 만들어진 이후에, 화학 원소들이 만들어지는 골디락스 조건은 무엇인가요?
이 장에서는 원소의 출현에 대한 증거가 하나도 제시되지 않았습니다. 데이비드 교수의 이야기를 지지하는 증거는 어떤 종류의 것일까요? 여러분은 어디에서 그것을 찾아야 할까요?

BIG
HISTORY

4
태양계와 지구

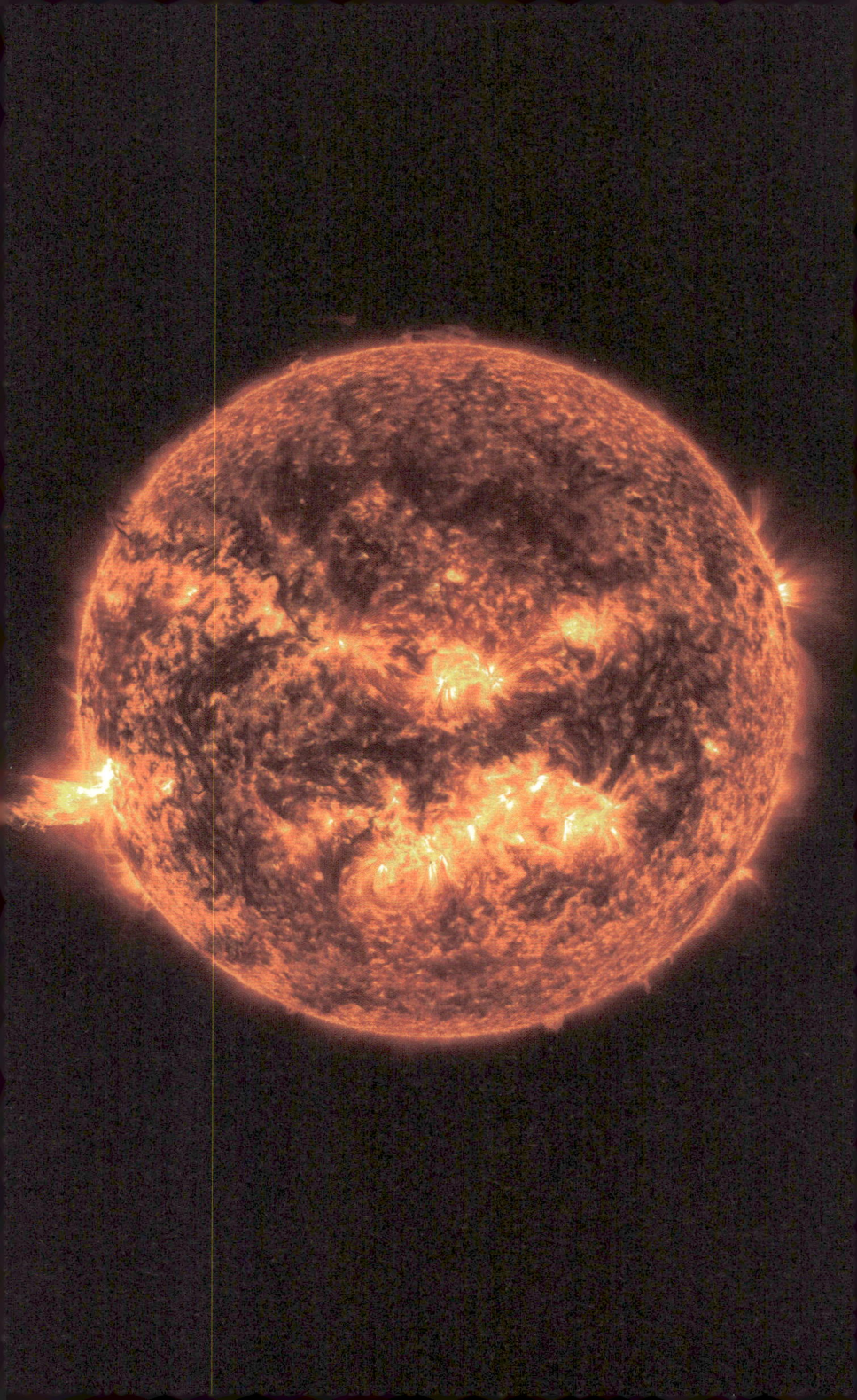

4-1 지구는 어떻게 생성되었는가?

피자 반죽 덩어리처럼 도는 새로운 별과 우주 공간의 파편은 우리 태양계처럼 태양계의 형성을 설명하는 두 가지 재료다. 이 장에서, 데이비드 크리스천 교수는 어떻게 화학 원소들이 결합하여 간단한 분자를 형성하는지, 그리고 암석 행성을 만들어내는 골디락스 조건이 무엇인지를 설명한다. 여러분은 폭발하는 별에 의해 만들어진 분자들이 새로운 별들 근처의 우주 공간에서 떠돌면서, 서로 부딪히면서, 화학작용, 중력과 전기력을 통해 어떻게 먼지, 운석, 소행성, 행성을 만들어내는지를 알게 될 것이다. 이제, 여러분은 태양계가 생성되고 행성이 출현하는 과정을 설명할 수 있게 될 것이다.

핵심 질문
1. 원소를 결합시키는 골디락스 조건은 무엇인가요?
2. 우리 태양계의 행성은 어떻게 생성되나요?

PART 1

안녕하세요. 저는 레이크사이드 고등학교에 다시 나와 있습니다. 지금 제가 있는 곳은 화학실험실인데, 여기에는 충분한 이유가 있습니다. 오늘 이 장에서 여러분은 두 원소, 즉 수소와 헬륨이 아니라 100여 가지의 원소들이 있는 우주에서 여러분이 만들어낼 수 있는 새로운 것들이 무엇인지 알게 될 것입니다.

자, 주변을 살펴보고 여러분이 볼 수 있는 물질이 몇 가지가 있는지 세어보도록 합시다. 10가지는 쉽게, 100가지도 어렵지 않게 셀 것이며, 만약 여러분이 정말 조심스럽게 센다면, 이 모든 물건들을 살펴본다면, 여러분은 1000개, 1만 개 혹은 심지어 10만 개도 쉽게 셀 수 있을지도 모릅니다. 그것은 100가지의 원소를 가진 우주에서 100가지의 다른 물질만이 있을 수 없기 때문입니다. 이 원소들은 엄청나게 많은 수의 다른 방식으로 결합하여 수조 개의 새로운 물질, 우리 주변 세계에서 볼 수 있는 모든 물질을 만들어낼 수 있습니다. 이러한 모든 새로운 물질은 결국 결합하여 전적으로 새로운 천체를 생성합니다. 물론 지금까지 우리에게 가장 새로운 것은 우리의 집인 지구라는 행성입니다.

Periodic Table 원소 주기율표

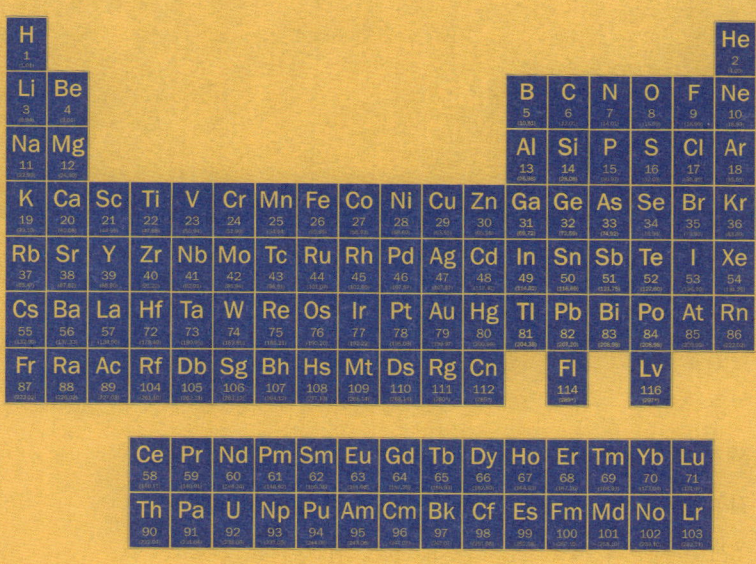

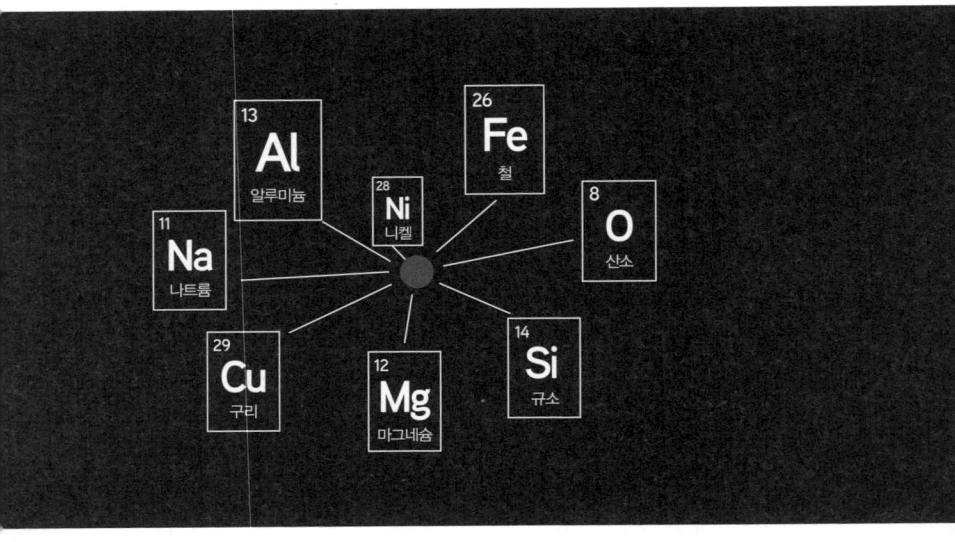

그러나 우리가 지구와 태양계의 다른 행성들이 어떻게 만들어졌는지 설명하기 전에, 우리가 다뤄야 할 작은 문제가 있습니다. 앞 장에서, 우리는 수소와 헬륨을 제외한 나머지 새로운 원소들이 우주의 모든 원자 중에서 2%밖에 차지하지 않는다는 것을 살펴보았습니다. 그런데 지구를 살펴보면 지구의 90%가 철, 산소, 규소, 마그네슘, 그리고 초신성과 죽어가는 별들에서 만들어진 다른 원소들로 이루어졌다는 사실을 발견하게 될 것입니다. 그렇다면 어떻게 원소들은 이처럼 모여 행성과 물체를 만들었을까요? 자, 이에 대한 대답을 하기 전에, 저는 이런 일이 어떻게 일어나게 되었는지에 대한 여러분의 대답을 듣고 싶습니다. 이 질문에 답하려면, 우리는 화학에 대해 알아봐야 합니다.

화학이란 여러 원자들을 연결하는 방법, 즉 어떻게 원자가 연결되어 우리가 분자라고 말하는 것을 만들어내는가를 연구합니다. 원자가 연결되는 방식은 그 전자의 배열에 달려 있습니다. 헬륨과 같은 원자들은 매우, 굉장히 안정적이어서, 다른 원자들과 거의 결합하지 않습니다. 그래서 헬륨은 고상한 기체라고 알려져 있습니다. 마치 헬륨은 너무 거만해서 다른 원자들과 결합하지 않으려는 것처럼 보입니다. 여러분은 헬륨이 원소 주기율표의 오른쪽 측면에 위치해 있는 것을 볼 수 있을 것입니다. 그러나 대부분의 원자들은 다른 원자들과 결합하는 것을 꽤 좋아합니다. 그 대부분의 원자들은 다른 원자들과 반응합니다.

예를 들면, 수소와 산소는 항상 다른 원자들과 결합할 기회를 엿보고 있습니다. 만약 여러분이 불타는 것을 보거나 불꽃을 보게 된다면, 여러분이 보고 있는 것은 다른 원자들과 격렬히 결합하고 있는 산소입니다. 산소는 참으로 반응성이 큽니다.

원자들이 서로 결합했을 때, 우리는 그것을 분자라고 부릅니다. 각 분자는 나름대로 특징을 가지고 있으며, 이 특징은 분자를 형성하는 원소들과는 매우 다릅니다. 예를 들면, 수소와 산소는 둘 다 기체이지만, 이들이 결합하면 매우, 아주 친숙한 액체, 즉 물 H_2O 을 만들고, 이 물은 수소와 산소와는 완전히 다른 특성을 갖습니다.

또한 다른 형태의 분자는 다른 형태의 결합을 갖습니다. 어떤 결합은 매우 견고하지만, 어떤 결합은 매우 유연합니다. 어떤 결합은 너무 강력해서 분리하기가 매우 어렵습니다. 이렇게 분자 사이에 엄청나게 다양한 결합 유형이 있습니다. 예를 들면, 탄소는 스스로 결합하여 다이아몬드를 생성합니다. 다이아몬드에서의 결합은 극도로 강력하고 극도로 견고해서, 다이아몬드는 매우 단단합니다. 한편으로 탄소 원자는 스스로 결합하여 매우 다른 물질인 흑연을 만들기도 합니다. 흑연은 연필의 심으로 사용됩니다. 이것은 매우 연한 소재입니다. 이처럼 다른 방식의 결합은 큰 차이를 만들어냅니다.

다양한 결합 유형이 존재한다는 것은 엄청나게 다른 형태의 물질이 존재한다는 것을 의미합니다. 이런 화학적 결합을 만들어내는 것은 수소나 헬륨보다는 대부분의 다른 원소들입니다. 우리가 풍부한 화학적 결합을 이야기할 때, 우주의 상당 부분을 차지하는 수소와 헬륨이 아닌, 2%에 대해 말해야 하는 것은 바로 이 때문입니다.

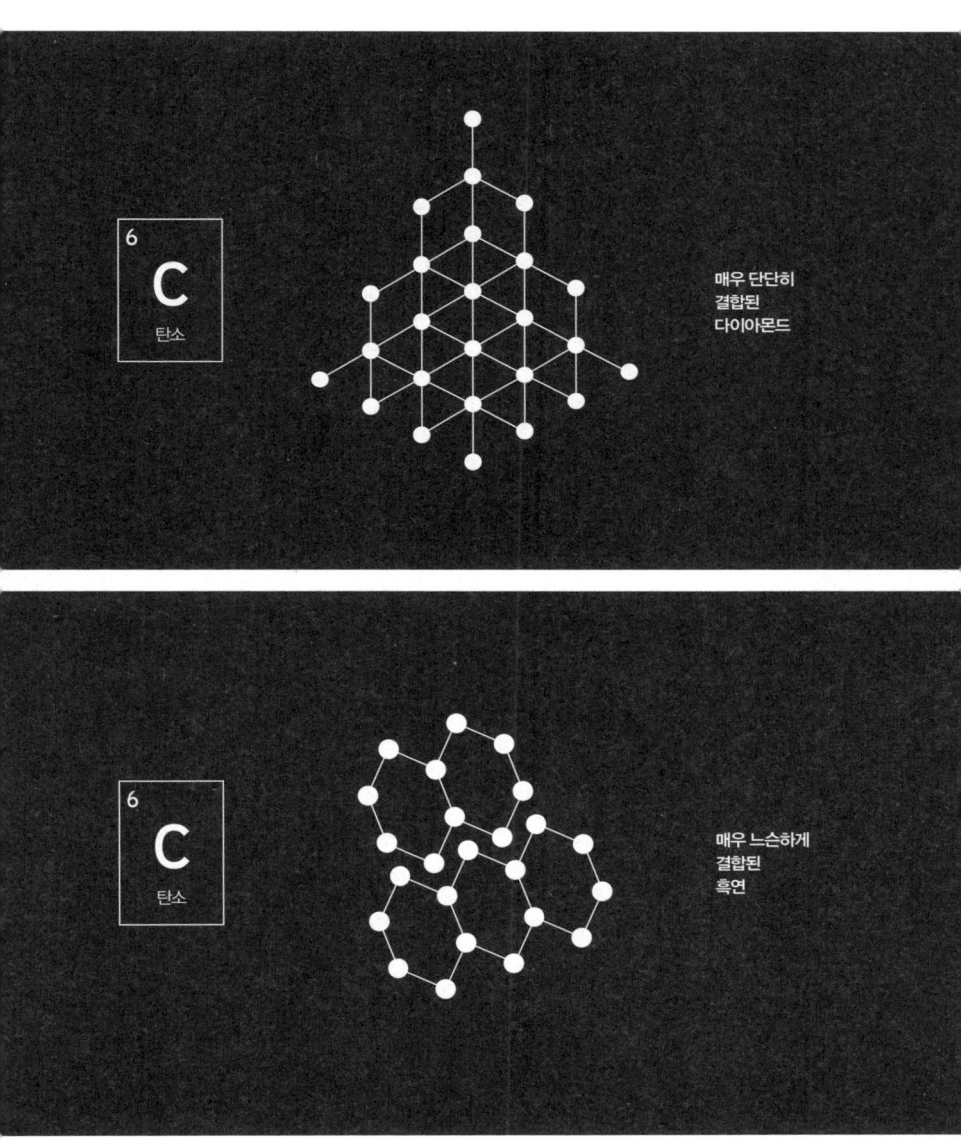

PART 2

원자는 초신성과 죽어가는 별에 의해 뿌려진 물질의 구름 속에서, 심지어는 깊은 우주 공간에서 분자를 생성하기 시작합니다. 어떻게 우리는 그것을 알아냈을까요? 우리는 분광기를 이용하여 어떤 원소와 어떤 화학 재료들이 우주 공간에 있는지 알 수 있습니다. 또 우리는 물, 많은 얼음, 이산화탄소, 암모니아, 산, 모든 간단한 분자들(일상생활에서 매우 친숙한 분자들)이 있다는 것을 알고 있습니다. 또 많은 규산염이 있습니다. 규산염은 규소와 산소로 만들어진 분자로 지구의 표면에 있는 대부분의 바위를 만들어 냈습니다.

우주 공간에서 이러한 분자들은 대체로 매우 단순합니다. 분자들은 10개에서 20개의 원자와 기껏해야 60개의 원자를 가지고 있습니다. 우주 공간에서 이들 분자들은 많은 흥미로운 일을 할 수는 없지만, 새로 태어난 별들 주변에서는 이들 분자들을 가지고 굉장히 흥미로운 일을 많이 할 수 있습니다. 실제로, 이들 분자들을 가지고 행성을 만들어낼 수 있습니다.

이 일이 이루어지는 것을 보려면, 우리는 45억 년 전으로 되돌아가서 자세히 들여다봐야 합니다. 이 장에서 우리는 지금까지 우주를 살펴보았습니다. 이제 평균적인 은하, 은하수를 자세히 들여다봅시다. 은하수의 작은 한 부분을 자세히 들여다보고 우리 태양계의 생성을 살펴볼 겁니다.

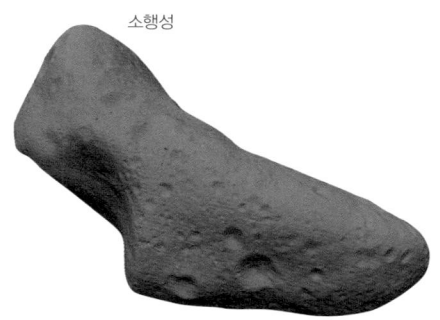

소행성

우리의 태양은 다른 별들과 같이 중력의 압력으로 물질의 구름(성운)이 붕괴되면서 형성되었습니다. 많은 별처럼, 붕괴는 은하수의 우리 지역 어디에선가에서 엄청난 초신성 폭발에 의해 촉발되었을 것입니다. 또 초신성 폭발은 다른 초신성들과 죽어가는 별들에서 유래된 많은 새로운 물질들의 씨앗을 이 구름에 뿌려놓았습니다. 이 구름이 붕괴되면서, 구름은 팽글팽글 도는 피자 반죽 덩어리처럼 돌기 시작합니다. 구름이 돌면서 천천히 납작해지고 원반을 형성하게 됩니다.

이것은 우주 전체에 걸쳐 일어난 현상입니다. 우주가 은하수에서부터 우리의 태양계, 심지어는 토성 주변의 고리에 이르기까지 평평한 원반으로 가득 차 있는 이유입니다. 천문학자들은 이러한 종류의 원반을 원시 행성계 원반 혹은 프로폴리드proplyd라고 부릅니다. 우리의 태양계를 형성한 원시 행성계 원반은 중앙에서 붕괴되기 시작함에 따라, 원시 행성계 원반은 더 뜨거워지고 더 뜨거워지고 더 뜨거워져 마침내 핵융합이 시작되어 우리의 태양이 생성됩니다. 원시 행성계 원반의 모든 물질 중에서 99%가 태양으로 들어가게 됩니다. 사실, 그것은 99.9%입니다. 나머지 0.1%가 태양계의 나머지를 이루게 됩니다. 놀랍게도, 이 매우 적은 여분이 태양계의 나머지를 형성하게 되는 것입니다.

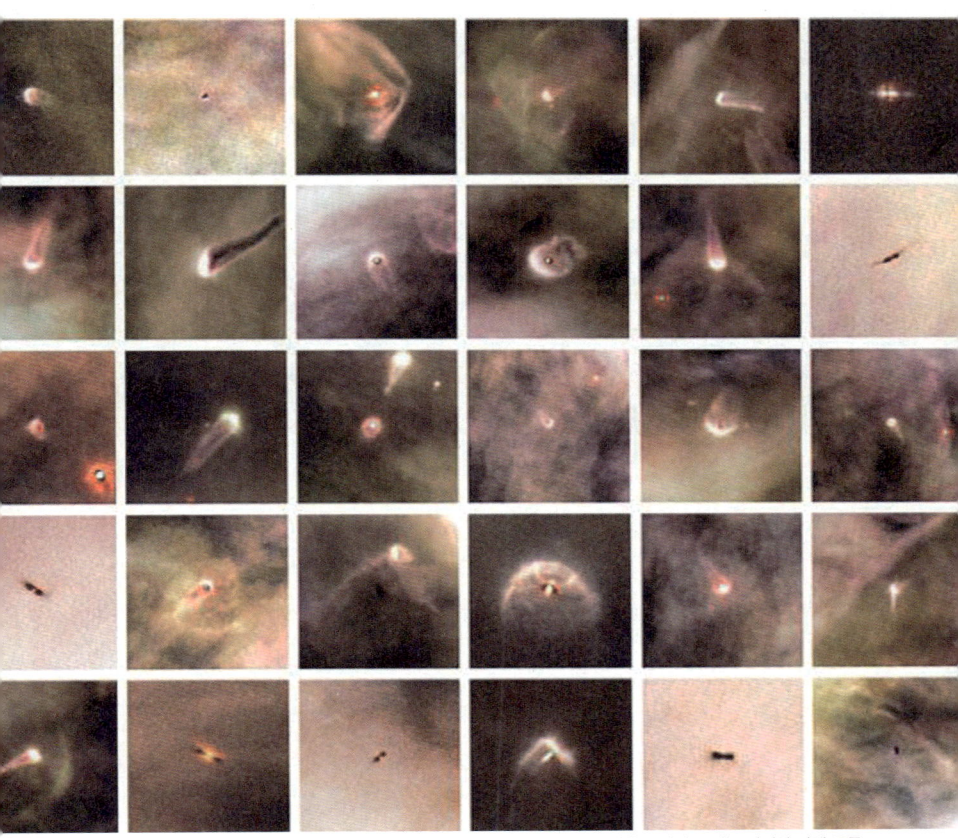

오리온 성운에서 초기 별을 둘러싸고 있는 먼지와 기체 구름

그러면, 태양에서 멀리 떨어진 기체 행성을 살펴보고, 어떻게 기체 행성이 생성되었는지를 알아보는 것으로 시작해보겠습니다. 젊은 태양의 강렬한 열은 태양계의 중심부에서 기체 물질을 멀리 몰아냈습니다. 무엇보다도 많은 수소와 헬륨을 멀리 몰아내어 그 지역은 수소와 헬륨이 없는 곳으로 남게 되었습니다. 모든 기체 물질은 태양계의 외부에 모이게 되고 결국에는 응축되어 거대 기체 행성을 만들어냈습니다. 이들이 목성, 토성, 천왕성 그리고 해왕성입니다. 이제, 이 행성들이 여분의 약 99%를 차지하게 되었습니다. 그래서 우리에게 남은 것은 매우 적은 여분의 매우 적은 여분이고, 이것이 지구를 포함한 태양계 중심부의 암석 행성을 만들어냈습니다.

행성의 크기를 비교해서 보여주는 태양계 이미지.
목성의 지름은 14만 2984km로, 지구의 약 11배이다.

우리 태양계의
가장 큰 기체 행성인 목성

여분의 아주 적은 여분에서, 태양에 더욱 가깝게 다가서면 중심 궤도에서 궤도를 도는 물질을 볼 수 있습니다. 그 물질은 기체가 적으며 일종의 다소 단단한 소재로 되어 있습니다. 매우 작은 먼지 티끌이 결국에는 정전기력 electrostatic force 혹은 충돌을 통해 결합해서 작은 암석 행성을 만드는 것입니다. 얼음 티끌은 눈덩이와 같은 물체를 만들고, 결국 운석이나 소행성과 같은 것들을 만들어냅니다. 이것이 점점 더 커지고 계속 커지고 더욱 커져서 서로 충돌하게 됩니다.

각 궤도에는 중력의 끌어당기는 힘으로 궤도 안에 있는 모든 것들을 마침내 말끔히 몰아서 가져가는 큰 물체가 만들어집니다. 그러면 수억 년이 지나 결국에는 각 궤도에는 암석 행성이 생성됩니다.

자, 이 과정을 응축°이라고 부릅니다. 이것은 극도로 격렬한 과정입니다. 이것은 엄청난 우주 공간 소재stuff가 다른 우주 공간 소재와 충돌하는 것입니다. 이 과정이 얼마나 격렬한지 알고자 한다면, 한밤에 망원경을 가지고 밖에 나가 달을 쳐다보고 분화구를 살펴보세요. 분화구는 응축 과정이 얼마나 격렬한지 보여주는 증거입니다. 우리의 달은 아마도 화성의 크기와 같은 물체가 젊은 지구와 충돌해 지구(지구의 엄청나게 큰 부분)를 후벼냈을 때 아마도 생성된 것 같습니다. 그 물질이 지구의 궤도를 돌면서 천천히 응축되어 우리가 달이라고 부르는 물체를 만들었습니다.

○ 응축 accretion
한데 엉겨 굳어서 줄어듦

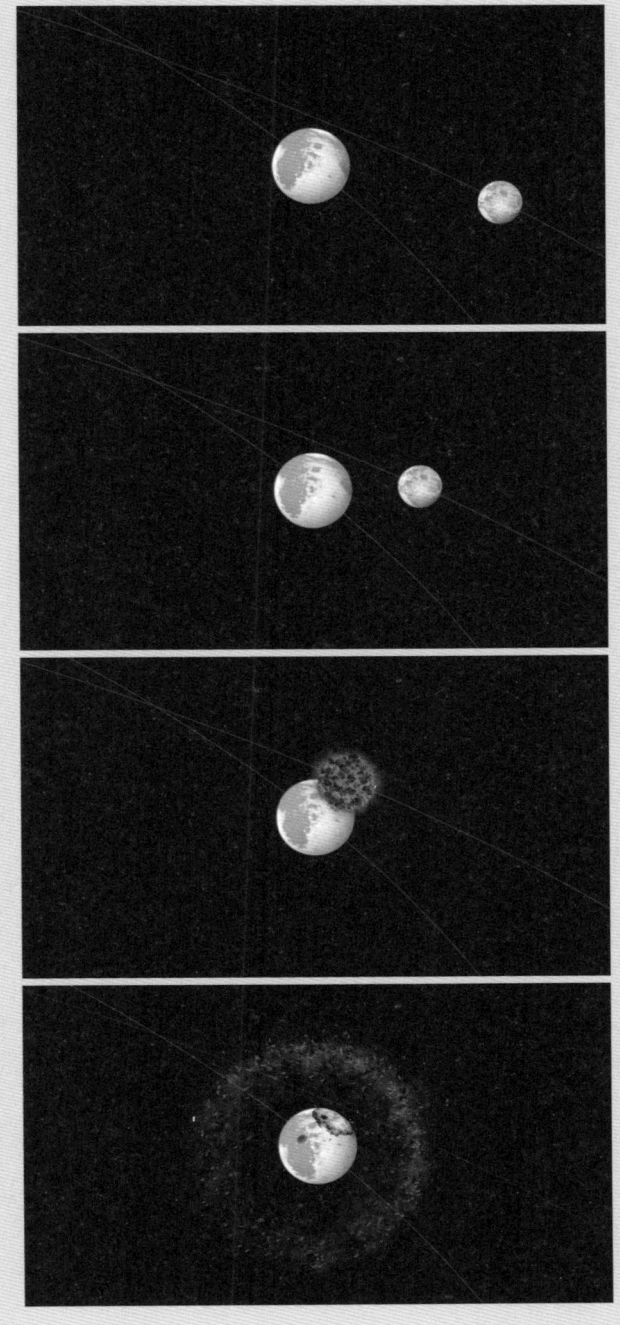

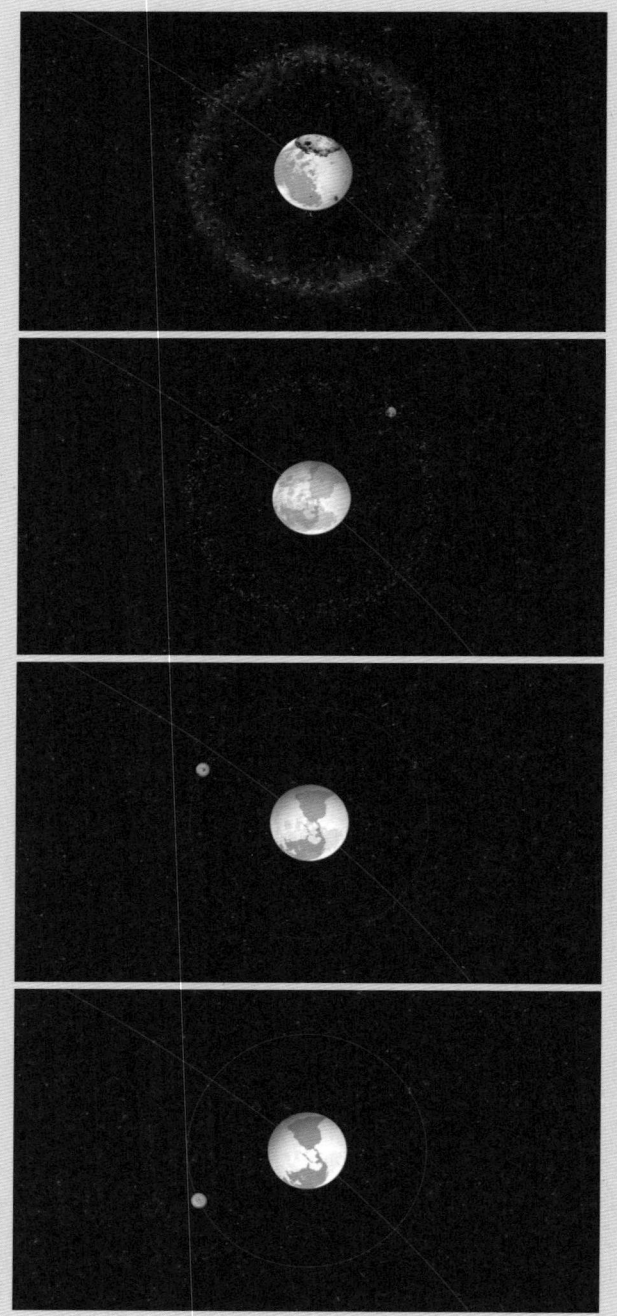

그래서 약 1000~2000만 년 이상의 기간 동안 이 과정을 통해 우리의 태양계는 형성되었습니다. 그 결과, 중심부 궤도(내행성 궤도)°에 암석질 내행성이 있고 외부 궤도(외행성 궤도)에는 큰 기체 행성이 있으며, 이 행성들 속을 우주 공간 파편이 이리저리 헤치며 나아가는 태양계가 만들어졌습니다. 우주 공간 파편에는 운석, 소행성 그리고 혜성도 포함됩니다.

○ 흔히 한국의 천문 서적에서는 내행성 궤도가 지구보다 안쪽에서 태양 주위를 도는 궤도를 말하며 내행성에 화성을 포함하지 않는 것으로 설명하고 있지만, 이는 국제적인 통용 기준과 다르다.

PART 3

20년 전 빅 히스토리 강의를 시작했을 때, 누구도 우주 어딘가에 또 다른 태양계가 있을 것이라고 생각하지 않았습니다. 우리의 태양계가 유일한 태양계일 것이라고 생각했습니다. 그러나 지난 15년간 매우 놀라운 마법과도 같은 천문학적 연구, 말하자면 인공위성 망원경(예를 들어 케플러 인공위성)을 이용한 많은 연구들이 있었습니다. 그리고 이제 우리는 다른 태양계를 실제로 볼 수 있게 되었습니다. 그것들은 굉장히 다르지만, 태양계들이 실제로 매우, 아주 평범한 것이라는 사실을 알게 되었습니다.

태양계가 어떠하든지 간에, 신기하게도 태양계는 그 어딘가에 모종의 생명이 존재할 것이라는 가능성을 증가시킵니다. 제가 갖고 있는 스마트폰의 애플리케이션이 다른 별의 주위를 도는 행성, 즉 '태양계외 행성exoplanet'의 최신 발견에 대한 모든 것을 알려주는 것처럼, 과학은 매우 흥미롭습니다.

이 단원에서 시작할 때 제기했던 문제로 돌아가 보겠습니다. 이 모든 희귀하고 새로운 화학 원소들은 어떻게 완전히 새로운 것들을 생성해낼 수 있는 것일까요? 지금쯤 여러분은 그 답변의 실마리를 가지고 있을 것이라 생각합니다.

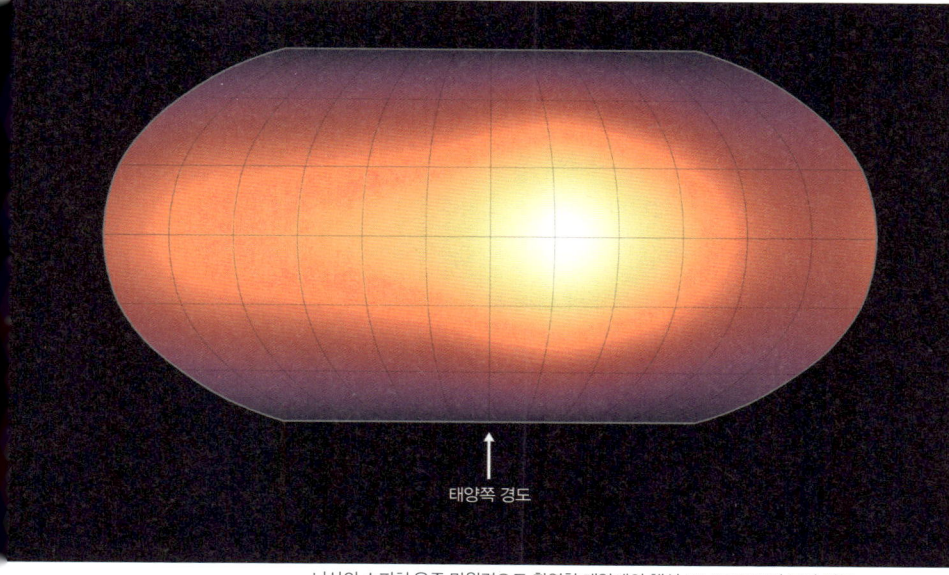

태양쪽 경도

나사의 스피처 우주 망원경으로 촬영한 태양계외 행성 HD 189733b의 표면 지도.
뜨거운 곳일수록 밝게 표시되었다.

첫째, 원소들이 화학작용으로 연결되어 간단한 분자를 형성한다는 것을 알게 되었을 것입니다. 온갖 새로운 물질이 우주 공간을 떠돌아다니고 있습니다. 둘째, 우리가 골디락스 조건이라고 부르는 환경 속에서 새로이 생성된 별 주변에 이 화학 과정이 이루어집니다. 이 분자들은 서로 충돌합니다. 분자들은 화학작용에 의해, 중력에 의해, 그리고 전기력에 의해 결합되어 먼지 티끌, 운석, 소행성, 결국에는 행성과 태양계와 같은 물질을 만듭니다.

자, 우리는 이 빅 히스토리 이야기에서 태양계의 생성을 네 번째의 임계국면으로 간주합니다. 그것은 특히 우리 지구와 같은 암석 행성은 별보다 더 복잡하기 때문입니다. 암석 행성이 더 복잡한 이유는 암석 행성의 내부 구조가 더 복잡하기 때문입니다. 우리는 이 사실을 다음 장에서 살펴보게 될 것입니다. 암석 행성은 화학적으로 더욱더 복잡합니다. 암석 행성은 더 다양한 물질을 보유하고 있습니다.

저는 비록 역사학자이지만, 이 강의를 하면서 줄곧 연구용 가운을 입고 얘기했습니다. 이제, 이 가운을 벗을 시간입니다. 우리 우주가 더욱더 복잡해지고 더 다양해졌으며 더욱 흥미로워졌다는 사실을 여러분이 알아차리기 시작했기를 바랍니다.

기체와 먼지 소용돌이를
보여주는 원시 행성계 원반 그림

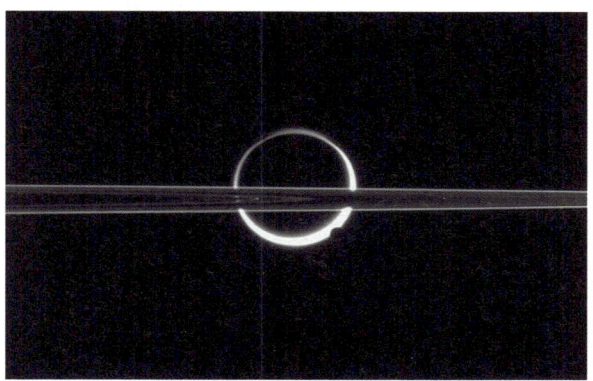

토성의 고리 뒤로, 토성의 위성 타이탄과 엔셀라두스가 보인다.

보이저 1호가 찍은 목성의 대적점 주위의 구름 소용돌이

💡 더 깊이 생각하기

1 여러분의 생애에서 2~3개의 기본적인 것을 생각해보세요.
만약 이것을 결합시킨다면, 얼마나 많은 조합이 나올까요?

2 어떻게 원소는 응집되나요?

3 어떻게 행성이 만들어졌나요?

4 여러분이 알고 있는 분자로는 어떤 것이 있나요? 그 분자는 어떤 원소를 가지고 있나요?

5 여러 결합 형태를 생각해보세요.
예를 들어, 어떤 사람을 손가락으로 느슨하게 잡고 있는 것, 손을 깍지 끼고 잡고 있는 것, 그리고 팔을 끼워 잡고 있는 것 사이에는 어떤 차이가 있을까요?

6 어떤 경우에는 두 가지가 조합될 때, 놀라운 일이 일어납니다. 여러분이 본 것 중에서 이런 것이 있나요?

7 둥그런 반죽 덩어리에서 피자 크러스트를 만드는 과정을 설명해보세요. 왜 이 과정이 행성의 형성 과정을 설명하는 좋은 예시가 될까요?

8 태양을 제외한 우리의 태양계는
원시 행성계 원반에 있는
물질의 약 0.1%로 만들어졌습니다.

이것은 원래 물질의 1000분의 1에 해당하는 것입니다. 이것보다
1000배 큰 것으로 만든 다른 어떤 것으로는 무엇이 있을까요?

9 온라인에 있는 우리의 태양계 지도를
보세요. 암석 행성에 비해 기체 행성은
어디에 있나요? 왜 그렇게 되었다고
생각하나요?

10
달의 생성에 대한
다른 이론들로는
어떤 것들이 있나요?

11
어떻게 매우 희귀하고 새로운
화학 원소들이 완전히 새로운
것들을 만들어냈을까요?

12 태양계의 생성은 복잡성의 네 번째 임계국면입니다.
첫 번째 임계국면에서 네 번째 임계국면까지 무엇이 달라졌나요?

13 어떤 분야의 전문가가 다른 분야의 도구를 채택하여 사용함으로써
놀랍고 새로운 통찰력을 보여준 사례가 아주 많이 있습니다.
여러분은 왜 그렇게 되었다고 생각하나요?

4-2 초기 지구는 어떻게 생겼는가?

이 장에서는 초기 지구와 우리가 알고 있는 지구가 어떠한 힘들에 의해 형성되었는지에 대해 설명한다. 타임머신을 타고 초기 지구, 즉 지구의 지층이 이제 막 형성되고 지구의 표면에 계속적인 변화가 일어나는 뜨겁고 생존 불가능한 곳으로 가보자. 또 이 장에서는 알프레드 베게너를 소개할 것이다. 그는 대륙이 이동한다는 것을 주장한 운석학자다. 그의 주장은 후에 판구조를 뒷받침해주는 증거에 의해 옳다는 인정을 받았다. 여러분은 지구의 지층, 판구조, 지구에 대한 기본적인 이론을 지탱하는 증거를 알 수 있게 될 것이다.

핵심 질문

1. 어떤 과정을 통해 초기 지구가 형성되었나요?
2. 판구조가 오늘날 여러분이 알고 있는 지구의 표면을 형성하는 데 어떻게 작용했나요?
3. 우리는 판구조에 대해 어떤 증거를 가지고 있나요?

PART 1

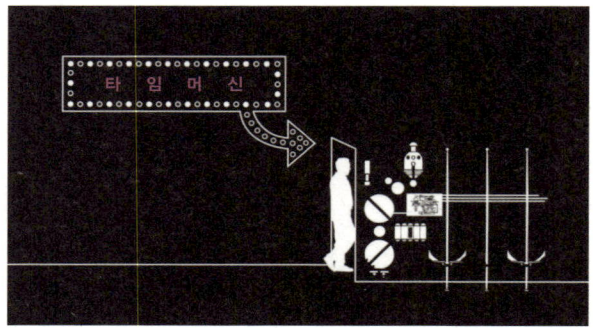

상상해보세요. 여러분은 지금 타임머신을 타고 45억 년 전으로 되돌아가는 여행을 하고 있습니다. 초기 지구를 산책하는 것은 어떨 것 같은가요? 재미가 있을까요? 제 생각에 여러분은 그다지 재미를 느끼지 않을 것 같습니다.

첫째, 여러분은 융해된 용암 위를 걷게 될 것입니다. 그다지 좋지 않을 것입니다. 둘째, 산소가 없기 때문에, 숨을 쉴 수 없을 것입니다. 여러분은 질식하게 될 것입니다. 셋째, 초기 지구와 충돌하는 소행성과 운석을 피해야 할 것입니다. 그것도 엄청나게 많은 소행성과 운석을 피해야 합니다. 넷째, 매우 높은 복사에너지 수준 때문에 아마도 구토를 하게 될 것입니다. 만약 여러분이 초기 지구에 너무 오래 머문다면, 여러분의 머리카락은 빠지기 시작할 것입니다. 물론 저는 여러분이 초기 지구에 이렇게 오래 머물기를 원하지 않을 것이라고 생각합니다.

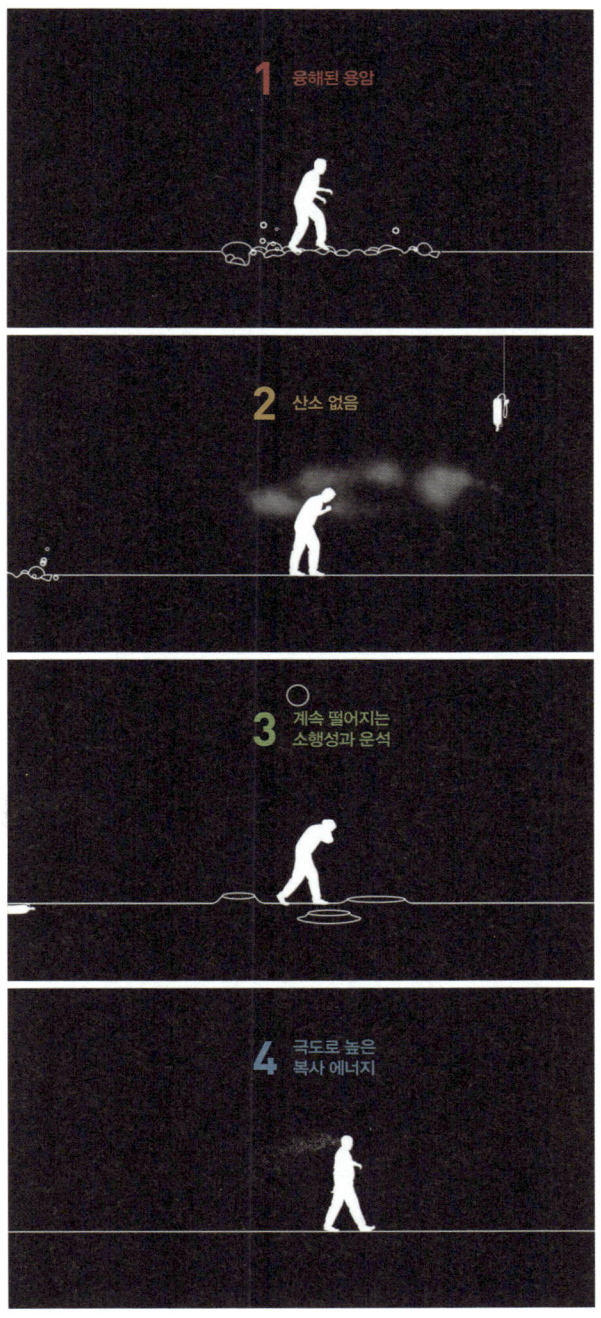

왜 초기 지구는 뜨거웠을까요? 그것은 뜨거운 것이 주된 것이었기 때문입니다. 초기 지구는 정말로, 정말로 뜨거웠습니다. 이제, 여러분은 초기 지구가 왜 뜨거웠는지에 대한 약간의 힌트를 얻었을 것입니다. 이미 정답을 생각해냈을지도 모릅니다. 여러분에게 세 가지의 주된 이유를 말하고자 합니다.

우선, 여러분은 태양계가 생성되기 직전에 초신성이 터졌다는 것을 기억하나요? 그것은 엄청난 양의 방사성 물질을 만들어내고 그 방사능○은 매우 뜨거운 것을 발생시켰습니다. 오늘날 상당수의 방사능은 흩어져 없어졌습니다. 그래서 오늘날의 지구는 45억 년 전과 같은 방사능이 전혀 없습니다.

둘째, 융합 과정을 기억하나요? 정말로 격렬한, 많은 우주 공간 파편들이 다른 우주 공간의 파편들과 충돌합니다. 운석이나 소행성과의 각 충돌은 엄청난 양의 열을 생성합니다.

그리고 세 번째 문제는 이것이 압력이기 때문에 매우 미묘합니다. 초기 별들을 형성했던 구름(성운)을 기억하나요? 구름의 밀도가 높아지면, 압력이 증가하고 뜨거워집니다.

○ **방사능** radioactivity
방사성 물질이 자체적으로 방사선을 방출하는 성질. 즉 불안정한 원자핵이 기저상태(에너지가 가장 낮은 상태)가 되기 위하여 입자 또는 전자파의 형태로 에너지를 방출하는 자연적이고 자발적인 성질이다.

똑같은 일이 초기 지구에서도 일어났습니다. 융합이 더 크게 되면 될수록 압력이 상승하고, 특히 중심부에서 열이 더 올라갔습니다. 초기 지구도 매우 뜨거웠습니다.

사실, 초기 지구는 너무 뜨거워서 녹아내렸습니다. 이 사실은 매우 중요합니다. 만약 녹아내리지 않았다면, 오늘날의 지구는 현재와 전혀 달랐을 것이기 때문입니다.

무엇이 일어났으며, 왜 이 사건이 중요한지를 이해하기 위해서 약간 우스꽝스런 실험을 상상해봅시다. 스튜 냄비에 어떤 재료를 넣고 동전 몇 개를 집어넣습니다. 약간의 쌀도 집어넣습니다. 플라스틱도 넣습니다. 약간의 진흙도 첨가합니다. 아이스크림을 집어넣고, 한두 개의 물건을 더 집어넣습니다. 이제, 그 재료를 수천 도로 가열합니다. 젓지 말고 그냥 부글부글 끓게 합니다.

자, 이제, 맛은 없지만, 이것에서 무엇인가 배운 것이 있을 것입니다. 우리가 알게 된 것은 모든 것이 녹아버렸다는 사실입니다. 동전과 같이 무거운 소재는 바닥으로 가라앉을 것이고, 가벼운 소재는 위쪽으로 올라갈 것이며, 어떤 소재는 스튜 냄비 위로 증발할 것이고 끓게 될 것입니다.

거의 이와 마찬가지의 일이 초기 지구에 일어났습니다. 지구는 녹았으며, 그리고 지구가 녹았기 때문에 일련의 단층이 생겨났고 오늘날의 단층 구조가 만들어졌습니다. 네 가지의 주요 단층을 살펴보겠습니다.

첫째, 단층은 중심부에 있습니다. 이것은 지구의 핵입니다. 이것은 금속성을 띱니다. 니켈과 철, 무엇보다도 철이 지구의 중심에 가라앉았습니다. 지구의 중심부가 금속으로 가득 차 있다는 사실은 정말로 중요합니다. 이것 때문에 지구는 자기장을 가지게 되고 이 자기장은 우리와 같은 살아 있는 생물에게 해로울 수 있는 태양 광선을 굴절시킵니다. 그래서 첫 번째 단층은 핵입니다.

둘째, 보다 가벼운 재료, 즉 가벼운 암석이 핵 위에서 떠다니며 맨틀이라고 부르는 단층을 형성합니다. 여러분이 생각하는 대로 맨틀은 일종의 뜨거운 암석 찌꺼기입니다. 이 암석은 너무 뜨거워서 어느 정도 녹아 있으며, 맨틀 속의 대류°를 따라 움직입니다.

○ **대류** convection currents
유체가 부력에 의한 상하운동으로 열을 전달하는 흐름

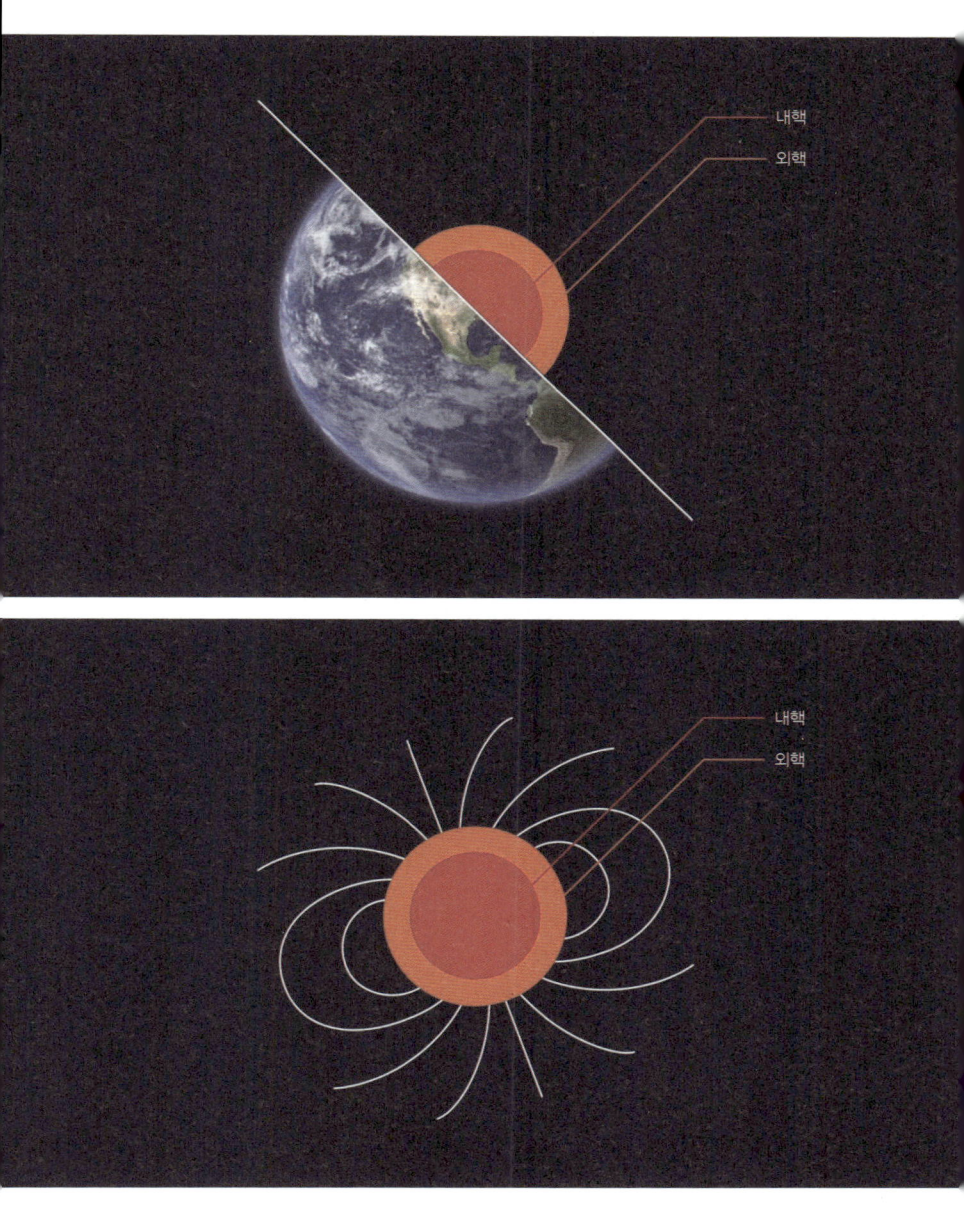

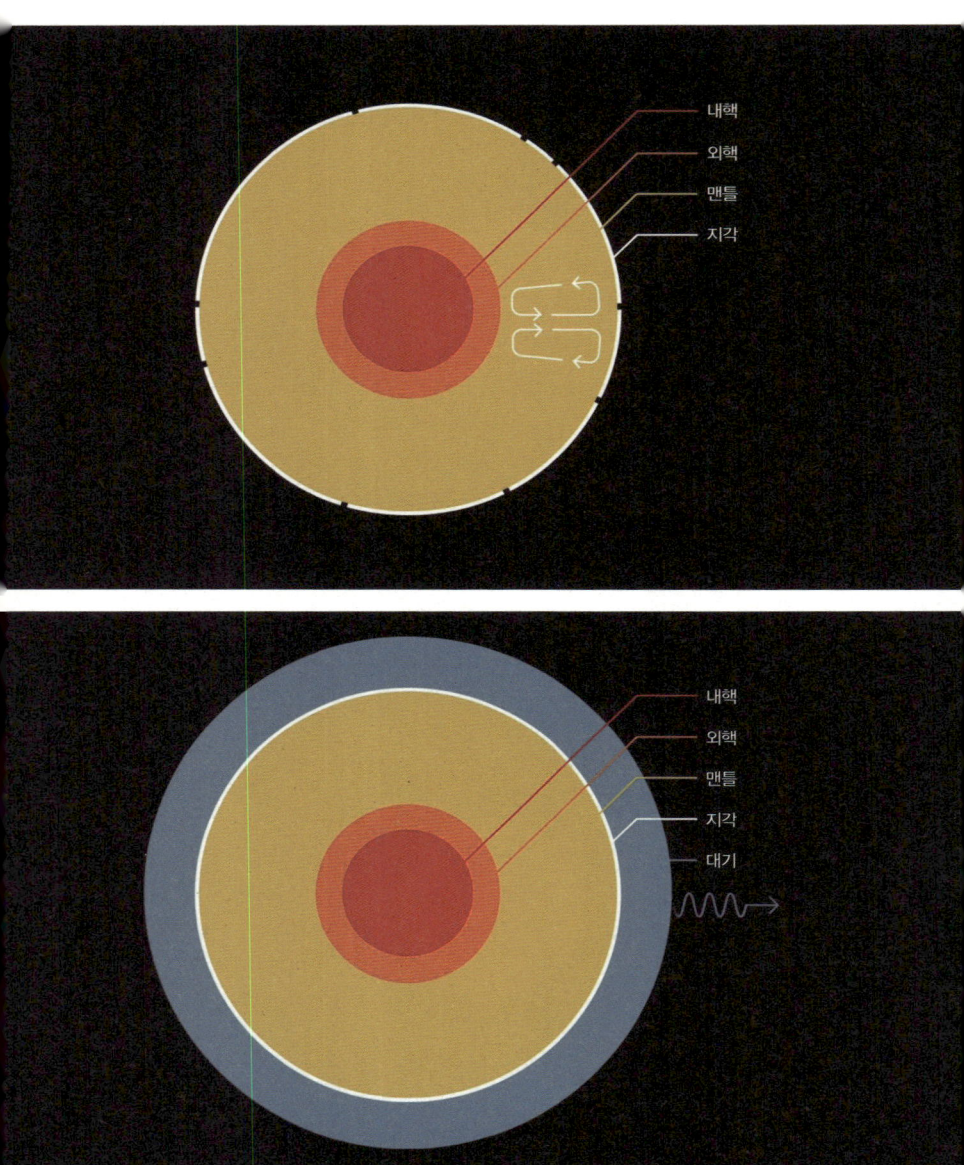

그리고 지구의 가장 상부에는 지각이라고 부르는 것이 있습니다. 현무암, 화강암과 같은 매우 가벼운 암석들이 상부에 펼쳐져 있는데, 이 암석들은 차가우며 지각의 얇은 단층을 이루고 있습니다. 그곳이 우리가 살고 있는 곳입니다. 지각은 밑으로부터 올라오는 대류에 의해 이리저리 떠밀립니다. 여러분은 지각을 일종의 달걀 껍질처럼 매우 얇은, 얇은 단층으로 생각하면 됩니다.

마지막으로, 네 번째 단층은 대기입니다. 어떤 기체는 대기 윗부분까지 솟아 있으며 증발합니다. 수소와 같은 매우 가벼운 기체들은 우주 공간으로 흩어져버렸지만, 많은 다른 기체들은 지구 중력의 끄는 힘으로 인해 지구 주위에 달라붙어 있습니다. 그리고 이것이 지구가 오늘날의 구조를 갖게 된 과정입니다. 이 모든 일이 우리의 태양계가 생성된 후 약 1000만 년이 지났을 때 벌어졌습니다.

PART 2

자, 타임머신을 다시 올라탄 후에 여러분의 집 뒤뜰에서 이륙하여 여러분의 고향을 살펴보세요. 그리고 타임머신을 고속모드로 놓고 재빨리 시간을 거슬러 올라가면 정말 이상한 것을 보게 될 것입니다. 여러분은 거대한 괴물처럼 요동치며 흔들리며 움직이기 시작하는 땅을 보게 될 것입니다.

여러분이 이것을 이상하게 여기는 것은 지구가 사실상 계속해서 변화한다는 사실을 알아차릴 만큼 오랫동안 살 수 없기 때문입니다. 학자들은 이런 사실을 일찍이 16세기에 깨달았는데, 이 시기에 최고의 세계지도들이 만들어지기 시작했습니다. 그들 가운데 어떤 이들은 서아프리카의 해안선이 브라질의 해안선에 잘 맞춰진다는 사실과 같은 이상한 것들을 발견했습니다. 현대의 세계지도를 살펴보면, 여러분도 똑같은 사실을 알아차리게 될 것입니다.

20세기 초에, 알프레드 베게너Alfred Wegener라는 독일 운석학자는 많은 증거를 제시하면서 대륙들이 사실상 한때 연결되어 있었다는 주장을 내놓았습니다. 예를 들면, 그는 서아프리카와 브라질에서 매우 유사한 지질학적 지층을 발견했습니다. 제1차 세계대전 기간 중에 그는 책을 집필하여 하나의 모든 대륙이 한때 하나의 거대한 대륙, 즉 판게아라고 불렀던 거대한 대륙으로 합쳐져 있었다고 주장했습니다. 판게아는 베게너가 지구에 해당하는 그리스 여신 가이아의 이름을 따서 지은 것입니다.

다른 지질학자들은 이 위대한 아이디어를 어떻게 생각했을까요? 그들은 감명을 받지 않았습니다. 여기에 문제가 있습니다. 베게너는 산더미 같은 분량의 증거를 제시하면서 대륙들이 한때 서로 연결되어 있었던 것 같다는 것을 보여주었습니다. 그러나 그는 대륙들이 어떻게 지구 위를 떠돌아 다녔던 것일까를 설명하지 못했습니다. 그래서 그들이 "그래 좋아, 알프레드, 너는 대륙 전체를 어떻게 지구 위로 끌고 다닐 건데?"라고 물었을 때, 베게너는 설명하지 못했습니다. 그 결과로 그의 위대한 아이디어는 거의 40년간 무시되었습니다.

판게아
2억 5000년 전

1억 5000년 전

오늘날

천문학의 발전을 살펴보면, 아주 종종 신기술이 새로운 증거를 만들어내고 과학에 대한 우리의 이해를 변화시킨다는 사실을 알게 됩니다. 지질학에서도 거의 똑같은 일이 일어났습니다. 제2차 세계대전 기간 중에 수중 음파 탐지기가 발달하여 잠수함을 쫓아 다녔는데, 제2차 세계대전이 끝난 후에 몇몇 지질학자가 이 기술을 활용하여 해저°지도를 만들고자 했습니다. 이 일을 시작하면서, 그들은 정말로 놀라운 것을 발견했습니다.

그들은 지구의 여러 바다에 걸쳐 있는 화산의 거대한 사슬들을 발견했습니다. 바다 속에서 용암이 맨틀로부터 올라오고 있는 현상이 벌어지고 있었습니다. 이것이 올라와서 산맥을 형성하며 또 이전의 해양 지각을 밀어내 올리고 있었습니다. 예를 들면, 대서양의 한 가운데에 산맥의 거대한 사슬이 있고, 이것이 대서양의 지각을 밀어내 올리고 있었습니다. 그래서 사실 대서양은 여러분의 손톱이 자라는 속도로 더욱더 넓어지고 있습니다.

○ **해저** ocean floor
바다로 덮여 있는 지표면

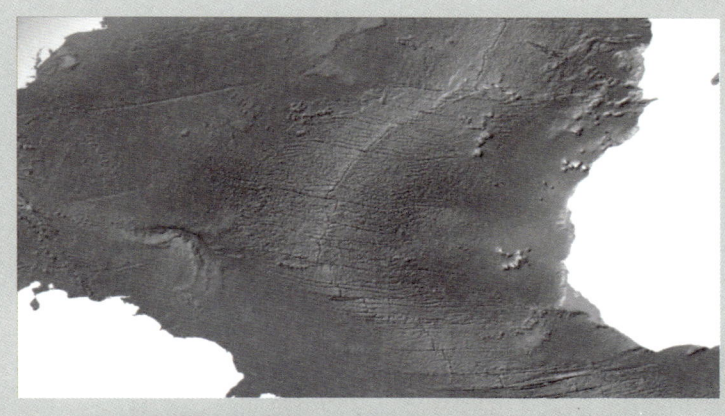
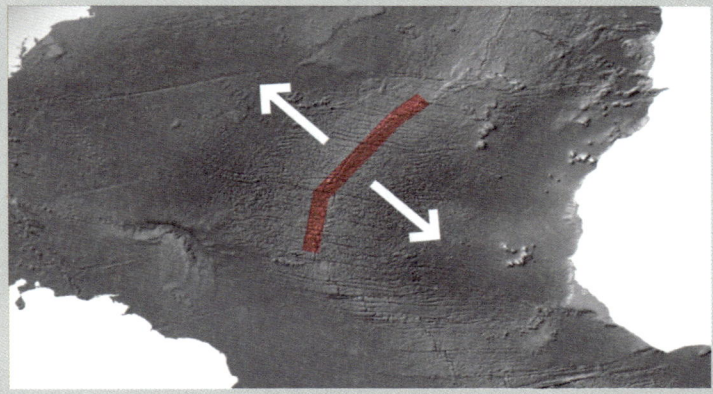
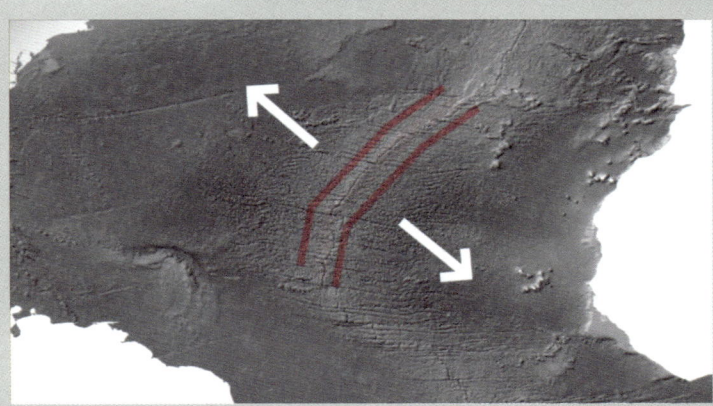

해양 지각을 밀어내고 있는 산맥으로 인해 점점 넓어지고 있는 대서양

어떤 지질학자는 그렇다면 이것이 지구 전체가 팽창하는 풍선처럼 점점 더 커지는 것을 의미하는 것일까라고 생각했습니다. 그러나 그들은 이내 대서양에서 일어나고 있는 일을 상쇄할 만큼 지각의 다른 곳은 맨틀 안으로 다시 들어가고 있다는 사실을 알게 되었습니다.

이것이 어떻게 작동하는가를 설명해보겠습니다. 이것을 이해하기 위해서 여러분은 두 가지의 기본적인 지각 유형을 생각해야 합니다. 하나는 우리가 걸어 다니는 땅인 대륙 지각이 있고, 또 다른 것으로 바다 밑에 있는 해양 지각이 있습니다. 일반적으로 대륙 지각은 보다 가볍습니다. 이것은 화강암으로 만들어지는 경향이 있습니다. 해양 지각은 현무암으로 만들어져 보다 무거운 경향이 있습니다. 이해되었나요? 자 이제, 이 사실을 염두에 두면서 두 가지의 지각, 즉 대륙 지각과 해양 지각이 충돌하는 것을 생각해봅시다. 무슨 일이 일어날까요?

보다 무거운 해양 지각이 대륙 지각 밑으로 들어가게 될 것입니다. 자, 생각해보세요. 해양 지각은 대륙 지각을 으스러뜨리게 됩니다. 엄청난 마찰과 높은 열이 생겨날 것이며, 대륙 지각의 일부가 녹아버리고 사슬 형태의 산맥을 쳐올리게 될 것입니다. 이것이 안데스 산맥이 형성된 과정입니다.

수렴 경계

습곡

또한 대륙 지각의 부분들이 서로 충돌할 때도 산맥들이 만들어집니다. 그러나 대륙 지각의 양쪽 부분이 동일한 밀도를 가지고 있을 때에는 서로 밑으로 들어가지 않습니다. 대신에 그들은 부서지면서 거대한 산맥을 형성합니다. 기본적으로 이것이 인도가 아시아 대륙에 충돌했던 5000만 년 전에 히말라야 산맥이 형성된 과정입니다.

지각의 다른 부분 사이에 다른 유형의 관계가 있습니다. 가끔 두 개의 지각이 서로를 지나 다른 방향으로 움직이기도 합니다. 마찰이 두 개의 지각을 끌어당기지만, 압력이 증가하다가 두 개의 지각은 갑자기 어긋납니다. 이것이 미국 캘리포니아 주의 산안드레아스 단층을 따라 발생한 일입니다. 바로 어긋나는 현상이 지진을 만들어냅니다.

단층

자, 이것이 현대적인 판구조론의 기본적인 아이디어입니다. 판구조론은 현대 지질학과 지구과학의 기본적인 아이디어입니다. 빅뱅 우주론이 현대 천문학의 기본적인 아이디어인 것처럼 말입니다.

판구조론은 지구가 어떻게 움직이고 있는지에 대해 굉장히 많은 것을 설명해주고 있습니다. 빅뱅 우주론이 우주가 어떻게 움직이고 있는지에 대해 설명하고 있는 것처럼. 예를 들면, 판구조론은 왜 태평양의 주위를 돌며 화산과 지진의 둥근 고리가 있는지를 설명해줍니다. 이 이론은 부서진 달걀껍질처럼 지구가 왜 일련의 판으로 부서져 있는지, 그리고 이 판의 변두리에서 화산과 지진과 같은 격렬한 활동이 왜 일어나는지에 대한 이유를 설명해줍니다. 이 이론은 어떻게 산맥이 생성되었는지도 설명해줍니다. 이 이론은 우리 지구의 모든 기본적인 특징들을 설명해주며 어떻게 대륙들이 움직이는지도 설명해줍니다. 이 이론은 베게너가 설명하지 못했던 것을 설명해줍니다. 그래서 판구조론은 현대 지구과학에서 가장 기본적인 아이디어입니다.

알프레드 베게너

알프레드 베게너는 1912년 대륙이 움직인다는 것을 주장했지만, 그의 주장은 40여 년 이상 무시되었다. 그러던 중 미국의 지질학자 해리 헤스가 해저확장설을 주장하며 증거를 제시함에 따라 대륙이동설과 판구조론이 설득력을 얻기 시작했다.

해리 헤스

더 깊이 생각하기

1 초기 지구는 거주하기에 매우 좋은 곳이 아니었습니다. 살기 좋은 곳으로 변모되기 위해 어떤 일이 벌어졌나요?

2 만약 지구가 처음에 매우 뜨거웠다면, 지구가 차가워지는 데 어떤 일이 도움이 되었나요?

3 '우스꽝스런 실험'을 설명할 때, 크리스천 교수는 주장의 신뢰성 판단기준 가운데 어떤 것을 적용한 건가요?

4 세계지도를 보면, 어떤 대륙이 서로 잘 들어맞는 것처럼 보이나요?

5 과학자들이 알프레드 베게너의 주장을 의심할 만한 근거가 있었나요?

6 인터넷에서 화산이 폭발하는 장면을 찾아보세요. 화산이 대륙을 만들고 대륙을 움직인다는 생각을 쉽게 받아들일 수 있나요? 왜 그런가요, 아니면 왜 그렇지 않은가요?

7 지금까지 산은 어떻게 만들어진다고 생각했었나요?

8 판구조론에 깔려 있는 가장 중요한 아이디어는 무엇인가요?

BIG
HISTORY

5

생명

5-1 생명은 무엇인가?

이 장에서는 살아 있는 모든 것이 가지고 있는 특징들을 정의하는 것에서 시작하여, 이 특징들이 서로 어떻게 강화시키는지를 설명한다. 데이비드 크리스천 교수는 자연선택(어떤 특성에서 특정한 변이가 생존에 도움이 되고 그럼으로써 미래의 세대로 전달되는 과정)의 개념을 소개하고 있다. 여러분은 살아 있는 모든 생물이 가지고 있는 네 가지의 특성을 알게 되고, DNA의 중요성뿐 아니라 자연선택에 의해 시간에 따라 어떤 종이 어떻게 변화하였는지를 설명할 수 있게 될 것이다.

핵심 질문

1. 데이비드 크리스천 교수가 지적하고 있는 살아 있는 유기체의 네 가지 특성이란 무엇이며, 그 특성들은 어떻게 상호작용하여 살아 있는 유기체가 생존할 수 있도록 도움을 주나요?
2. 왜 DNA는 중요한가요?
3. 누가 자연선택을 최초로 관찰하여 기록했나요? 그는 어떻게 자신의 관찰을 처음으로 설명했나요? 그의 아이디어는 당시에 어떻게 받아들여졌나요? 그 이후에 어떻게 변화했나요?

PART 1

우리가 지금까지 살펴보았던 모든 것에는 하나의 공통적인 특징이 있습니다. 그것은 살아 있지 않다는 것이었습니다. 자, 이 장의 마지막까지 우리는 살아 있는 것, 즉 살아 있는 유기체에 대하여 살펴볼 것입니다. 생물학자들은 우주가 생물로 득실거린다는 주장을 의심합니다. 생명은 전 우주에 걸쳐 있더라도, 우리는 그것을 알 수 없습니다. 현재 우리가 확실히 알고 있는 것은 유일한 장소, 여기 우리의 지구에 생물이 존재한다는 점입니다. 그래서 우리는 지구를 연구해야 합니다.

그렇다면, 생명이란 무엇인가요? 무엇 때문에 생명은 독특한가요? 우리 모두는 아마도 직관적으로 무엇이 생명을 독특하게 만드는지를 알고 있다고 생각할 것입니다. 그러나 독특성을 만들어내는 그 차이를 명확하게 설명하는 것은 실제로 매우 힘든 일입니다. 다소 투박한 비교를 한번 해볼까요? 두 가지의 큰 사물, 예를 들어 코끼리와 지구를 비교해보세요.

자, 우리는 코끼리가 움직인다고 말할 수 있습니다. 지구도 역시 역동적으로 움직인다는 것을 관찰해왔습니다. 우리는 코끼리가 성장한다고 말할 수 있습니다. 하지만 초기 지구조차 융합 과정에서 일종의 성장을 했습니다. 혹은 모든 살아 있는 것처럼 코끼리는 목적 같은 것을 가지고 행동한다고 말할 수 있을지도 모릅니다. 이 주장을 하면서 우리는 진리에 좀 더 가깝게 다가갔다고 어렴풋이 느낄지도 모릅니다. 그러나 정확하게 지적하는 것은 여전히 어렵습니다. 우리가 할 수 있는 것이라곤, 살아 있는 모든 것들이 아마도 가지고 있을 것이라고 여겨지는 어떤 특징들을 나열하는 것입니다. 지금부터 저는 살아 있는 모든 것들이 아마도 가지고 있을 것이라고 여겨지는 네 가지의 주요 특징들을 설명할 것입니다.

첫 번째 특징은 물질대사metabolism라고 부르는 것입니다. 살아 있는 모든 유기체는 세포로 만들어졌습니다. 모든 세포는 물질대사를 할 수 있습니다. 물질대사라고 하는 것은 세포가 자기 자신을 유지하고 존속시키기 위해 외부 세계에서 에너지와 물질을 흡수하는 것입니다. 이 복잡한 과정은 모든 세포 안에 있는 마스터 분자 DNA, 즉 데옥시리보핵산°에 담긴 명령에 의해 통제됩니다.

○ DNA deoxyribonucleic acid 생물의 유전정보를 담는 화학물질. DNA의 염기 성분은 아데닌(A), 구아닌(G), 사이토신(C), 티민(T)이라는 네 가지 종류이며, 그 밖에 미량의 메틸화염기(5-메틸사이토신, 6-메틸아미노푸린)가 포함되는 경우도 있다.

두 번째 특징은 항상성homeostasis이라고 부르는 것입니다. 이것은 복잡한 개념이지만, 충분히 이해하려고 애쓸 만한 가치가 있습니다. 항상성이란 모든 세포와 사실 모든 살아 있는 유기체의 능력을 말하는 것으로, 물질대사를 통해 얻은 에너지와 물질을 활용하여 환경에서 일어나는 매우 작은 변화에라도 이에 끊임없이 적응하려고 하는 능력입니다. 항상성도 역시 우리가 DNA에서 발견한 명령에 의해 궁극적으로 통제됩니다.

세 번째의 주요한 특징은 생식reproduction입니다. 생물은 아무리 항상성을 잘 유지한다고 하더라도 궁극적으로 모든 세포, 모든 살아 있는 유기체는 붕괴되며 죽습니다. 그러나 바로 여기에서 생명은 자기 자신을 보존하기 위해 참으로 영리한 비결을 찾아냈습니다. 개체가 죽는 경우에조차, 그 개체가 죽기 전에 자기 자신과 똑같은 복제본을 만들거나 그 DNA의 복제본을 만들어놓고, 그 주변에 복제본들을 뿌려놓습니다. 그러면 그 개체는 죽을지라도, 그 복제본은 생존하게 됩니다. 이것이 생식입니다.

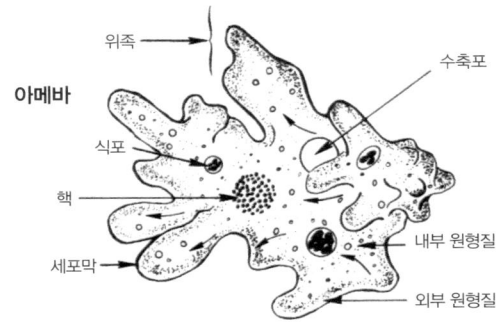

Metabolism 물질대사

Homeostasis 항상성

Reproduction 생식

Adaptation 적응

네 번째의 특징은 적응adaptation이라고 부르는 것입니다. 수세대를 거치면서, 종은 천천히 변화하며 적응할 수 있고, 환경이 변화함에 따라 다양화될 수 있습니다. 종은 실제로 이상하게도 DNA 복제 오류를 통해 적응을 이루어 냅니다. 아주 가끔 DNA는 실수를 저지르지만, 복제는 그대로 진행됩니다. DNA 복제 오류가 벌어지고, 모든 일을 할 수 있는 새로운 버전(물질대사를 하고 항상성을 유지하며 생식을 할 수 있는 새로운 버전)이 나타나면, 우리는 새로운 종이 출현했다고 말합니다. 이것은 거의 마치 DNA가 새로운 환경에서 새로운 일들을 할 수 있는 새로운 종을 만들어내는 법을 천천히 배워가는 것처럼 보입니다. 그리고 이것이 우리가 오늘날 우리 주변에 거대한 생물 다양성을 가지게 된 방식입니다.

PART 2

자, 우리가 이야기했던 이들 네 가지의 특징들, 즉 물질대사, 항상성, 생식, 적응은 서로를 강화시켜주는 것으로 보입니다. 이 특징들은 함께 갑니다. 물질대사는 항상성의 일정한 미세 조정과 생식을 위해 에너지와 물질을 제공합니다. 적응은 종으로 하여금 환경 변화에 따라 큰 적응과 큰 변화를 할 수 있도록 하는데, 이것이 진화의 핵심입니다. 항상성과 적응은 마치 생명이 어느 정도 환경을 밀쳐내는 것 같기 때문에, 왜 생명이 항상 목적지향적인 것처럼 보이는지를 설명해줍니다.

자, 우리가 아는 한, 오직 살아 있는 존재만이 이런 네 가지의 특징들을 결합할 수 있습니다. 그렇다면, 이 특징들을 함께 붙잡아두고, 이 특징들을 결합시키는 것은 무엇일까요? 그 대답은 우리가 DNA라고 부르는 놀라운 분자에 있습니다. 우리는 생명을 정의하는 것으로 제안했던 네 가지의 특징들 모두에서 DNA가 결정적인 역할을 담당하고 있는 것으로 보인다는 사실을 알았습니다. DNA는 어떻게 작동하며 형성되었을까요?

DNA에 대한 가장 그럴듯한 생각은 여러분의 컴퓨터 안에 있는 소프트웨어와 거의 같은 것으로 생각해보는 것입니다. DNA는 단백질을 만드는 데 필요한 명령을 가지고 있습니다. 단백질은 세포 안으로 들어가서 세포가 계속 작동하도록 하는 데 필요한 결정적인 작업을 수행합니다. 또한 DNA는 DNA의 재생산과 전체 세포의 재생산에 필요한 정보를 가지고 있습니다. 그렇다면, DNA는 어떻게 조합되며 작동할까요?

DNA는 그 안에 수십억 개의 원자가 들어 있는 거대 분자입니다. 이것은 두 개의 거대한 사슬로 구성되어 있습니다. 각 사슬에는 가닥들이 있고, 그 가닥들(팔)은 사다리의 가로대처럼 서로 연결되어 있습니다. 그래서 전체는 결국 사다리처럼 생겼습니다. 그리고 DNA는 꼬여 이중나선을 형성하고 있으며 세포의 중심에 촘촘하게 접혀 있습니다.

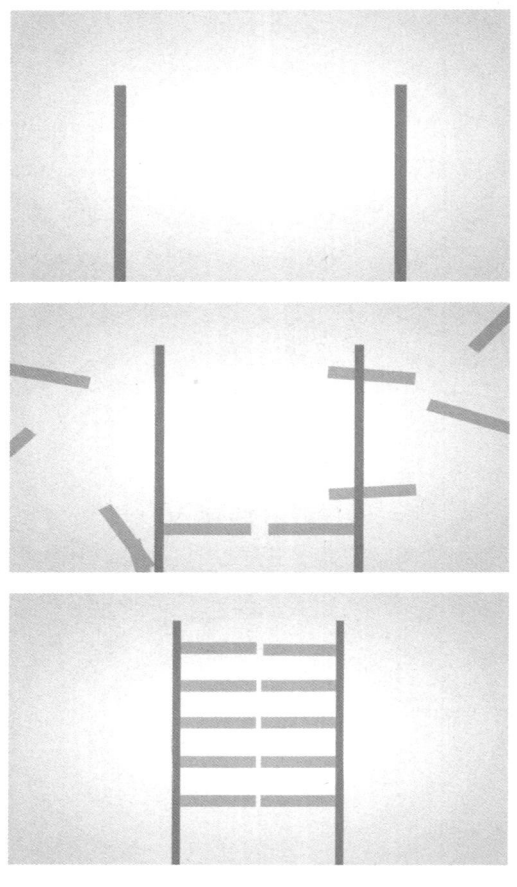

DNA는 이렇게 작동합니다. 정보는 사다리의 가닥에 씌어져 있으며, 네 가지 특별한 글자 코드로 되어 있습니다. 세포 안의 분자는 DNA에 접근하고는 중요 부분을 열어 코드를 해독하고, 그 다음 세포로 돌아가 DNA의 명령을 이행하는 데 필요한 단백질을 만듭니다.

또한 DNA는 자기 자신을 복제합니다. DNA가 복제하는 방식은 다음과 같습니다. 사다리가 두 부분으로 분리되고 각 가닥은 DNA 근처에 있는 화학물질에서 그 가닥의 대응 짝을 찾습니다. 그러면 결국 두 개의 동일한 DNA 이중 가닥이 생겨나게 됩니다. 이것이 DNA가 자신을 복제하는 방식이며, 모든 살아 있는 유기체의 생식의 기본이 됩니다.

DNA는 생명이 어떻게 작동하는지에 대한 현대적 이해의 핵심입니다. 그러나 이미 19세기에 영국의 자연과학자 찰스 다윈Charles Darwin은 이런 변화가 어떻게 일어나는지, 즉 생물이 어떻게 진화하는지에 대한 포괄적인 이해를 제시했습니다. 다윈의 시대 이전에, 대부분의 자연과학자들은 종이 일정불변하다고 믿었습니다. 종은 시간에 관계없이 변화하지 않는다고 말입니다. 그러나 자연과학자들은 화석을 연구했고, 그 결과 종이 실제로 시간의 흐름에 따라 변화했음을 보여주었습니다. 문제는 어떻게 변화하게 되었을까였습니다. 바로 이 문제가 다윈이 해결하고자 했던 문제였습니다.

다윈은 동물 품종 개량자들이 실제로 몇 세대 만에 매우 빠르게 종을 변화시킬 수 있다는 사실을 알고 있었습니다. 그들이 개량하는 방식은 번식시킬 개체와 번식시키지 않을 개체를 선택하는 것입니다. 그래서 만약 살찐 양을 개량하고 싶다면, 살찐 양이 번식하도록 하고 야윈 양은 번식하지 못하도록 막는 것입니다. 이렇게 해서 매우 빠르게 동물이나 종을 변화시킬 수 있습니다.

Charles Darwin

찰스 다윈

여기서 다윈이 알아낸 것은 자연 세계에서도 매우 유사한 일이 실제로 일어난다는 것이었습니다. 이것은 거의 자연 그 자체가 어떤 개체를 번식시킬지 어떤 개체를 번식시키지 않을지 선택하는 것과 같았습니다. 독수리의 예를 들어보겠습니다. 독수리의 먹이가 많이 있다고 합시다. 독수리는 번식하게 될 것입니다. 시력이 매우 좋지 않은 또 다른 독수리가 있다면 어떨까요? 먹이를 찾기 매우 힘들 것이며, 번식할 기회도 매우 적을 것입니다.

이 예시가 의미하는 것은 매우 좋은 시력을 가진 독수리가 더욱더 많은 자손을 가지게 될 것이며 시간이 지나면서 천천히 그 특징이 더욱더 일반화될 것이고, 특정한 새의 집단이 변화해서 모두들 좋은 시력을 가진 독수리같이 될 것이라는 점입니다.

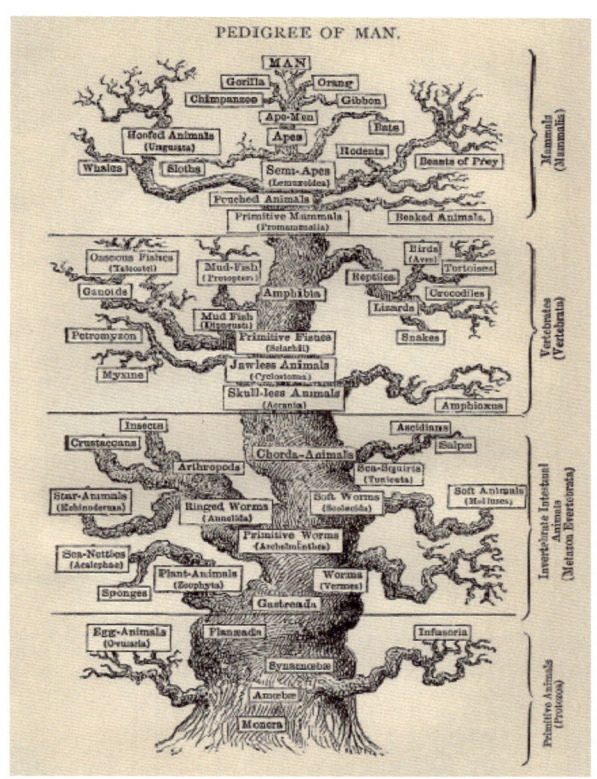

생물의 진화 과정을 보여주는 생명의 나무 예시

자, 수백의, 수천 세대를 거치면서 수도 없이 반복된, 다윈이 깨닫게 된 이 과정은 생물을 변화시키는 메커니즘입니다. 자연은 어떤 개체가 번식할 것인지를 선택합니다. 다윈은 이 메커니즘을 자연선택이라고 부르고, 이것이 생물 진화의 핵심이라고 생각했습니다. 결국 환경이 계속 변화하기 때문에 진화는 끝없는 과정입니다. 그래서 종도 계속 변화합니다. 결코 끝이라는 것은 없습니다.

1. Geospiza magnirostris.
2. Geospiza fortis.
3. Geospiza parvula.
4. Certhidea olivasea.

찰스 다윈에게 진화론의 영감을 준 새로 다윈핀치라고 불린다.
환경에 따라 다양한 부리 모양을 갖고 있는 다윈핀치.

종의 기원

다윈이 처음 이 이론을 생각했을 때, 19세기 영국에서는 상당한 회의론이 일었습니다. 그는 실제로 많은 증거를 제시했으나, 충분하지도 않았고, 실제로 그가 이해할 수 없는 것들이 있었습니다. 예를 들면, 그는 DNA의 역할에 대한 그 어떤 실마리도 가지고 있지 않았습니다. 그러나 그 이후, 많은 새로운 증거들이 제시되어 그의 이론은 더욱더 견고해졌습니다. 오늘날 현대 생물학에서 그의 이론은 지배적인 이론입니다.

그럼, 여러분이 직접 그 증거들을 살펴보기를 바랍니다. 먼저, 다윈이 접근 가능했던 증거들을 살펴보세요. 가장 좋은 방법은 그의 놀라운 저서 『종의 기원』을 읽는 것입니다. 이 책은 고전이며 정말 읽을 만한 가치가 있습니다. 그리고 그 이후에 제시된 증거들을 살펴보세요. DNA가 어떻게 작동하는지에 대한 우리의 현대적인 지식 못지않게 다윈의 생각은 생명뿐 아니라 생명이 어떻게 작동하는지에 대한 열쇠를 제공하기 때문에 그 증거들을 살펴볼 가치가 충분히 있습니다.

💡 더 깊이 생각하기

1 유기체는 주변에서 에너지를 뽑아내는 법을 어떻게 아나요?

2 여러분은 환경에 적응하려고 매일 아침 무엇을 하나요?

3 꽃은 어떻게 재생산을 하나요?

4 여러분은 부모로부터 어떤 특징을 물려받았나요?

5 여러분의 삶 속에서 전에 했었던 것을 반복하려고 노력은 했지만 실패하고, 하지만 이에 못지않거나 더 좋은 결과를 낳은 다른 어떤 것을 만들어낸 적이 있나요?

6 생물의 다른 특징들이 어떻게 서로 작용하나요?

7 DNA는 어떤 역할을 하나요?

8 컴퓨터에 있는 소프트웨어 이외에,
어떤 것이 DNA와 같을까요?

9 어떤 살아 있는 유기체가 재생산해야
하는가에 대한 사람들의 선택이
여러분의 삶에 어떤 나쁜 영향 혹은
좋은 영향을 미쳤나요?

10 진화 과정을 중단시키기 위해
인간이 할 수 있는 혹은
하고 있는 것이 있나요?

11 인위적인 선택은 다른 시기에 다른 종에서도 어떻게 발견될 수 있나요?

12 사람들은 다윈의 생각에
왜 반대했나요?

13 특정 종의 진화를 살펴볼 수 있는 방법으로 무엇이 있나요?

14 어떻게 새로운 기술은 진화에 관한 더 많은
증거를 제공하나요?

5-2 생명은 어떻게 시작했으며 변화했는가?

이 장에서 데이비드 크리스천 교수는 생명이 형성되고 번성하게 된 지구 상의 골디락스 조건이 무엇인지를 설명한다. 우선 깊은 바다에 있었던 초기 생명체를 설명하고, 그 다음으로 생명의 진화에서 주요 변화를 보여주는 작은 임계국면을 강조한다. 이 장은 초기 포유류의 출현으로 끝난다. 여러분은 왜 지구가 특히 복잡한 생명체에 적합했는지, 생명이 지난 38억 년 동안 간단한 원핵생물에서 매우 복잡한 포유동물에 이르기까지 어떻게 변화해왔는지에 대한 이야기의 윤곽을 그릴 수 있게 될 것이다.

핵심 질문
1. 생물의 발전을 지탱해주는 지구 상의 골디락스 조건은 무엇일까요?
2. 지구의 구성과 지리는 초기 생명체에 어떻게 기여했나요?
3. 생물은 어떻게 바다에서 땅으로 확장했나요?

PART 1

여러분은 우리의 매우 작은 행성(지구)에 살아 있는 유기체의 종들이 얼마나 많이 있다고 생각하나요? 진실은 우리가 실제로 모른다는 것입니다. 500만 종에서 3000만 종 정도가 있을 것으로 추정되며, 이보다 훨씬 더 많을 수도 있습니다. 이것은 엄청나게 다양한 것이며, 거의 40억 년 이상 내려온 생명의 역사에서 존재했던 모든 종에 비하면 매우 적은 부분에 지나지 않습니다.

이렇듯, 생명은 진실로 신비롭습니다. 그러나 실제로 우리는 생명에 대해 많은 것을 알고 있습니다. 우리는 생명의 주요 특징을 알고 있고, 또 우리는 시간의 흐름에 따라 생명이 왜, 그리고 어떻게 변화하는지에 대한 매우 정확한 지식을 갖고 있다는 것을 배웠습니다. 이 장에서는 거의 40억 년 이상 이어져온 생명의 역사를 개관하고자 합니다.

생명의 기원에서부터 시작해보겠습니다. 빅 히스토리에서, 이 부분이 다섯 번째의 주요 임계국면이라는 점을 기억하기 바랍니다. 우리는 일련의 작은 전환점들을 살펴보고자 합니다. 우리는 이것을 작은 임계국면mini-threshold이라고 부릅니다. 이 국면들은 이전에 있었던 것들보다 약간 더 복잡한 것으로 보이는 것들이 새롭게 나타나는 시기입니다. 물론 이 모든 것은 우리 자신의 종, 즉 호모 사피엔스의 출현으로 모아집니다.

앞서 생명의 기원이 빅 히스토리에서 복잡성이 증가하는 다섯 번째 주요 임계국면이라고 말했습니다. 복잡성의 증가라는 말이 무슨 뜻인지를 다시 한 번 상기해보세요. 각 임계국면에서, 어떤 새로운 것, 완전히 새로운 특징을 가지고 있는 어떤 것이 나타납니다. 그리고 이들 임계국면을 지날 때마다 우리는 비슷한 질문을 던졌습니다.

첫 번째 임계국면에 대해 이야기할 때도 그랬습니다. 우주의 생성, 혹은 별들의 생성, 혹은 새로운 화학 원소들의 생성, 혹은 행성의 생성에 대해 이야기할 때도 우리는 그 임계국면을 건너갈 수 있도록 한 골디락스 조건이 무엇이었는지를 물어보았습니다. 마찬가지로 생명에 대해서도 동일한 질문을 던져봅시다.

 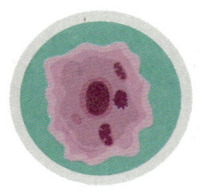

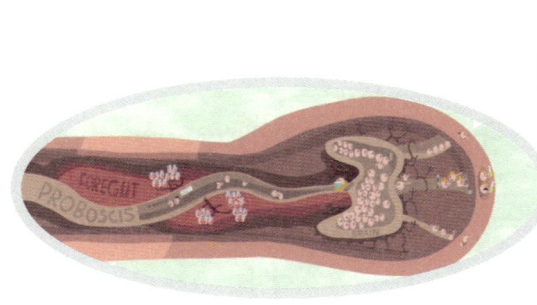

그런데 생명과 관련해서는 문젯거리가 있습니다. 생물학자들은 우주 전체에 걸쳐 생명이 존재할 것이라고 어렴풋이 생각하기 때문입니다. 그러나 진실은 우리가 모른다는 것입니다. 아직까지는 우리가 확신을 가지고 생명이 출현했다고 생각하는 유일한 장소는 우리 행성입니다. 그래서 지구는 우리가 실제로 생명을 연구할 수 있는 유일한 곳입니다. 생명의 기원에 관한 지구의 골디락스 조건은 무엇일까요?

살아 있는 유기체는 매우, 아주 복잡한 화학 원소들로 이루어져 있다는 사실에서 시작해보겠습니다. 이 화학 원소들은 그렇게 크지 않습니다. 그것들은 매우 정교한 구조로 조직되어 있습니다. 반면에 무생물은 매우 간단한 분자로 이루어져 있습니다. 그래서 생명을 갖기 위해서는 정말 색다르고, 아주 흥미롭고, 굉장히 정교한 화학작용을 할 수 있는 환경이 필요합니다. 그렇다면 원자들이 온갖 종류의 색다른 형태로 결합할 수 있는 조건을 어디에서 발견할 수 있을까요?

우주 공간에서도 원자들이 아마도 10개, 20개, 30개 혹은 100개의 원자를 결코 넘지 않는 수의 원자들과 함께 분자를 형성할 수 있다는 사실, 간단한 화학작용이 가능하다는 사실을 기억하세요. 우리 지구와 같이 암석 행성은 정교한 화학작용이 일어날 수 있는 놀라운 환경을 제공합니다. 여기에는 세 가지의 이유가 있습니다. 첫째 암석 행성은 매우 다양한 다른 원소들을 가지고 있으며, 무엇보다도 암석 행성이 유기체 생명에 필요한 원소들을 가지고 있기 때문입니다. 결정적인 원소들로는 탄소, 수소(물론 많습니다), 산소, 질소가 있습니다. 이 모든 원소들은 죽어가는 별에서 형성된 원소들입니다. 암석 행성에는 약간의 인과 황이 있습니다.

두 번째의 골디락스 조건은 에너지입니다. 이것은 미묘한 부분입니다. 에너지가 너무 많이 있으면 안 됩니다. 만약 너무 많은 에너지가 있다면 복잡한 분자들이 터져버려 손상됩니다. 에너지가 너무 적어서도 안 됩니다. 만약 에너지가 너무 적으면, 원자들이 결합되는 데 에너지를 사용할 수 없게 됩니다. 지구는 완벽한 조건을 가지고 있습니다. 지구는 태양이라는 별에 가깝게 있어서 에너지를 얻고 있지만 너무 많은 에너지를 얻는 것도 아닙니다. 또한 지구는 뜨겁고 융해된° 지구 핵으로부터 올라온 에너지를 지니고 있습니다.

○ 융해
고체 물질이 열에 녹아서 된 액체 상태 혹은 액체 상태로 되는 일

Element
Energy
Water

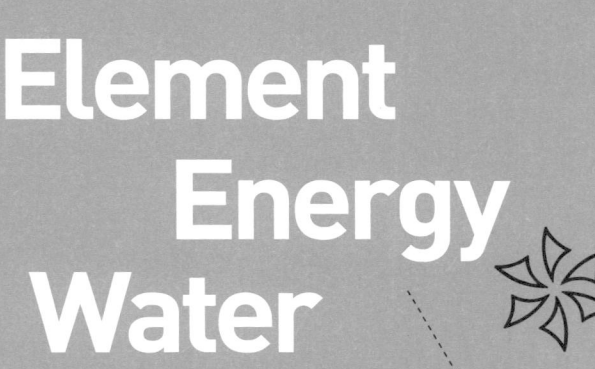

Goldilocks Condition

세 번째 골디락스 조건은 약간 더 미묘합니다. 이것은 액체의 존재, 무엇보다도 물의 존재입니다. 왜 그럴까요? 잘 생각해보세요. 기체 상태에서는 원자들이 엄청나게 빠르게 움직이며 돌아다니고 있어서, 한 줄로 서는 것이 매우 힘듭니다. 고체 상태에서는 원자들은 거의 정지되어 있습니다. 이들은 극심한 교통체증을 겪는 것처럼, 조직 속에 갇혀 있습니다. 그러나 액체 상태에서는 원자들은 서로를 지나치며 움직이고, 온갖 복잡한 형태로 더욱 쉽게 얽히게 됩니다. 말하자면, 이것이 세 가지의 골디락스 조건들입니다. 초기 지구는 정교한 화학작용을 위한 거의 완벽한 환경을 가졌습니다.

우리는 이러한 모든 골디락스 조건들이 초기 지구에 존재했음을 살펴보았습니다. 아마도 정교한 화학작용을 위한 이상적인 장소는 바다 아래 깊은 곳에 지구의 지각에 있는 틈, 즉 심해배출구°입니다. 이곳은 맨틀에서 새어나온 많은 화학 원소들이 있고, 많은 에너지가 있기 때문에 이상적입니다.

○ **심해배출구** mid-oceanic vent
이곳은 마그마의 열로 뜨거워진 물이 분출되어 올라오는 지역 혹은 구멍(孔)으로, 심해열수배출구, 심해열수(분출)공(hydrothermal vents)이라고도 한다.

우리는 살아 있는 모든 유기체에서 나타나는 가장 간단한 유기 분자들이 이러한 조건에서 매우 간단하게 생성되었다는 사실을 알게 되었습니다. 여기에서 유기 분자란 모든 단백질의 기본이 되는 아미노산 혹은 DNA의 기본이 되는 핵산과 같이 겨우 10개, 20개, 30개의 원자로 이루어진 분자입니다. 또한 우리는 이러한 조건에서 이들 간단한 분자들을 커다란 사슬로 묶어 단백질이나 핵산 분자를 구성하는 것은 그리 어려운 일이 아니라는 사실을 알고 있습니다.

마술은 다음 단계에서 일어납니다. 거대한 많은 분자들이 결합되어 세포막(그것은 피부와 같은 것인데)을 가진 세포가 만들어지고, 그 가운데에 DNA가 자리 잡았습니다. 많은 생물학자들은 여전히 해결되지 않은 미스터리가 있긴 하지만 이것들은 다음 10년, 20년 안에 해결할 수 있을 것이라고 확신하고 있습니다.

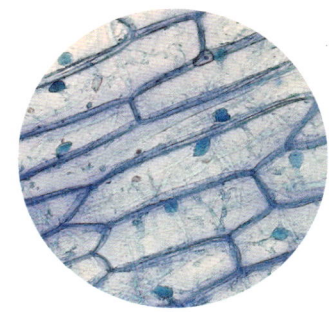

PART 2

기초 세포에 유기 분자들이 나타난 이후에 생명이 어떻게 변화하며 다양하게 되었는지를 탐구해봅시다. 이 과정을 살펴보는 하나의 방법은 여섯 가지의 작은 임계국면을 통해 살펴보는 것입니다. 임계국면에서는 복잡성이 갑자기 증가하며 새로운 특징과 새로운 성질이 출현하게 됩니다. 각각의 작은 임계국면을 직접 살펴보도록 합시다. 각 임계국면에는 새로우며 이전과 다른 것이 나타납니다. 그렇다면, 왜 그러한가요?

첫 번째 작은 임계국면은 광합성입니다. 최초의 원핵생물은 화학에너지와 열에너지를 제공한 심해의 대규모 열수구에서 진화한 것 같습니다. 약 35억 년 전, 어떤 세포들

약 35억 년 전

은 바다 표면을 떠다니다가 태양으로부터 온 엄청나게 풍부한 에너지를 이용할 수 있게 되었습니다. 이 세포들이 태양에너지를 이용하기 위해 발전시킨 과정을 광합성이라고 합니다.

이 과정은 에너지의 횡재로 이어졌고 생물이 더욱더 넓은 지역으로 확산될 수 있도록 하였습니다. 산소는 광합성의 부산물로 만들어졌기 때문에, 수백만 년 동안 광합성을 하는 엄청난 수의 원핵생물이 지구 환경을 철저히 변화시켜 지구를 이산화탄소가 풍부한 행성에서 산소가 풍부한 행성으로 바꾸어 놓았습니다. 산소는 많은 종들에게 해로운 것이어서 그 종들은 사멸되었지만, 새로운 종들이 출현하여 놀라운 화학에너지로 산소를 활용하게 되었습니다.

약 25억 년 전

두 번째 작은 임계국면은 약 25억 년 전 진핵생물의 등장입니다. 이들은 좀 더 복잡했는데, 이들의 DNA는 핵이라는 특별한 공간 안에 갇혀 있었습니다. 또한 진핵생물은 세포소기관이라는 매우 작은 기관을 가지고 있습니다. 여러분의 몸의 한 기관처럼, 이들은 광합성 혹은 산소의 가공 처리와 같은 특별한 기능을 수행합니다. 이것은 진핵생물이 점점 더 산소가 풍부해지는 지구환경 속에서 번성했던 반면, 많은 원핵생물이 사라져갔다는 것을 뜻합니다. 이것은 매우 중요한 발전인데, 우리는 전적으로 진핵생물의 세포로 이루어져 있기 때문입니다.

약 10억 년 전, 세 번째 작은 임계국면, 즉 최초의 다세포 유기체가 출현했습니다. 특별한 세포소기관들이 모여 더욱 복잡한 진핵생물

○ **세포소기관** organelle
세포 내의 원형질의 분화로 특정한 기능을 수행하도록 된 구조 혹은 부분. 핵, 미토콘드리아, 엽록체, 골지체, 소포체, 리소좀, 중심체 등이 있다.

세 번째 작은 임계국면
－ 다세포 유기체의 출현

약 10억 년 전

을 형성했던 것과 동일한 방식으로, 다른 진핵생물이 결합하여 더욱더 복잡한 생물 형태를 만들어냈습니다. 이런 유기체는 수십억 개의 세포를 가지고 있고 각 세포는 다른 기능을 발휘했지만, 동일한 DNA를 공유했습니다. 특화된 세포들의 네트워크와 협력으로, 다세포 유기체는 전적으로 새로운 방식으로 환경 변화에 대응할 수 있었으며, 우리가 항상성이라고 부르는 생명의 주요한 생존 특징을 발전시켰습니다.

뇌의 발달은 네 번째 작은 임계국면입니다. 다세포 유기체는 유기체 내부에서 진행되고 있는 모든 활동을 조율하는 방식이 필요했는데, 이것이 발전하여 특별한 신경세포의 일이 되었습니다. 어떤 유기체에서는 이런 세포들이 머리에 모여들기 시작하고 아래로 척수가 내려감으로써 초

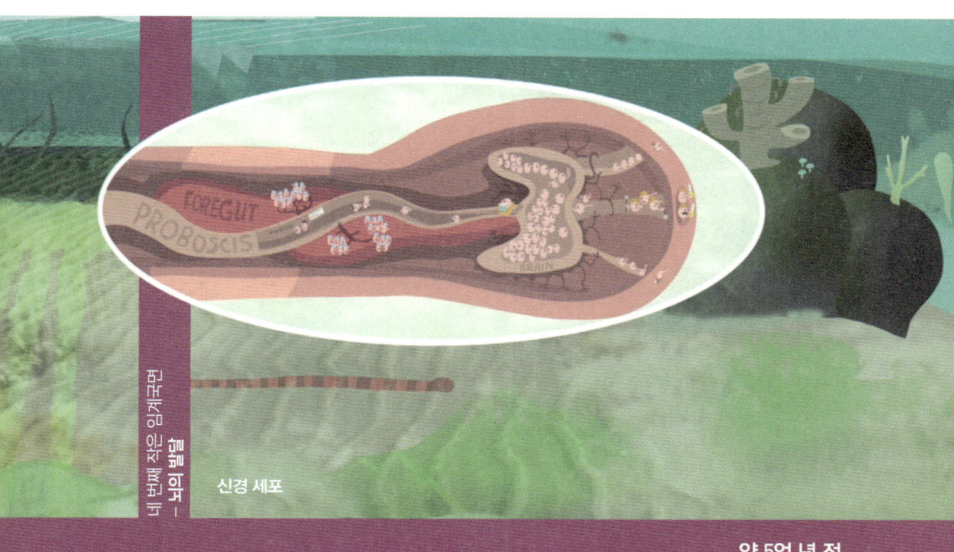

신경 세포

약 5억 년 전

약 4억 7500년 전

기 두뇌를 형성했습니다. 두뇌를 가진 유기체는 더욱더 많은 정보를 처리할 수 있었고, 더욱더 복잡한 방식으로 정보에 반응할 수 있었습니다. 이를 통해, 사고, 혹은 심지어 의식이라는 더욱더 풍요롭고 더욱 섬세한 활동이 가능해졌습니다.

다섯 번째 작은 임계국면은 생물이 바다에서 육지로 올라온 것입니다. 4억 7500만 년 전부터 어떤 다세포 유기체, 식물과 진균으로부터 시작되는 다세포 유기체가 바다를 떠나 육지로 올라왔습니다. 이런 행동으로 유기체에게 엄청난 보상이 뒤따랐는데, 새로운 환경 속에서 생존하는 방법을 찾는 새로운 기회가 풍부하게 펼쳐졌습니다. 이들

여섯 번째 작은 임계국면 – 포유류의 등장

약 2억 5000년 전

유기체에게는 피부가 완전히 마르는 것을 피하기 위해 특별한 피부를 발전시켜야 하고, 물에서 나와 호흡하는 특별한 방법을 고안해야 하며, 재생산을 하기 위해 새로운 방법을 마련해야 하는 도전이 있었습니다. 이것은 오늘날로 말하자면 우주 공간 속에서 인간이 생존하려는 것과 같을 것입니다.

여러분과 나의 선조인 포유류의 등장은 여섯 번째 작은 임계국면입니다. 육지에서 생존한 최초의 동물은 폐어(부레가 폐로 변형되어 공기 호흡을 하는 물고기)와 같았을 것입니다. 그러나 양서류와 같은 다른 육상동물들이 곧바로 진화했습니다. 이들은 생식을 하기 위해 물로 되돌아와야만 했

습니다. 악어 혹은 공룡과 같은 파충류가 출현했습니다. 이들은 물에서 멀리 떨어져 있더라도 생존할 수 있도록 크고 튼튼한 알을 낳았습니다. 그리고 나서 2억 5000만 년 전쯤에, 최초의 포유류가 지구 상에 출현했는데, 새와 비슷하게 닮은 일종의 파충류로부터 진화했습니다. 포유류는 온혈이었고 털로 덮여 있었으며 알을 낳지 않았습니다. 여러분과 저는 포유류입니다.

포유류의 출현은 정말 작은 임계국면일까요, 아니면 우리가 포유류이기 때문에 그렇게 생각하는 것일까요? 다른 작은 임계국면이라고 할 만한 단계는 없을까요? 등뼈의 발전은 어떤가요? 사고하는 능력은 어떤가요? 혹은 가족의 개념은 어떤가요?

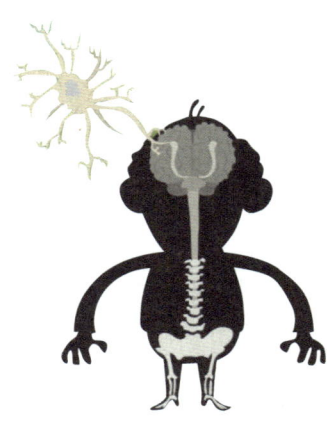

💡 더 깊이 생각하기

1 태초부터 지금까지 얼마나 많은 종이 존재했다고 생각하나요?

2 생물학자들이 더 많은 종을 발견할 것이라고 생각하나요?

3 500만 명의 인구수, 그리고 또 다른 3000만 명의 인구수를 상상해보세요. 모든 인구의 각 개인이 다른 종을 대표한다고 상상해볼 수 있나요?

4 살아 있는 유기체를 형성하는 화학 원소들의 '조직'에 공헌하는 요인들은 무엇인가요?

5 어떤 유기 원소가 생명의 발전에 기여했나요?

6 무엇이 지구의 에너지 균형에 기여했나요? 지구는 왜 에너지의 적정 수준을 유지하고 있나요?

7 해수 온도는 생명의 발전에 어떻게 영향을 끼쳤나요?

8 왜 우리는 광합성, 진핵생물의 등장, 다세포 유기체의 출현, 뇌의 발달, 육상 생물의 등장, 포유류의 등장을 '작은 임계국면'이라고 부르나요?

9 어떻게 지구의 대기는 산소를 더욱 많이 가지게 되었나요?

10 진핵생물이 원핵생물과 다른 특징은 무엇인가요?

11 다세포 유기체가 환경에 잘 적응하게 된 것은 무엇 때문인가요?

12 동물은 어떤 새로운 기관 때문에 복잡성의 증가라는 특징을 가지게 되었나요?

13 생물이 물 밖으로 나와 생존하기 위해 필요했던 가장 중요한 적응력은 무엇일까요?

14 포유류의 세 가지 특징을 말해보세요.

15 포유류의 등장을 작은 임계국면으로 말할 수 있나요?

5-3 지구와 생물은 어떻게 상호작용하는가?

이 장에서 데이비드 크리스천 교수는 생물권이란 무엇이며 생물과 지구 간의 상호작용에 대하여 논의한다. 크리스천 교수는 천문학, 지질학, 생물학은 상호의존적인 학문이며, 이 모든 것이 지구의 생물권에 영향을 미친다고 설명한다. 그리고 나서 그는 지질학적, 천문학적, 생물학적 변화가 지구 상의 생물에 얼마나 급격하게 영향을 주었는지, 예를 들어 대멸종이라는 사건이 어떤 영향을 일으켰는지를 설명한다. 다른 한편으로, 크리스천 교수는 살아 있는 유기체가 어떻게 지구의 대기를 급격하게 변화시켰으며 생물권을 영구적으로 변모시켰는지를 설명한다. 여러분은 왜 생물이 생물권의 '쾌적 영역 comfort zone'에 풍부한지를 설명할 수 있게 될 것이며, 지난 40억 년 동안 일어난 다양한 기후변화를 이야기할 수 있게 될 것이다. 또한 여러분은 공룡 멸종의 원인이 무엇인지, 다른 대멸종을 일으킨 요인들이 무엇인지를 설명할 수 있게 될 것이다.

핵심 질문

1. 왜 생물권의 '쾌적 영역 comfort zone'은 생물에 적합한가요?
2. 어떻게 지구와 생물은 상호작용하나요?
3. 어떤 종류의 사건이 대멸종을 일으키나요?

5 생명

PART 1

우리 인간들은 지구 표면의 창조물입니다. 만약 우리가 물속에 너무 오래 있으면 익사할 것입니다. 만약 우리를 지상에서 10km 상공으로 쏘아 올리면, 우리는 얼어 죽거나 질식해서 죽을 것입니다. 이런 환경 속에서 생존하기 위해서는 특별히 고안된 컨테이너, 마치 서울타워의 케이블카와 같은 컨테이너(그러나 조금 더 멋진)가 필요합니다. 잠수함이나 비행기 혹은 우주선과 같은 컨테이너 말입니다.

많은 유기체는 우리보다 훨씬 더 견고합니다. 어느 미생물체와 철새는 국제 비행선이 지나다니는 곳, 그러니까 공기가 매우 희박하고 매우 추운 하늘에서도 적어도 잠깐 동안이긴 하지만 생존할 수 있습니다. 생물이 처음 출현한 곳이기 때문에, 바다는 오랫동안 생물에게 고향과 같았습니다. 오늘날 향유고래는 해수면에서 2km 아래에까지 들어갈 수 있으며, 10km 아래에서는 매우 색다른 유기체들이 살고 있습니다. 그 유기체들 중에는 죽은 고래의 시체를 즐기는 생물도 있으며, 심해배출구(심해열수구)에서 나오는 끓는 물과 화학물을 이용하는 생물도 있습니다.

우리 발아래에 있는 토양은 유기체로 가득 차 있으며, 어떤 것들은 지상에서 6~7km 아래에서 사는 것도 있습니다. 그러나 대부분의 생물은 우리가 생물권이라고 부르는, 지표에서 가깝고 두껍지 않은 표피에서 발견됩니다. 이곳이 생물의 쾌적 영역°입니다. 이곳은 매우 얇고 파괴되기 쉬운 층이며, 이곳에서 흥미롭지만 가끔은 위험한 역사가 일어납니다. 사실, 생물권 전체가 갑작스러운 변화에 매우 취약합니다. 가끔 이것 때문에 모든 종의 50% 이상이 죽는 대멸종이 일어나곤 합니다.

20억 년과 30억 년 사이에, 광합성을 하는 생물이 바다와 대기에 많은 산소를 내뿜기 시작했습니다. 그 당시 대부분의 유기체에게 산소는 해로운 것이었습니다. 그래서 유기체들은 오늘날 우리가 '산소의 대학살'이라고 부를 수 있을 만큼 엄청난 숫자로 죽어갔습니다. 화석은 지난 6억 년 동안 다섯 번의 대멸종이 있었을 것이라는 사실을 보여줍니다. 지금껏 최악의 대멸종은 페름기에 있었습니다. 약 2억 5000만 년 전에 지구 상의 모든 종의 96%가 1000만 년 간격의 두 사건으로 사멸되었습니다. 이 대멸종은 지구 상의 생물을 거의 싹쓸이한 것과 다름없었습니다.

° 쾌적 영역은 주거 가능 영역(habitable zone)이라고 부르기도 한다.

대멸종

지구 상에 동물이 출현한 이래 최소한 11차례에 걸쳐 생물이 크게 멸종했는데, 그 가운데 가장 큰 멸종이 있었던 다섯 차례를 '대멸종'이라고 부른다.

1차 4억 4300만 년 전, 고생대 오르도비스기/
고생대 실루리아기 경계
2차 3억 7000만 년 전, 고생대 데본기/고생대 석탄기 경계
3차 2억 4500만 년 전, 고생대 페름기/
중생대 트라이아스기 경계
4차 2억 1500만 년 전, 중생대 트라이아스기/
중생대 쥐라기 경계
5차 6600만 년 전, 중생대 백악기/신생대 제3기 경계

PART 2

어떤 천문학적 요인들이 생물권의 역사에 영향을 미쳤을까요? 아마도 가장 중요한 요인은 지구와 태양의 관계였을 것입니다. 지구에 있는 모든 유기체에게 태양은 에너지와 빛의 주요 원천입니다. 격심한 온도 변화를 피하기 위해, 생물이 살 수 있는 행성은 매우 안정적인 공전 궤도를 가지고 있어야 합니다. 사실 지구의 궤도는 항상 변합니다. 이것은 부분적으로 공전 궤도 형태의 변화에 따른 결과이고, 부분적으로 지구 자전축의 변화에 따른 결과입니다.

이 변화는 '밀란코비치 순환Milankovitch cycles○'이라고 알려진 것인데, 이 변화를 처음 분석한 과학자의 이름을 딴 것입니다. 이것은 지구 표면의 온도가 끊임없이 변화한다는 것을 의미하지만, 다행스럽게도 우리에게 이 변화는 지구 행성을 거주할 수 없는 지역으로 만들 만큼, 혹은 생물권에 영향을 줄 만큼 크지 않습니다.

○ **밀란코비치 순환**
구 유고슬라비아의 세르비아 출신의 수학자이며 천문학자인 밀루틴 밀란코비치(Milutin Milanković)의 이름에서 유래했다.

● **월터 알바레즈**
미국의 지질학자

그리고 행성의 자전 속도가 중요합니다. 만약 천천히 자전한다면, 행성의 한쪽은 너무 더워 바비큐가 될 것이고 행성의 다른 한쪽은 얼어붙을 것입니다. 행성의 크기도 중요합니다. 만약 행성이 너무 작으면, 중력의 끌어당기는 힘이 충분하지 않기 때문에 충분한 크기의 대기를 가지지 못할 것입니다. 만약 행성이 너무 크면, 대기가 너무 두터워 태양빛이 지표면까지 관통하지 못할 것입니다. 그뿐만 아니라, 수십억 년 동안 이 모든 조건이 안정적으로 유지되어야 합니다. 그렇지 않으면, 원핵생물이 지구에 너무 가득 차서 어떤 복잡한 생명체가 나타나기도 전에 멸종해 버리는 행성이 될 수도 있습니다. 사실, 화성이 그런 경우일지도 모릅니다.

또한 소행성이 생물권에 엄청난 영향을 줄 수도 있습니다. 월터 알바레즈Walter Alvares가 주장하는 바와 같이, 약 6500만 년 전에 공룡을 싹 쓸어버린 대멸종은 오늘날의 멕시코 해안에 떨어진 약 12km 크기의 소행성의 충돌 때문이었을 것입니다. 그 결과는 아마도 원자폭탄과 같았을 것입니다. 소행성의 충돌은 엄청난 먼지 구름을 일으켜서 태양빛을 차단하였고, 아마도 수년 동안 광합성과 식량생산을 하지 못하게 했을 것입니다. 공룡은 몸집이 큰 만큼 많은 식량을 필요로 했기 때문에 특히 취약했고, 그래서 공룡의 생식 속도가 떨어졌습니다.

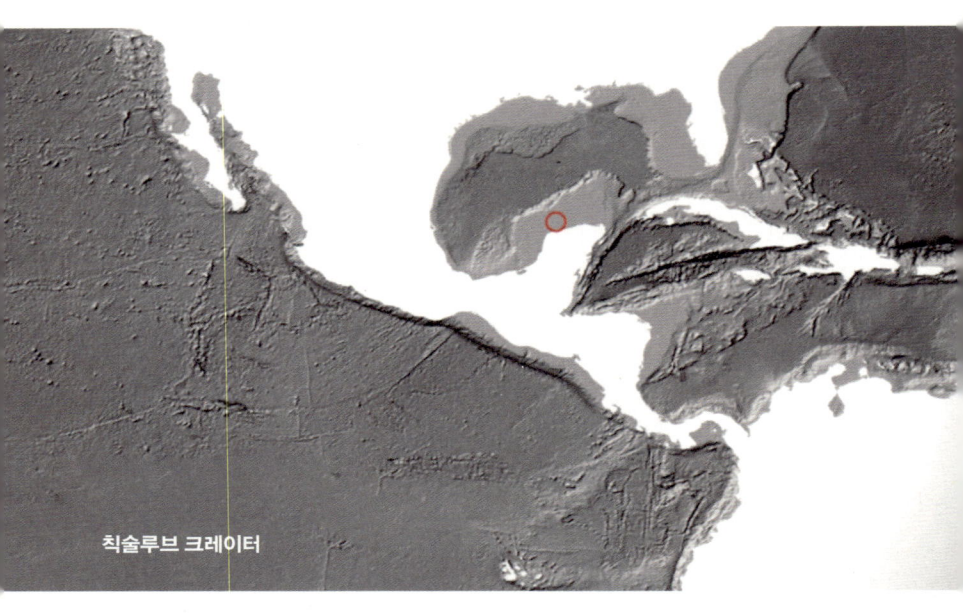

칙술루브 크레이터

이것은 공룡에게 매우 불행한 소식이었지만, 우리 포유류 조상들에게는 좋은 소식이었습니다. 우리 조상이 공룡이 없는 세상에서 번성했기 때문입니다. 자, 이것을 생각해 보세요. 만약 그 소행성이 30분 일찍 혹은 30분 후에 떨어졌다면 지구를 지나쳤을 것이고 공룡은 그대로 지구 상에 살고 있을 것이며 여러분과 저는 여기에 있지 않을 것입니다. 그리고 만약 그 소행성이 조금 더 컸었더라면 지구 상의 모든 생물이 멸종되었을 것입니다.

PART 3

어떻게 지질학적 요인들이 생물권의 역사에 영향을 끼쳤을까요? 주기적으로, 대륙판의 거대한 운동은 엄청난 양의 메탄과 이산화탄소 등의 온실기체를 방출시키고 대기 중의 산소 양을 감소시키는 대규모의 화산 폭발을 일으키는 것으로 보입니다. 그 결과는 갑작스러운 그리고 아마도 대재앙을 초래할 수도 있는 지구 온난화입니다. 2억 5000만 년 전 페름기의 대멸종은 이와 같은 변화에 의해 초래된 것일 수 있습니다.

대륙의 정확한 모습은 지구의 기후와 지구 상 생물의 역사에 엄청난 차이를 가져올 수 있습니다. 예를 들어, 커다란 대륙인 남극 대륙이 남극에 자리하고 있다는 사실은 엄청난 크기의 남반구 빙상°이 존재한다는 것을 설명해줍니다. 반면에 북반구 대륙들의 위치는 따뜻한 열대성의 해류가 북극으로 흘러가는 것을 가로막고 있습니다. 이런 요소들을 포함하여, 이러한 배열은 오늘날 우리가 왜 여러 빙하 시대를 거쳐 살아 있는가를 설명해줍니다.

○ **빙상** ice sheet
기반의 요철에 관계없이 광대한 지역을 덮고 있는 둥근 모양의 거대한 얼음 덩어리를 말하며, 넓이는 5만 km^2 이상이다. 반면에 빙모(氷帽, ice cap)는 남극 대륙을 덮는 작은 빙원(氷原)을 말하며 넓이는 5만 km^2 이하이다.

그러나 가끔 지구의 기온이 빙하기 때보다 훨씬 낮게 갑자기 떨어지곤 합니다. 눈덩이 지구˚Snowball Earth 라고 부르는 현상들이 일어났던 시기에 그러했습니다. 이 시기에는 수 km의 얼음이 지구의 대부분을 덮고 생물권 자체의 생존을 위협했습니다. 이런 현상을 일으켰을 것이라고 생각되는 원인들 가운데 하나는 대륙의 위치인데, 이것이 대규모의 강우를 불러왔고 대기에 있는 엄청난 양의 이산화탄소를 빨아들임으로써 지구 기온의 급격한 하락을 가져왔을 것입니다. 이러한 눈덩이 지구 사건들의 마지막 현상이 끝났기 때문에 아마도 5억 년을 조금 넘은 시기 이전에 우리가 '캄브리아 폭발'˚이라고 부르는 지구 상 생물의 갑작스러운 증식과 다양화가 나타났던 것으로 보입니다.

○ **눈덩이 지구**
약 7억 5000만 년~5억 7000만 년 전에 거의 대부분의 지구 지표가 얼거나 눈으로 덮였다는 현상

● **캄브리아 폭발**
일반적으로 고생대 캄브리아기, 즉 약 5억 4200만 년 전부터 5억 3000만 년 전 사이에 갑자기 생물이 증식되고 다양화된 현상. 캄브리아 대폭발이라고도 한다.

눈덩이 지구 현상으로, 지구는 약 7억 5000만 년 전에 지표가 얼어붙어 있었지만, 이후 화산 활동 등으로 지구의 기온이 오르기 시작했다.

PART 4

어떻게 생물 그 자체가 생물권에 영향을 줄까요? 하나의 방법은 대기를 변화시키는 것입니다. 우리는 광합성을 하는 초기 생물이 어떻게 대기에 산소를 배출하고 엄청난 양의 이산화탄소를 가져갔는지를 이미 살펴보았습니다. 그들은 이렇게 함으로써 많은 초기 종들을 전멸시키는 '산소의 대학살'을 초래했지만, 동시에 우리의 조상인 진핵생물의 진화를 가능하게 했습니다.

어떤 종들은 대기에서 탄소를 흡수하여 껍질을 만들었는데, 그것이 죽어 바다 밑으로 가라앉아 수백만 년 동안 묻혔습니다. 그들이 석회암과 같은 두터운 퇴적암층에 탄소를 매장했습니다. 사실, 만약 여러분이 돋보기로 자연산 분필을 살펴본다면, 모종의 유기체를 발견할 수도 있을 것입니다. 이런 방식으로, 작은 생물이더라도 그것이 지구 전체에 걸쳐 새로운 지질학적 지층을 만들어냄으로써 지구의 지질을 바꿀 수 있었습니다.

또한 어떤 다른 유기체들도 탄소를 매장했는데, 오늘날 우리는 석탄, 석유, 천연가스, 즉 화석연료의 형태로 그들의 유체를 발굴합니다. 우리는 그것을 불태움으로써 믿을 수 없는 속도로 이산화탄소를 대기로 되돌려놓고 있습니다.

우리는 생물권이 크지 않으며 파괴되기 쉽다는 사실을 알고 있습니다. 또한 우리는 생물권이 모든 다양한 천문학적, 지질학적, 그리고 생물학적 요인들로부터 지속적으로 위협을 받고 있다는 사실도 알고 있습니다. 부정을 타지 않기를 바라며 말하자면, 지금까지 많은 종들이 멸종되었지만, 전체로서의 생물은 거의 40억 년을 생존해왔습니다. 우리가 모르는 것은 생물권이 미래에 어떻게 변화할 것인가입니다. 특히, 우리는 우리 종, 호모 사피엔스가 이러한 이야기 속에서 어떤 역할을 하게 될지 모릅니다.

더 깊이 생각하기

1 만약 환경이 극적으로 변화한다면,
인간이 이 환경에 적응하는 데 얼마나 걸릴까요?

2 호모 사피엔스는 왜 매우 복잡하며,
환경의 변화에 왜 매우 민감할까요?

3 생물권은 다른 고도와 깊이에서
어떻게 변하나요?

4 만약 지구의 대기에
급격한 변화가 발생한다면,
우리는 인간성을 어떻게
지킬 수 있나요?

5 지구의 온도가 얼마만큼 변해야
인간의 삶에 영향을 미칠 수
있다고 생각하나요?

6 소행성의 충돌로 공룡이 멸종했다는 알바레즈의 이론에 대해 어떻게 생각하나요?

7 약 12km 크기의 소행성은 오늘날의 지구에 어떤 영향을 미칠까요?

8 지구의 지표면에서 대륙이 90도 회전했다고 상상해보세요. 그러면 대륙의 북쪽 끝이 갑자기 동쪽을 가리키게 됩니다. 어떤 변화가 일어날까요?

9 탄소를 흡수한 바다 생물의 껍질이 퇴적암에 묻혀 화석연료가 되는 것이 확실하다면, 연료를 얻기 위해 구멍을 파는 데 어느 곳이 가장 좋을까요?

10 여러분은 오래된 나무가 화석연료의 매장물이 된다고 생각하나요?

11 생물권이 파괴되기 쉽다는 사실을 여러분의 삶 속의 어떤 증거로 알 수 있나요?

BIG
HISTORY

6
초기 인류

6-1 우리의 조상은 어떻게 진화했는가?

이 장에서 데이비드 크리스천 교수는 분류학을 소개하고 종의 차이를 규정하고 분류하는 데 사용되는 중요한 방법들을 설명한다. 또한 그는 공룡의 멸종이 어떻게 분류 체계의 다양성, 특히 포유류의 다양성을 가져오게 했는지를 설명한다. 여러분은 어떻게 대멸종이 다른 종에게 번성의 공간을 가져다주었는지, 어떻게 과학자들이 다른 종들을 구분하는지, 어떻게 우리의 역사적 조상들이 오늘날의 인간과 비교될 수 있는지를 설명할 수 있게 될 것이다.

핵심 질문
1. 분류학이란 무엇인가요?
2. 종 사이의 관계와 종의 전체 관계를 이해하는 데 과학자들에게 도움을 주는 세 가지 종류의 증거는 무엇인가요?

PART 1

여러분과 저의 조상인 인류의 조상에 대해 살펴볼까요? 지구 상 모든 살아 있는 것들은 단일한 유기체로부터 유래했습니다. 생물학자들은 이 유기체를 루카 LUCA°라고 부르는데, 이것은 '생존하고 있는 모든 생물의 마지막 공통 조상'이라는 뜻입니다. 루카는 거의 40억 년 전에 살았던 것 같습니다.

이상하게 들리겠지만, 이 말은 여러분과 바나나가 공통의 조상을 가지고 있다는 뜻입니다. 그 조상은 아마도 15억 년 전에 살고 있었을 것이고, 그것은 진핵생물의 초기 형태였습니다. 여러분과 침팬지 또한 공통의 조상을 가지고 있습니다. 그 조상은 오늘날과 매우 가까운 시기, 즉 거의 700만 년 전, 지질학적 시간으로 본다면 눈 깜짝하기 이전의 시기에 살고 있었습니다.

분류학은 상호 간의 관계로 살아 있는 유기체를 구분하는 생물학의 한 분야입니다. 분류학이 하는 일은 일종의 거대한 생명의 나무를 만드는 것입니다. 이 생명의 나무는 모든 살아 있는 유기체 사이의 관계들을 보여주는 분류 체계입니다. 우리, 호모 사피엔스를 포함한 모든 종은 이 생명의 나무에서 특정한 위치에 자리 잡고 있습니다.

° **LUCA**
Last Universal Common Ancestor의 약자

우리는 우리의 선조에 대해 많이 모릅니다. 그러나 우리가 알고 있는 것도 꽤 많습니다. 우리가 알고 있는 것은 주로 세 가지 종류의 증거에 근거합니다. 첫째는 화석 기록입니다. 화석은 우리의 선조가 어떻게 생겼는지, 그리고 그들이 시간의 흐름에 따라 어떻게 변했는지를 알려줍니다. 화석은 우리에게 그들이 어떻게 살았는지를 놀랄 만큼 많이 알려줍니다. 예를 들면, 치아의 미시적 연구는 그들이 무엇을 먹었는지 알려줄 수 있습니다. 그들이 육류를 먹었는지 혹은 풀잎이나 열매를 먹었는지, 그리고 그들이 어떻게 살았는지에 대해 많은 것들을 알려줍니다. 예를 들어 그들이 사냥을 했는지, 혹은 단순히 풀잎을 채집하거나 열매를 찾아 나섰는지 알려줍니다. 또한 우리는 방사성 탄소 연대측정 기술을 활용하여 화석의 연대를 측정할 수 있고, 그 유기체가 언제 살아 있었는지를 판별할 수 있습니다.

두 번째의 증거는 유전학적 연대측정입니다. 이것은 다른 종들의 DNA 혹은 유전자를 비교한 자료에 기반을 둡니다. 1960년대 이후, 생물학자들은 많은 유전자들이 매우 변칙적으로 변한다는 사실을 발견했습니다. 이것은 두 종의 유전자를 비교함으로써, 이 두 종이 언제 공통조상을 공유했는지를 대략적으로 알 수 있습니다. 그래서 우리는 유전자 연대측정 기술을 활용함으로써 우리가 화석에서 얻은 증거를 검토하여 연대를 알 수 있습니다.

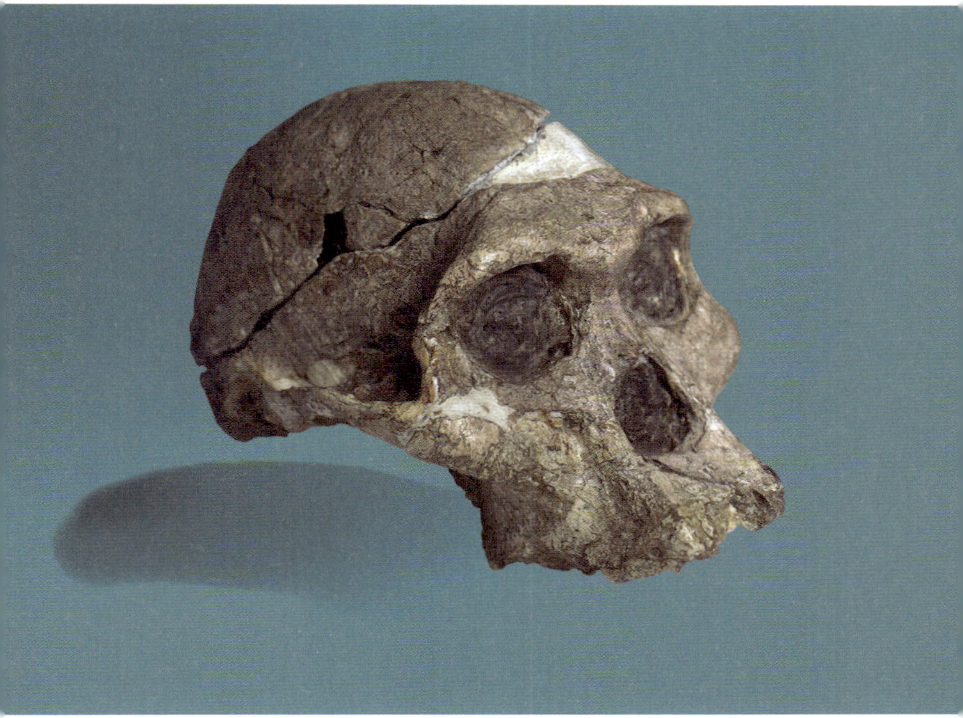

오스트랄로피테쿠스

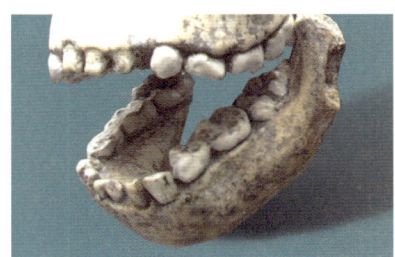
치아 연구는 종을 구분하거나 식습관을 파악하게 해준다.

세 번째 증거는 영장류 사회의 현대적 연구, 특히 고릴라와 침팬지와 같은 대형 유인원 연구에서 나온 것입니다. 우리는 유전적으로 대형 유인원과 매우 가깝지만, 우리의 조상은 매우 빠르게 진화했으며 대형 유인원과 달리 더욱 많이 변화했습니다. 이것은 사회, 즉 침팬지와 고릴라의 사회적 관계를 연구함으로써 우리 조상이 어떻게 살았는지에 대해 많은 것을 알 수 있습니다. 이상의 것들이 우리의 진화를 연구하기 위해 우리가 사용할 수 있는 세 가지 결정적인 증거입니다.

PART 2

우리의 종을 연구하기 위해 공룡이 전멸한 시기인 6500만 년 전으로 되돌아가봅시다. 공룡 멸종과 같은 대멸종 이후, 진화가 종종 매우, 빠르게 일어났습니다. 이것은 생존하게 된 종들이 다른 종들의 멸종으로 공백 상태가 된 온갖 새로운 생태적 지위를 차지하기 위해 노력하기 때문입니다.

우리는 공룡이 사라진 수천 년 동안 온갖 종류의 새로운 포유류가 출현했기 때문에 이와 같은 일이 벌어졌다는 사실을 알고 있습니다. 이것은 생물학자들이 말하는 진화적 방사evolutionary radiation입니다. 초식자도 나타났으며, 곤충 포식자도 나타났습니다. 어떤 것들은 원시 박쥐처럼 외견상 날아다닐 수 있습니다. 어떤 포유류는 원시 고래 혹은 돌고래처럼 바다로 되돌아간 것도 있습니다. 그리고 우리 조상 영장류처럼 나무 거주자도 나타났습니다.

영장류는 나무 위에서 삽니다. 만약 여러분이 나무를 올라가본 적이 있다면, 나무에서 떨어지지 않고 나무를 올라타기 위해 필요한 기술이 무엇인지를 알고 있을 것입니다. 첫째, 나무를 꽉 잡고 매달리는 손이 필요합니다. 만약 여러분의 다리도 나무를 잡을 수 있다면, 그야말로 금상첨화일 것입니다. 둘째, 여러분은 입체적으로 볼 수 있는 능력이 있어야 합니다. 만약 여러분이 이 나무에서 다른 나무로 건너갈 때 건너갈 나무를 정확히 지정하려면 입체적인 시력이 필요합니다. 이는 눈이 얼굴의 전면으로 나와 굴릴 수 있어야 한다는 것을 의미합니다. 그래서 영장류는 약간 편평한 얼굴을 갖게 되는 경향이 있었습니다.

셋째, 여러분은 큰 두뇌가 필요합니다. 이것은 부분적으로 모든 시각 정보를 처리하기 위한 것이고, 또 부분적으로 많은 영장류가 열매를 정말 좋아하지만 열매가 나뭇잎보다 찾기 어렵기 때문입니다. 영장류의 목$_{order}$에는 여우원숭이, 원숭이, 유인원이 포함됩니다. 이 자리에서 고백하자면, 저는 어릴 때 나무에 올라가는 것을 좋아했는데, 이런 행동으로 일종의 나의 영장류 조상으로 되돌아가는 것이 아닌지 걱정하곤 했습니다.

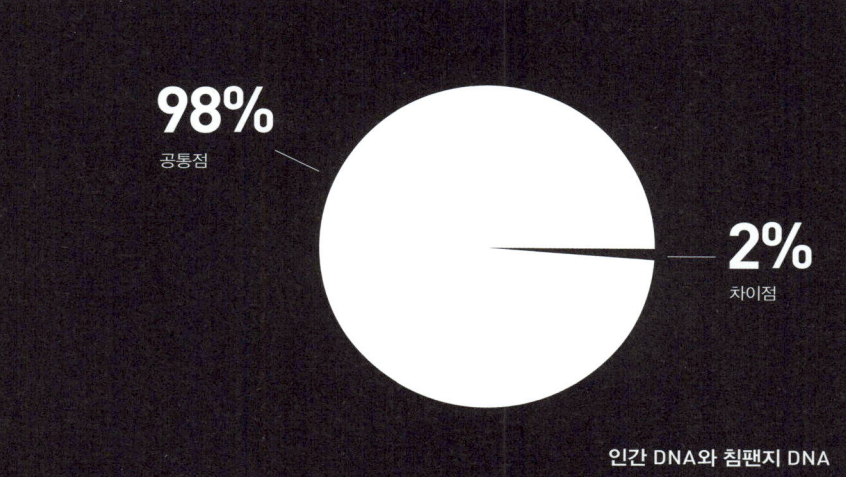

인간 DNA와 침팬지 DNA

유인원apes은 크고 영리한 영장류로 호미노이드hominoids 라는 상과superfamily에 속합니다. 약간 혼란스럽지만, 호미노이드 그룹의 작은 분류로 호미니드hominids라고 부르는 과family가 있습니다. 호미니드에는 대형 유인원, 오랑우탄, 고릴라, 두 종의 침팬지, 그리고 여러분과 제가 속합니다. 우리는 유인원과 매우 비슷해서 현대 분류학의 아버지인 칼 폰 린네Carl von Linné°조차도 마지못해 인간과 대형 유인원을 함께 분류했습니다. 다윈도 이에 동의했는데, 현대 유전학 연구에 의하면 린네와 다윈, 둘 다 맞습니다. 만약 여러분이 인간과 침팬지의 유전자를 비교한다면, 유전자 중에서 약 98%가 동일하다는 사실을 알게 될 것입니다. 현대 생물학자들은 인간과 침팬지가 700만 년 전에 공통조상을 가지고 있다고 확신하고 있습니다.

○ 칼 폰 린네 1707~1778
스웨덴의 박물학자. 린네는 오늘날 사용하는 생물 분류법인 이명법의 기초를 마련했다.

그러다가 우리의 계보가 갈라지고 우리의 조상은 두 발로 걷기 시작했습니다. 그들은 이족보행자가 되었습니다. 우리는 이들을 호미닌hominines이라고 부릅니다. 솔직히 말해서 우리는 왜 그들이 이족보행자가 되었는지 확실히 모릅니다. 하나의 가설은 우리의 조상이 매우 건조한 동아프리카에 거주하였다는 것입니다. 그곳은 숲보다 초목이 많은 대초원 지역이었습니다. 대초원 지역에 살고 있다면, 이족보행은 매우 유익한 것입니다. 이족보행으로 여러분은 더 빨리 더 멀리 여행할 수 있습니다. 또 더 멀리 볼 수 있습니다. 그리고 여러분의 경쟁 상대가 오는 것을 볼 수도 있습니다. 이족보행은 손을 자유롭게 함으로써 돌을 사용할 수 있게 하거나 혹은 경쟁 상대에게 돌을 던질 수도 있게 합니다. 여러분은 우리 조상이 왜 이족보행을 하게 되었는지 다른 그럴듯한 이유를 생각해낼 수 있나요?

600만 년 동안 우리 호미닌 조상은 번성하였습니다. 어떤 시기에는 30~40가지의 다른 종이 있었던 것으로 보이지만, 오늘날 오직 하나의 종만 생존해 있습니다. 진화적 방사 이후 이러한 일종의 종의 선별은 매우 일반적인 현상인데, 다른 종들보다 훨씬 훌륭하게 적응한 하나의 종이 일종의 기본 모델이 되고 나머지 종들은 사멸했습니다. 우리 조상이 우리의 진화적 사촌을 제거하는 데 어떤 모종의 역할을 했을 가능성이 있습니다.

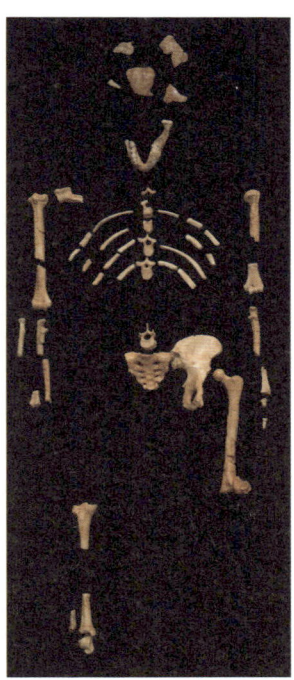

에티오피아 하다르 계곡에서 발견된 루시

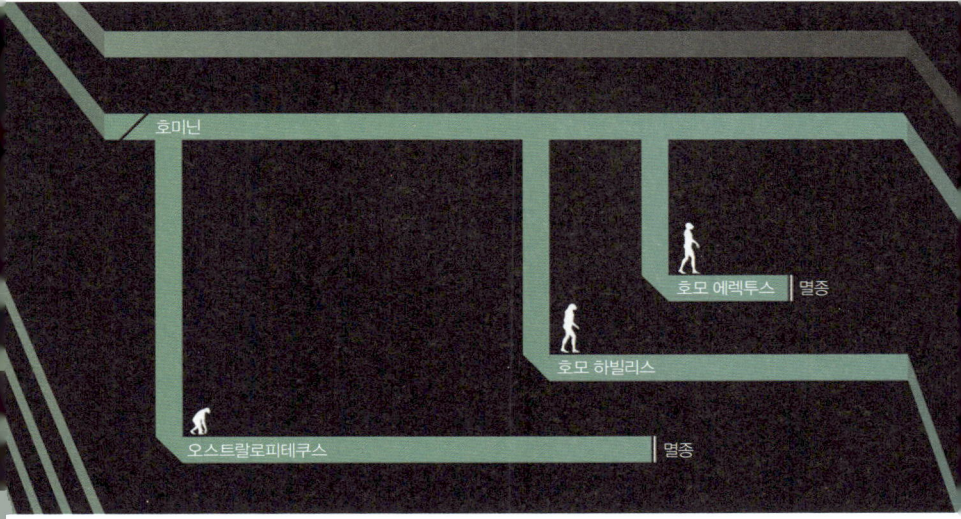

호모 하빌리스

생물학자들이 '속genus'이라고 부르는 무리 중 하나는 오스트랄로피테쿠스(혹은 남방 유인원)입니다. 오스트랄로피테쿠스는 약 400만 년과 100만 년 전 사이에 아프리카에서 번성했습니다. 오스트랄로피테쿠스에 대해 가장 잘 알려져 있는 것은 루시Lucy°인데, 이는 미국의 고생물학자 도널드 칼 조핸슨Donald Carl Johanson이 1974년에 에티오피아 하다르 계곡에서 발견한 화석의 인물입니다. 루시는 침팬지의 두뇌 크기만 한 두뇌를 가지고 있었고 키가 105cm 정도 되었습니다.

● **루시**
미국의 고인류학자인 도널드 칼 조핸슨이 발견한 오스트랄로피테쿠스의 한 여성 화석. 발견 당시 들었던 비틀스의 노래 '다이아몬드와 함께 있는 하늘의 루시(Lucy in the Sky with Diamond)'에서 유인원의 이름이 유래했다.

● **루이스 리키**
케냐 출생의 영국 고고학자

우리와 더욱 비슷한 것은 호모 하빌리스라고 알려진 종으로, 250만 년 전부터 150만 년 전 사이에 번성했습니다. 그들은 오스트랄로피테쿠스보다 더 큰 두뇌를 가지고 있었고 그들 또한 돌로 도구를 만들었습니다. 최초의 호모 하빌리스 화석은 루이스 리키Louis Leakey라는 고생물학자의 아들이 아프리카 단층 지구대의 올두바이 협곡에서 발견했습니다.

루이스 리키는 인간이 되는 것의 결정적인 주요 요소는 도구를 만드는 능력이라고 절대적으로 확신했습니다. 그래서 그는 즉시 "이들이 인간이다"라고 생각했고, 라틴어로 인간을 뜻하는 '호모' 속genus으로 그들을 분류했습니다. 그는 호모 하빌리스가 정말 거의 우리와 같다고 주장했습니다. 여러분은 여기에 동의하나요?

우리와 더욱 비슷한 것은 호모 에르가스터/호모 에렉투스° 등 여러 이름으로 알려진 종의 또 다른 집단입니다. 그들은 200만 년 전에 처음 출현했습니다. 호모 하빌리스보다 더 큰 두뇌를 가지고 있었고, 거의 우리와 같이 키가 컸으며, 여기저기로 이동했습니다. 여러분은 북경 근교에서 호모 에르가스터/호모 에렉투스의 화석을 찾아볼 수 있습니다. 그들은 아마도 3만 년 전까지도 생존했던 것으로 보입니다. 그들은 매우 긴 기간 동안 생존했습니다.

자 이제, 호모 에르가스터/호모 에렉투스에 대해 생각해 볼까요? 그들은 매우 지적이었고 그들의 두뇌는 거의 우리의 두뇌와 같이 컸습니다. 그들은 아름다운 석제 도구를 만들었고 매우 다양한 곳(다른 환경)을 여행했습니다. 그러나 그들의 석제 도구는 100만 년 동안 거의 변화하지 않았습니다. 이에 대해 여러분은 어떻게 생각하나요? 우리는 이들을 인간이라고 부를 수 있을까요?

o **호모 에르가스터**Homo ergaster**와 호모 에렉투스** Homo erectus
학자에 따라 이 두 호미닌을 같은 종으로 혹은 다른 종으로 보기도 한다. 호모 에르가스터는 주로 아프리카에서 발견되었지만, 호모 에렉투스는 아프리카뿐 아니라 유럽과 아시아에서도 발견되었다.

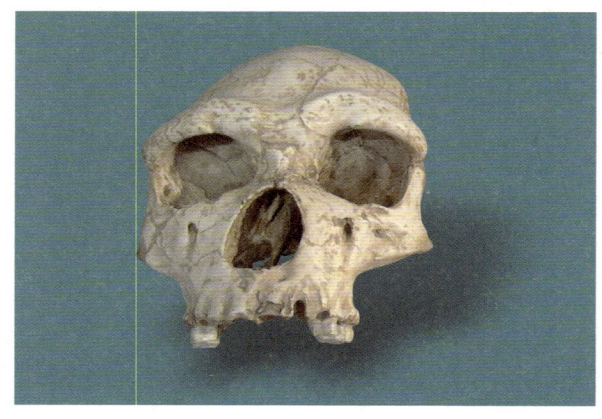

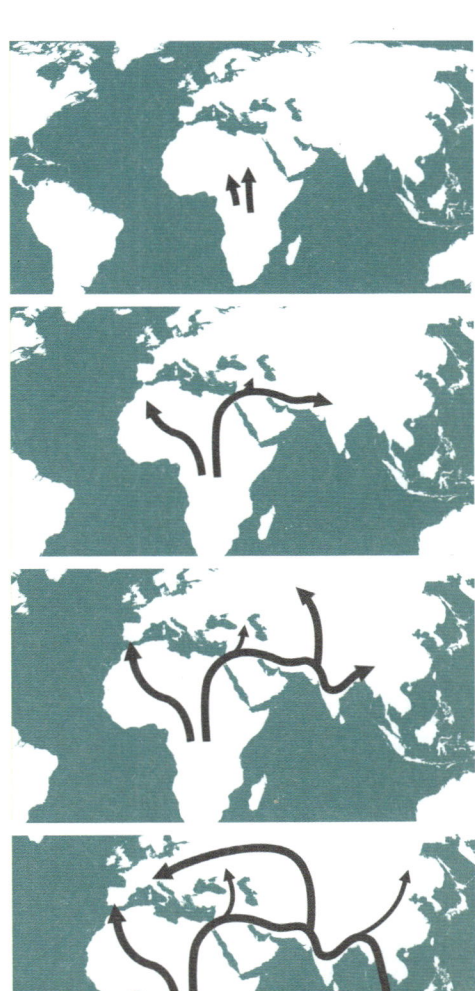

호모 에르가스터/호모 에렉투스의 이동

💡 더 깊이 생각하기

1 살아 있는 유기체 가운데 인간과 가장 닮지 않았다고 생각하는 유기체는 무엇인가요?

2 여러분은 그 유기체와 공통조상이 있다는 사실을 알고 있나요?

3 생명의 나무에서, 얼마나 많은 가지가 있다고 생각하나요?

4 지금부터 수백만 년이 흐른 후에 여러분의 화석이 어떻게 되었을 것이라고 예상하나요?

5 수백 년 후의 여러분의 화석이 여러분의 삶에 대해 어떤 '이야기'를 해줄 수 있을까요?

6 과학자는 하나의 종과 다른 종을 DNA가 구분하는 때를 어떻게 알까요?

7 공룡이 사라진 후에 다른 종들의 번성을 쉽게 만든 요인이 무엇인가요?

8 3D 시각視覺의 조건은 무엇인가요?

9 손으로 움켜잡는 방식, 시각. '영리함'은 영장류의 생존에 어떻게 도움을 주었나요?

10 인간과 침팬지의 유전자는 얼마나 유사한가요?

11 인간과 다른 영장류 사이의 유사성은 어떤 것이 있나요?

12 우리가 만약 우리의 영장류 조상으로부터 진화하는 데 오랜 시간이 걸렸다면, 1000만 년 혹은 1억 년 후에 인류는 어떻게 진화하게 될까요?

13 종은 물리적 유사성으로 분류해야 할까요, 아니면 행동과 같은 다른 특징들로 분류해야 할까요? 혹은 다른 것으로 분류해야 할까요?

14 어떤 생리학적 변화가 우리 조상들의 진화에 영향을 주었나요?

6-2 무엇이 인간을 독특하게 했는가?

집단학습은 세대를 넘어 정보를 지속적으로 축적할 수 있는 능력이다. 이 장에서 데이비드 크리스천 교수는 어떻게 인간의 이러한 독특한 성격이 문명의 발전에 기여했으며, 인류가 어떻게 유례없는 방식으로 환경 자원들을 활용할 수 있었는지를 설명한다. 여러분은 집단학습의 중요성과 이것을 지지하는 증거들을 설명할 수 있게 될 것이다.

핵심 질문
1. 무엇이 인간을 독특하게 했나요?
2. 왜 집단학습은 강력했으며, 집단학습의 존재를 보여주는 증거는 무엇인가요?

PART 1

다음번에 여러분이 비행기를 탄다면, 창밖을 바라보세요. 여러분은 인류라는 종의 존재를 모든 곳에서 발견할 수 있을 것입니다. 여러분은 도시와 마을을 볼 수 있을 것입니다. 도로와 고속도로를 볼 수 있을 것입니다. 이전에는 숲이었던 농장을 볼 수도 있을 것입니다. 만약 밤에 본다면, 사방에서 불빛을 볼 수 있을 것입니다. 어떤 다른 종도 우리가 해냈던 일들을 할 수 없습니다. 우리는 이것을 너무나 당연하게 생각하는데, 그것은 우리가 일생을 살면서 항상 그렇게 해왔기 때문입니다. 그렇다면 우리를 다른 종과 다르게 한 것은 실제로 무엇일까요?

이 질문은 대답하기에 사실 매우 까다로운 질문이며, 지금 이 순간에 이 질문에 대해 보편적으로 인정되는 대답은 없습니다. 그렇다면 이 질문에 대한 대답을 찾기 위해 시간 속으로 들어가 놀라운 종으로서의 인류의 주목할 만한 역사를 조망해봅시다.

6 초기 인류

수백만 년 전에 수많은 유인원 같은 종들이 지구 곳곳에 살고 있었습니다. 그들은 우리의 선조이기 때문에 우리는 이들에 대해 관심을 가지고 있습니다. 솔직히 말해서 그들은 어떤 이상한 행동도 하지 않았습니다. 그들은 대부분의 종들과 같이 행동했습니다. 대부분의 종처럼, 그들은 작은 집단을 이루어 돌아다녔고 자연환경으로부터 그들이 필요로 하는 음식과 자원을 조달했습니다. 그들 중 어떤 종들은 심지어 도구를 사용했지만, 이 사실은 실제로 전혀 이상한 것이 아닙니다. 왜냐하면 꽤 많은 조류 종들을 포함해, 수많은 다른 종들이 도구를 사용하기 때문입니다.

20만 년 전과 10만 년 전 사이의 어떤 지점으로 좀 더 들어가보겠습니다. 이제, 이들 유인원 같은 종들은 진화했고, 그들 가운데 우리 자신의 종, 호모 사피엔스가 아프리카에서 출현했습니다. 그러나 처음에는 호모 사피엔스조차 그렇게 이상하게 행동하지는 않았습니다.

시간이 조금 흐른 후에 우리는 좀 이상한 것을 발견했습니다. 호모 사피엔스가 새로운 곳으로 나아가기 시작했으며, 그들 가운데 어떤 이들은 아프리카를 떠나기 시작했습니다. 그들은 집을 짓기 시작했습니다. 그들은 광범위한 새로운 형태의 도구를 만들기 시작했고, 그들 가운데 어떤 이들은 옷을 지어 입기 시작했습니다. 결국 그들은 지구 전체에 걸쳐, 남극 대륙을 제외한 모든 대륙으로 확산되었습니다. 이는 진화론적 기준에서 보면 매우 빠른 변화였습니다. 무엇이 우리의 조상을 그토록 창의적으로 만들었을까요?

자, 그럼 시간을 좀 더 빠르게 돌려보겠습니다. 약 1만 년 전에 세계 곳곳에 있는 어떤 인류 공동체들은 환경을 조작하기 시작하여 자신들이 유용하다고 생각하는 식물들과 동물들을 더 많이 만들어냈습니다. 어느 다른 종도 이러한 규모로 환경을 조작할 수는 없습니다. 흰개미나 비버조차도. 이 지역에서 인구가 늘어나기 시작하였고, 약 5000년 전이 되었을 때 어떤 사람들은 수십만 명, 결국에는 수백만 명의 대규모 공동체에 정착하기 시작했습니다.

이 공동체에는 벽이 있었고 사원이 있었으며 도로가 있었습니다. 그리고 새로운 식량생산 기술로 자신들을 부양했습니다. 환경을 조작하는 새로운 방법은 그들이 필요로 하는 식량과 자원을 제공해주었습니다. 어떤 이들은 강의 전체 흐름을 바꿔 농작물에 물을 대거나 사람들에게 물을 제공했습니다. 이 정착촌들은 전 세계로 확산되기 시작했으며 인구는 계속 늘어났습니다. 약 500년 전부터 어떤 사람들은 전 지구를 돌아 항해하기 시작했으며, 이제 인간은 하나의 단일한 글로벌 네트워크 속에 서로 연결되어 있습니다. 그리고 약 100년 전에 우리는 밤하늘을 인공조명으로 밝히고 있습니다.

6 초기 인류

매우 짧은 기간 안에 인간은 온갖 새로운 기술을 발전시켜, 수억 년 동안 광합성에 의해 생산되고 땅 속에 매장되어 있었던 에너지를 새로운 형태로 개발하기 시작했습니다. 이 에너지 보고寶庫를 사용함으로써 어두움을 밝히는 방법을 포함한 폭넓은 다른 기술들을 발전시켰습니다. 금속 케이블을 통해 전자를 흘려보내 기계를 운전하고, 전원을 공급하여 불빛으로 밤하늘을 밝힙니다. 갑자기 우리는 생물권에서 지배적인 종이 되었습니다. 우리는 다른 종들을 멸종시키고 있습니다. 우리는 모든 곳에서 풍경을 전체적으로 변화시키고 있으며 또한 거대한 양의 이산화탄소를 뿜어냄으로써 대기와 바다를 변형시키고 있습니다.

20만 년이 흐르면서 우리 종은 지구를 차지한 것 같습니다. 어떻게, 무엇이 우리를 그토록 강력하게 만들었을까요?

PART 2

종으로서 인류가 얼마나 이상한 존재인가를 알기 위해, 생물이 거의 40억 년 동안 이 행성에서 진화되어왔으며, 그 어떤 종도 우리가 보여준 이상한 행동 혹은 우리가 보여준 창의성을 보여준 적이 없었다는 사실을 기억해야 합니다.

한국의 서울에 있는 남대문 시장을 보세요. 제 뒤에 펼쳐지고 있는 온갖 것들을 살펴보세요. 무슨 일이 일어나고 있나요?

자, 제 생각에는 제 뒤에서 일어나고 있는 한 가지의 사실은 우리 인간이 특별히 효과적인 의사소통 수단을 가지고 있다는 사실입니다. 어떤 의미에서, 모든 동물은 의사소통을 합니다. 새는 노래하며, 벌은 춤추고, 심지어 개미는 의사소통을 하기 위해 페로몬이라고 불리는 특별한 화학물질을 공유합니다. 그러나 그들이 공유하는 정보의 양은 매우 제한적이며, 이내 잊어버리고 맙니다. 우리 인간은 우리가 언어라고 부르는 특별히 강력한 의사소통 형식을 발전시켰습니다.

이것은 우리가 각 사람들과 정확하면서도 많은 양의 정보를 공유하며 집단 기억에 저장한다는 뜻입니다. 이것은 정보를 가지고 있는 어떤 한 개인이 죽더라도 그 정보는 죽지 않으며, 그 대신에 그 정보가 집단 기억에 저장되어 다음 세대에 전수되고 시간이 흐름에 따라 정보가 축적된다는 뜻입니다. 우리가 잘 알고 있는 것처럼, 이 과정은 결코 한계가 없는 과정입니다.

우리 인간은 한 개인으로서 학습하는 것이 아니라 집단적으로 학습하는 종입니다. 이것이 바로 여러분이 지금 하고 있는 것이 아닌가요? 집단적으로 학습하고 세대를 이어 정보를 축적하는 능력은 인간에게만 나타나는 독특한 것입니다. 이것은 특히 강력합니다. 이것은 왜 우리가 다른 환경 속으로 들어가 생존할 수 있었는지를 설명해주며, 왜 지구 자원을 활용할 수 있는 새로운 방식을 지속적으로 고안해낼 수 있었는지를 설명해줍니다.

이것은 이 장에서 복잡성을 증가시키는 여섯 번째의 임계국면으로서 우리가 왜 집단학습을 다루는지를 설명해줍니다. 집단학습은 우리를 하나의 종으로 정의합니다. 이것은 왜 우리가 엄청난 복잡성의 사회 속에서 70억 명의 인류를 부양할 수 있었는지를 설명해주며, 왜 우리 인간이 40억 년 동안 생물권에서 이같이 강력한 권력을 가지게 된 최초의 종이 되었는지를 설명해줍니다.

PART 3

그렇다면 실제로 언제 집단학습이 시작되었을까요? 그것은 정말 대답하기 어려운 질문입니다. 왜냐하면 집단학습의 초기 증거는 고고학적 자료에서 찾아보기 매우 어렵기 때문입니다. 확실히 말할 수 있는 사실은 우리가 이에 대해 약 5만 년에서 6만 년 전의 증거를 가지고 있다는 것입니다. 우리는 새로운 석기 도구들을 찾아냈습니다. 우리는 뼈로 만든 새로운 도구를 찾았습니다. 우리는 빙하 시대의 우크라이나와 같은 새로운 환경에 정착한 사람들을 찾아냈습니다. 그들은 실제로 매머드의 뼈로 집을 만들었습니다. 심지어 우리는 다양한 형태의 예술 활동을 엿볼 수 있는 증거들을 찾아냈습니다.

그러나 어떤 고고학자들은 집단학습(곧 인류의 역사)이 훨씬 더 오래전에 시작되었다고 주장합니다. 아마도 일찌감치 20만 년 전. 남아프리카의 블롬보스 동굴과 같은 장소는 이러한 주장을 뒷받침합니다. 블롬보스 동굴은 9만 5000년 전부터 사용되었으며, 여기에서 우리는 조개류를 사용한 증거를 찾아냈습니다. 우리는 먼 바다 고기잡이(원양 어업)로 보이는 증거를 찾았으며, 예술 활동의 흔적도 확실히 발견했습니다. 어떤 사람들은 초기 문자의 형태를 발견했다고 주장하기도 합니다. 집단학습과 인류의 역사가 훨씬 더 오래전에 시작되었다는 주장을 뒷받침하고 있는 것은 우리 현대인의 두개골과 매우 비슷한 두개골이 에티

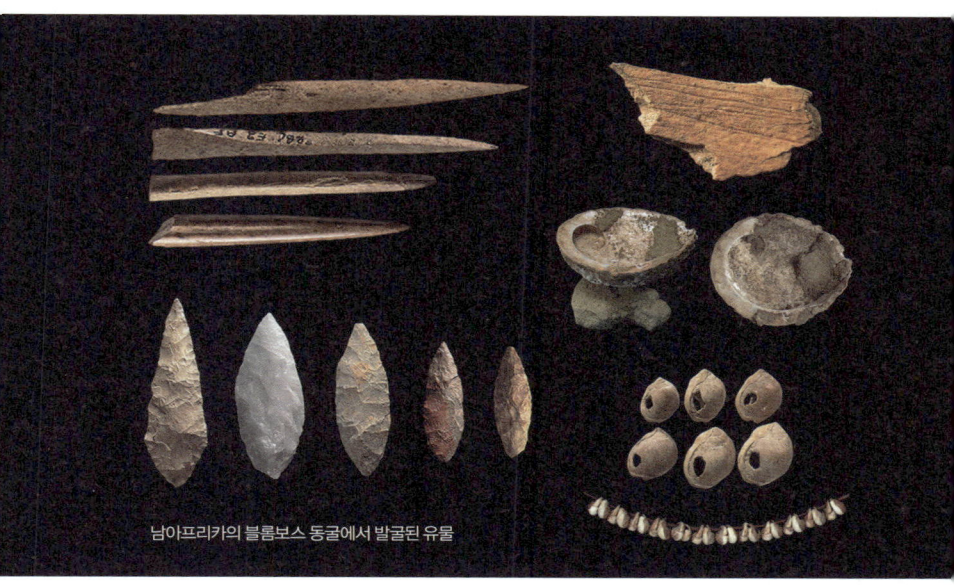

남아프리카의 블롬보스 동굴에서 발굴된 유물

오피아의 오모에서 발견되었다는 점입니다. 이 두개골은 우리가 발견한 것 중 가장 오래된 두개골입니다. 이 두개골은 약 20만 년 전으로 거슬러 올라갑니다.

어떤 발견이 있었든지 간에, 논쟁은 계속될 것입니다. 그러나 확실한 것은 집단학습으로 나아가는 임계국면이 20만 년 전과 6만 년 전 사이에 어느 시점에선가 이루어졌다는 것입니다. 그 결과로 이 행성의 역사에서 완전히 새로운 현상이 나타났습니다. 종의 유전자를 변형시키는 방법이 아니라 정보를 변화시키는 훨씬 빠른 메커니즘을 통해 진화한 종, 그 종이 바로 우리입니다. 우리는 지구의 생물권에서 가장 우월한 학습자입니다!

💡 더 깊이 생각하기

1 지구 상에서 인류 영향을 찾을 수 없는 곳이 있나요?

2 여러분은 원숭이에서 호모 사피엔스로의 진화를 관찰하는 것이 가능하다고 생각하나요? 혹은 변화가 매우 천천히 이루어졌기 때문에 시간을 거슬러 올라가 볼 때만이 변화를 알아낼 수 있다고 생각하나요?

3 문명의 성장에 가장 큰 영향을 끼친 요인은 무엇이라고 생각하나요? 교통, 에너지, 식량 생산?

4 공룡의 경우처럼 한 동물이 다른 종이 번성하는 것을 충분히 막을 수 있다면, 그 동물은 인류처럼 지구에 영향력을 가지고 있다고 말할 수 있나요?

5 만약 우리가 동일한 언어를 사용한다면, 우리는 얼마나 더 많은 지식을 공유할 수 있을까요?

6 집단학습은 일종의 적응이라고 생각하나요? 왜 그렇게 생각하나요? 혹은 왜 그렇게 생각하지 않나요?

7 만약 지식이 전수되지 않는다면, 그것을 집단학습이라고 할 수 있나요?

8 연구자들이 고고학적 발견물의 시기를 측정하기 위해서 사용하는 기술로는 어떤 것이 있나요?

9 왜 집단학습은 그토록 강력할까요?

10 집단학습은 적응에 어떻게 도움을 주나요?

6-3 최초의 인간은 어떻게 살았는가?

구석기 시대에 호모 사피엔스(현생 인류)가 처음 모습을 드러냈다. 세 부분으로 구성된 이 장에서, 데이비드 크리스천 교수는 인류가 사용한 도구가 무엇인지, 그들이 어떻게 식량을 발견했는지, 궁극적으로 어떻게 지구를 돌아 이동했는지를 포함하여 초기 인류 공동체에 대해 이야기한다. 여러분은 초기 인류 생활의 주요 요소와 전 지구에 걸친 인류의 초기 이동 단계에 대하여 설명할 수 있게 될 것이다.

핵심 질문
1. 수렵채집이란 무엇이며, 수렵채집 생활방식을 여러분의 생활방식과 비교하면 어떤가요?
2. 유목 교환은 집단학습에 어떻게 영향을 주었을까요?

PART 1

자 이제, 인류 역사의 세 단계 중에서 첫 단계를 살펴봅시다. 우리는 이 단계를 구석기라고 부릅니다. 그리스어로 'paleo'라는 말은 '오래된'이라는 뜻이고, 'lithic'은 '돌'을 의미합니다. 그래서 돌로 만든 도구(석기)의 시대라는 뜻입니다. 고고학자들에게 구석기 시대는 적어도 200만 년 전으로 거슬러 올라가며, 인류 혹은 우리의 조상이 석기를 만든 모든 기간을 포함합니다. 그래서 구석기는 호모 하빌리스의 시기까지 거슬러 올라가지만, 우리는 호모 사피엔스에 초점을 맞추어 이야기해보겠습니다. 우리들에게 구석기 시대는 호모 사피엔스가 출현했던 20만 년 전과 6만 년 전 사이의 어느 시점에서 처음 시작하며 약 1만 년 전 농경이 출현하면서 동시에 끝납니다.

그렇다면 우리는 어떻게 구석기 시대에 살았던 우리의 조상에 대해 연구할 수 있을까요? 자, 우리는 두 가지 유형의 증거를 가지고 있습니다. 하나는 고고학이고, 또 다른 하나는 인류학입니다. 고고학적 증거는 인류가 남긴 유물로 이루어져 있습니다. 여기에는 유골, 즉 그들의 신체 유해, 그리고 그들이 사용했던 물건들의 유물(석기, 장신구, 예술작품)이 포함됩니다. 인류학은 우리 조상들의 사회와 아마도 매우 흡사한 현대 사회에 대한 연구를 활용합니다. 이 사회는 식량과 다른 자원을 얻기 위해 수렵채집하는 작은 규모의 사회입니다.

알제리 타실리나제르 동굴 벽화

그렇다면 이런 증거를 이용하여, 우리는 어떻게 그들이 살았는지를 알아낼 수 있을까요? 만약 여러분이 구석기 시대에 살아 있었다면, 여러분의 생활은 어떠했을까요?

PART 2

여러분의 사회생활과 가족생활은 얼마나 많은 부분이 식탁을 중심으로 이루어지나요? 아마도 '매우 많이'일 것입니다. 여러분이 누구와 같이 식사를 하고 무엇을 먹고 어디에서 먹는지는 여러분에 대해 많은 것을 설명해줍니다. 이런 사실은 우리의 구석기 조상에게도 똑같습니다. 그러나 물론 그들에게는 레스토랑이나 식료품점이 없습니다. 대신 그들은 수렵채집이라고 부르는 기술에 의존하고 있었습니다.

수렵채집이란 무엇일까요? 어떤 의미에서, 모든 동물은 그들이 필요로 하는 식량과 다른 것들을 구하기 위해 수렵채집합니다. 이 말은 동물이 주변 환경에 주의를 기울이며 필요한 것들을 발견했을 때 그것을 모은다는 뜻입니다. 예를 들어 새들은 벌레들을 채집하고 곤충을 모으며 둥지를 위해 잔가지를 채집합니다. 그러나 인간의 채집은 매우 다릅니다. 각 공동체마다 매우 광범위한 기술을 사용한다는 점에서 매우 다릅니다. 그렇다면, 왜 이렇게 다양할까요?

블롬보스 동굴
BLOMBOS CAVE
9만 5000년 전에서 5만 5000년 전

이런 사실은 집단학습을 떠올리게 합니다. 각 공동체는 자신들만의 정통한 지식을 발전시켰고 자신들의 주변에 있는 특별한 식물이나 특별한 동물을 다루는 데 필요한 일련의 포괄적인 특별 기술을 발전시켰습니다. 그래서 각 공동체는 시간이 흐르면서 자신들만의 기술을 발전시켰습니다. 이 사실이 왜 인류 사회가 전 세계에 걸쳐 광범위한 다른 환경에 적응하여 정착할 수 있었는지를 설명해줍니다.

고고학은 어떻게 우리의 조상이 살았는지에 대해 많은 실마리를 제공해줍니다. 자, 남아프리카의 인도양 연안에 있는 블롬보스 동굴로 돌아가봅시다. 이 동굴은 약 9만 5000년 전과 5만 5000년 전 사이에 인류가 거주했던 곳으로, 여기는 우리 조상들이 어떻게 살았는지를 보여주는 많은 증거들을 간직하고 있습니다. 첫째, 이곳에서 먼 바다 고기잡이(원양 어업)의 유물을 발견했습니다. 그것은 매우 인상적인 증거들입니다. 이 증거들로 볼 때, 그들은 유능한 어부였으며 아마도 매우 성능 좋은 배를 가지고 있었다고 해석할 수 있습니다.

또 이곳에서 조개류의 유물을 발견했습니다. 그들은 해안 자원을 이용했으며 그들이 잡을 수 있는 작은 양서류를 잡아먹었습니다. 그리고 불에 탄 재가 발견되었는데, 이는 그들이 아마도 음식을 굽거나 보온을 위해 불을 사용했다는 것을 의미합니다. 그래서 그들은 불을 잘 다루었을 것입니다. 또한 매우 아름다운 작은 석기가 발견되었습니다. 매우 흥미롭게도, 어떤 석기들은 손잡이가 붙어 있는데, 석기를 더욱 유용하게 사용하기 위해 접착제나 섬유를 사용하여 석기에 막대기를 붙여 만들기도 했습니다. 마지막으로 고고학자들에게는 특히 흥미롭게도, 오커 ochre 라고 불리는 진흙 같은 석기가 발견되었는데, 오커에는 약간의 문양이 그려져 있습니다. 이것은 아마도 초기 예술의 흔적이거나 혹은 심지어는 초기 문자의 흔적일 수도 있습니다.

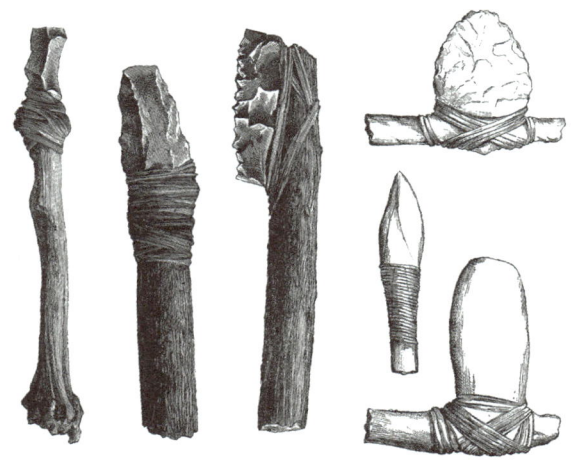

○ **오커** ochre
황토색을 내는 돌(황토) 혹은 황토색

이에 덧붙여, 다른 주요 형태의 증거는 인류학입니다. 인류학자들이 하는 것은 우리 조상들과 거의 비슷하게 행동했을 것처럼 여겨지는 현대 사회를 연구하는 것입니다. 아메리카에, 남아프리카에, 오스트레일리아에, 시베리아의 지역에 오늘날에도 적어도 부분적으로 수렵채집에 의존하고 있는 사회가 여전히 존재합니다. 물론 이들 사회는 모든 관점에서 현대 사회이지만, 그럼에도 불구하고 우리는 이 사회들을 연구함으로써 수렵채집이 무엇을 의미하는지에 대해 많은 것을 알 수 있습니다.

특히 여러분이 수렵채집으로부터 생존하는 법을 배운다면, 아마도 여러분은 매우 광활한 지역에서 수렵채집할 필요가 있다는 사실을 알게 될 것입니다. 왜냐하면 넓은 지역조차도 오직 매우 적은 수의 인구만을 부양할 수 있기 때문입니다. 또한 여러분은 아마도 유목인이 되어야 할 것입니다. 여러분은 연중 다른 시기에 다른 자원을 얻기 위해 드넓은 지역을 돌아다녀야만 할 것입니다. 이는 여러분이 이 지역을 매우 잘 알고 있어야 한다는 것을 의미합니다. 여러분은 아마도 매년 익숙한 거주 지역들을 돌아다녀야 했을 것입니다. 자, 여러분이 유목인이라면 가볍게 하고 여행해야 할 것입니다. 그래서 수렵채집자는 재산이라는 방식으로 많은 것을 축재하지 않습니다. 이 사실은 수렵채집자가 매우 종종 인구 성장을 제한하였을 것이라는 사실을 설명하는 데 도움을 줍니다.

미국 유타 주의 암각화

수렵채집자들은 한꺼번에 아마도 서로 혈연으로 연결되어 있는 10~50명 정도로 구성된 공동체로 돌아다녔던 것으로 보입니다. 그러나 이런 공동체는 고립되어 있지 않았습니다. 우리는 그들이 이웃 공동체와 서로 연관성을 맺곤 했다는 사실을 알고 있습니다. 매우 가끔, 그들은 많은 사람들을 부양할 수 있는 많은 자원이 있는 시기와 장소에서, 아마도 2~3주 동안 이웃 공동체들과 상봉했을 것입니다. 예를 들어, 오스트레일리아의 눈 덮인 산 속에는 이른바 보공 나방°이 2~3주 동안 번성하는 지역이 있습니다. 수백만 마리의 보공 나방은 이런 종류의 상봉 모임에 큰 먹을거리를 제공해줍니다.

° **보공 나방**
호주산 밤 나방의 일종이다.

공동체들이 만나면 무엇을 할까요? 그들은 이야기를 나누고 정보를 교환하며 춤을 같이 추고 게임을 즐깁니다. 또한 그들은 사람들을 공유합니다. 사람들이 이 집단에서 저 집단으로 옮겨가는 것은 결혼을 하기 위한 것이거나 적으로부터 도망가기 위해서입니다. 이러한 방식으로, 사람들은 집단 간에 순환합니다. 그래서 수렵채집자들은 집단학습이 일어날 수 있는 네트워크 속에서 존재하게 됩니다. 물론 이들 네트워크는 현대적 기준으로 보면 매우 작습니다.

우리는 현대 생활방식에 익숙해 있기 때문에, 만약 여러분과 제가 구석기 공동체로 옮겨간다면 우리의 삶은 매우 고달플 것입니다. 그러나 오늘날의 수렵채집자들을 연구해보면, 여러분이 수렵채집 생활방식에 일단 익숙해지면 매우 편안해질 것이라는 사실을 알 수 있습니다. 어떤 경우의 환경에서는 매우 다양한 음식과 갖가지 자원이 제공됩니다. 여기저기를 떠돌아다닌다는 것은 삶이 다양하다는 것을 뜻합니다. 이런 생활은 여러분을 건강하게 지켜주고 여러분의 공동체에 폐기물이 쌓이지 않는다는 것을 의미합니다.

또 다른 좋은 점도 있습니다. 공동체가 매우 작은 곳에서는 전염성 질병이 뿌리내릴 수 없습니다. 전염성 질병은 매우 큰 공동체를 필요로 합니다. 다른 한편, 다른 사람과의 싸움, 외상적 상해, 큰 사고로 갑작스럽게 사망하게 될 가능성은 오늘날의 많은 사회에서보다도 아마도 더 높을 것입니다.

그들은 세계를 어떻게 바라보았을까요? 여기에서는 솔직히 말해봅시다. 사실, 우리는 잘 모릅니다. 현대의 수렵채집자들에 대한 연구에 근거해서 우리는 어느 정도 정확한 추측을 할 수 있습니다. 대부분의 현대 수렵채집자들은 우주에 대해 다음과 같이 생각을 합니다. 전 세계는 갖가지의 신령들로 가득합니다. 나무, 바위, 강, 별, 산에 신령들이 있습니다. 어떤 신령들은 온화하고 어떤 신령들은 친근하지만, 어떤 신령들은 정말 인색합니다. 그들은 우주 전체에 생명으로 가득한 것처럼, 의식 있는 생명으로 가득한 것처럼 생각하는데, 아마도 이것은 우주에 대한 사고방식으로 그리 나쁜 사고방식은 아닌 것 같습니다. 그러나 글로 남겨 있지는 않지만, 그들은 일종의 현대적 개념의 빅 히스토리 혹은 심층적인 역사를 가지고 있지는 않았습니다. 비록 우리는 이 사실을 알고 있지만, 화산 폭발이나 혹은 소행성 충돌과 같은 어떤 큰 사건들은 수세기 혹은 심지어는 수천 년 동안 그들의 기억 속에서 오랫동안 남아 있었을 것입니다.

PART 3

인류는 집단적으로 자신의 환경에 대해 더욱 알아가게 되면서 새로운 환경 속으로 이동하기 시작했습니다. 당시에는 이러한 이동이 완전히 무의미한 것처럼 보였습니다. 누구도 그것을 실제로 의식하지 않았지만, 돌이켜보면 이러한 매우 작은 이동이 우리의 선조를 전 세계에 걸쳐 이동하게 만들었으며, 이동하면서 새로운 기술을 발전시켰습니다.

우리는 어떤 인류가 약 10만 년 전에 아프리카를 떠났다는 사실을 알고 있지만, 진정으로 중요한 이동은 약 6만 년 전에 시작되었습니다. 또한 우리는 주요 이동이 이루어지기 직전에 인류는 매우 급속히 감소하여 아마도 수천 명으로 줄어들었다는 사실을 알고 있습니다. 우리는 이 사실을 유전학적 증거 때문에 알고 있습니다. 아마도 그 원인은 일련의 화산 폭발이었을 것입니다. 이것은 우리 종이 현재까지 생존하는 데 아무런 보장이 없었다는 사실을 일깨워줍니다. 이 사건이 있은 후에 공이 되튀어 오르듯이 인류는 더욱더 빠르게 이동하기 시작했습니다.

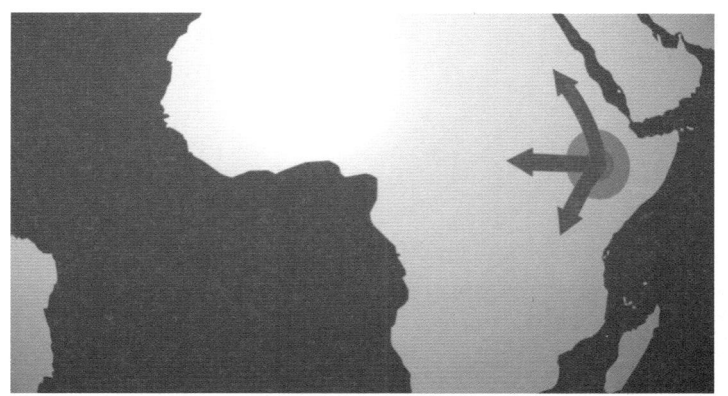

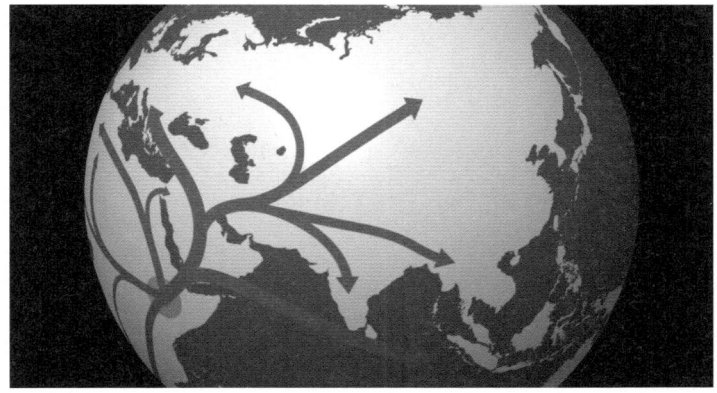

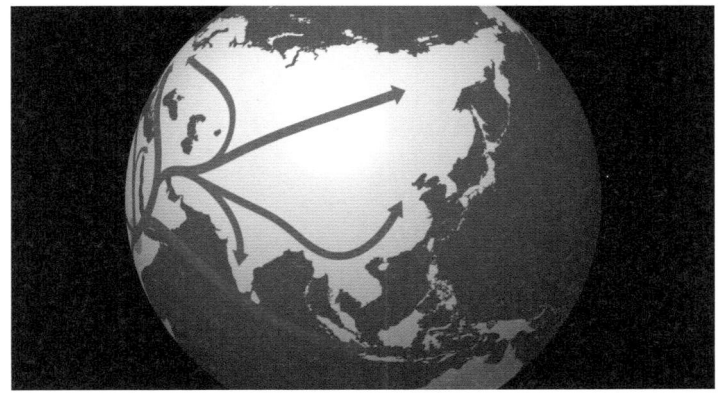

6 초기 인류

약 5만 년 전에 이르러, 인류는 오스트레일리아에 도착했습니다. 그곳에 도달하기 위해, 그들은 매우 정교한 항해 기술을 가지고 있었을 것입니다. 왜냐하면 광활한 바다를 건너야 했기 때문입니다. 또한 그들은 생존하기 위해 완전히 새로운 종류의 동식물들을 활용하는 능력이 필요했습니다. 2만 5000년 전부터, 빙하 시대에 인류는 시베리아의 매우 추운 환경 속에서 살았습니다. 그곳에서 생존하려면 매머드를 사냥할 수 있어야 했습니다. 생각해보세요. 그것은 매우 힘든 일입니다. 그들은 매머드 뼈를 이용해 집을 지어 추위를 막았습니다. 또한 뼈로 만든 바늘을 이용해 가죽 옷을 매우, 매우 정교하게 제작하여 몸을 따뜻하게 했습니다. 약 1만 5000년 전부터, 인류는 아메리카로 건너왔습니다.

대체로 약 1만 년 전에 이르러, 인류는 남극 대륙을 제외하고 세계의 모든 지역에 거주하게 되었습니다. 그래서 정착할 만한 다른 곳이 그리 많이 남아 있지 않았습니다. 우연히 거의 비슷한 시기에 빙하기가 끝나고 지구의 기후가 변하기 시작했습니다. 자, 이러한 두 가지의 변화, 즉 전 세계로의 확산과 지구 기후의 변화로 인류의 역사는 완전히 새로운 방향으로 발전하기 시작했습니다. 왜 그랬을까요?

더 깊이 생각하기

1 석기 이전에 사용된 다른 형태의 도구를 생각할 수 있나요? 그렇다면, 그것은 어떤 형태의 도구인가요?

2 왜 고고학과 인류학은 중요한가요?

3 어떻게 고고학과 인류학을 함께 활용할 수 있다고 생각하나요?

4 여러분은 집에서 어떻게 수렵채집하나요?

5 여러분은 수렵채집자가 자신의 영역 주변에 경계를 세우거나 테두리를 세웠다고 생각하나요?

6 이웃 마을과의
교환의 결과는 무엇인가요?

7 신령을 신봉하는 현대 문화에 대해
아는 것이 있나요?

8 오늘날 어떤 화산이 인류에
가장 큰 위협이 되나요?

9 초기 인류는
어떻게 방향을 잡고
돌아다녔다고 생각하나요?

10 지구의 기후변화는
전 세계적으로 인류에게
어떻게 영향을 미치고 있나요?

BIG
HISTORY

7

농경과 문명

7-1 농경은 왜 매우 중요한가?

농경으로 식량이 더욱 효율적으로 생산되면서 사람들은 유목 생활을 포기하고 마을에 정착하기 시작했다. 이와 동시에 지구의 기후가 약간 따뜻해지면서 식량 생산이 더욱 쉬워졌다. 이 장에서 데이비드 크리스천 교수는 농경에서의 기술적 진보에 의해 어떻게 식량 생산이 더 쉬워졌는지를 설명할 것이다. 여러분은 농경의 중요성에 대해 설명할 수 있게 될 것이다.

핵심 질문
1. 인간은 어떤 비유전학적인 방식으로 진화했을까요?
2. 농업, 기후변화, 인구 과잉 사이의 관련성은 무엇일까요?
3. 왜 농경은 일곱 번째 주요 임계국면일까요?

PART 1

어느 날 아침 일어났는데 식료품점, 레스토랑, 슈퍼마켓이 모두 없어졌다고 상상해보세요. 여러분은 아마도 집을 나와 전통적인 수렵채집자처럼 식량을 찾으려고 돌아다닐 것입니다. 여러분은 이렇게 수렵채집을 하며 살 수 있을까요? 사실은 70억 명의 사람들이 살고 있는 오늘날의 세계에서 수렵채집으로는 충분한 식량을 구할 수 없습니다. 농경은 현대 세계의 생존에 절대적으로 필수불가결한 것입니다.

그런데 농경은 무엇인가요? 농경을 이해하기 위해 수렵채집의 시대로 거슬러 올라가 보는 것이 도움이 될 것입니다. 수렵채집자들은 주변을 돌아다니며 그들이 필요한 식물, 동물, 그리고 다른 가공하지 않은 자원을 모아다가 별로 가공 처리하지 않고 사용합니다. 농부는 매우 다릅니다. 그들은 몇몇 종을 선택하여 매우 신중하게 보살피며, 보호된 환경 속에서 보관합니다.

그런데, 인류라는 종만이 이런 일을 하는 것이 아닙니다. 예를 들어, 꿀단지 개미는 진딧물을 키웁니다. 그들은 진딧물을 보호하며 그들을 키우고 번식하도록 도와주며 그 대가로 영양가 있는 꿀을 얻습니다. 어떤 종이 자연 세계에서 이 같은 피부양자dependent를 가지고 있으면, 시간이 흐르면서 그들은 정말로 매우, 아주 빠르게 변화하곤 합니다. 예를 들면, 꿀단지 개미가 잠시 후에 진딧물에 지나치게 의존하게 되었을 때, 만약 모든 진딧물이 죽어버리면 꿀단지 개미도 모두 굶어 죽게 됩니다. 그리고 진딧물도 지나치게 의존적이 되어서 꿀단지 개미 없이는 번식하지 못하게 됩니다. 생물학자들은 종 사이의 이러한 관계, 밀접한 의존성을 갖는 관계를 공생이라고 부릅니다. 인류도 이처럼 의존적인 공생 관계에 놓여 있는데, 우리는 그것을 농경 혹은 농업이라고 부릅니다.

인류는 농경을 하기 시작하면서 종으로서 매우 극적으로 변화했습니다. 이것은 인류가 가장 영양가 있는 밀, 쌀, 옥수수 또는 가장 다루기 쉽고 살찐 동물을 선택했기 때문입니다. 그 결과는 몇 세대가 지나지 않아 새로이 작물화된 종 혹은 가축화된 종으로 나타나기 시작했으며, 자연선택이 아니라 인위적 선택으로 창조되었습니다. 만약 여러분이 두툼하고 영양가가 높으며 맛있는 오늘날의 옥수수 속屬과, 다소 빈약하고 잡초처럼 생긴 것으로 오늘날의 옥수수의 조상인 테오신트°를 비교한다면, 이 차이를 매우, 아주 분명하게 이해하게 될 것입니다. 혹은 다른 예로, 살찌고 온순하며, 솔직히 말해서 그리 영리하지 않은 오늘날의 가축화된 양과 그 양의 조상으로 매우 영리하고 운동신경이 뛰어난 산양을 비교해보세요.

인류도 변화했습니다. 그러나 인류는 기술적·사회적·문화적으로 변화한 만큼 유전학적으로는 변화하지 않았습니다. 인류는 숲 속의 나무들을 벌채하고, 논을 만들고, 강의 흐름을 바꾸고, 쥐 혹은 늑대와 같은 유해 동물로부터 가축과 작물을 지키는 법을 배웠습니다. 이 모든 것의 결과로 인류는 한정된 지역 안에서, 작은 구역 안에서 자신들이 원하는 것들을 이전에 생산했던 것보다도 더 많이 생산할 수 있었습니다. 이는 인류가 유목 생활방식이 아니라 정주 생활방식으로 마을에서 살 수 있게 되었다는 것을 의미합니다.

○ 테오신트
멕시코와 중앙아메리카에서 자라는 일년초로서, 옥수수와 분류상 유연관계가 깊은 식물 종류

TEOSINTE
테오신트

CORN
옥수수

GORAL
산양

SHEEP
양

그러나 농경으로 무엇이 변화했는가를 깊이 이해하기 위해서, 우리는 빅 히스토리의 관점에서 살펴보아야 합니다. 생물권을 지탱하고 있는 모든 에너지 혹은 대부분의 에너지는 광합성을 거친 태양빛에서 유래합니다. 그래서 농경이 진정으로 하고 있는 것은 더 많은 태양에너지를 인류가 이용할 수 있는 종에게 이전하거나 다른 종으로부터 가져오는 것입니다. 그 결과 인류는 막대한 에너지를 독차지하게 되었습니다. 인류의 인구가 매우 빠르게 증가했다는 사실은 전혀 놀라운 일이 아닙니다.

그러면 언제 어디에서 농업과 농경이 시작되었을까요? 지금으로서는, 약 1만 1000년 전에 비옥한 초승달 지대라고 알려진 지중해 동부의 산지에서 시작된 것처럼 보입니다. 여기에서 밀이 재배되었습니다. 약간 남쪽으로 내려와 나일 강 유역에서도 비슷한 시기에 농업이 시작된 것으로 보입니다. 그리고 약 8000년 전부터 중국에서 쌀을 재배한 증거가 있으며, 이와 비슷한 시기에 파푸아 뉴기니의 산지에서 토란taro과 얌yam을 재배한 증거가 있습니다.

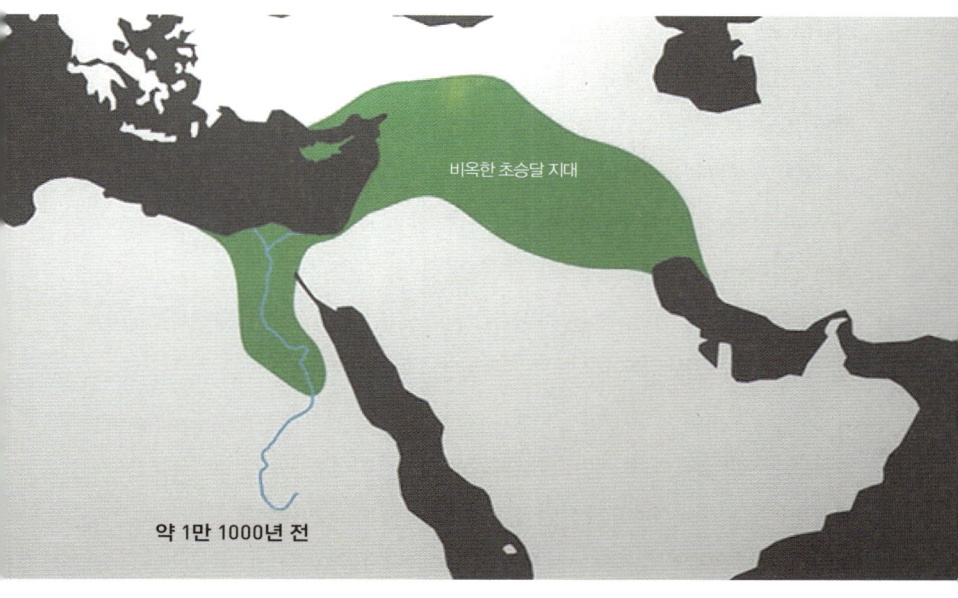

그리고 약 5000년 전부터 4000년 전 사이에 농경이 세계의 여러 지역에서 출현했습니다. 서아프리카에서, 농부들은 수수와 기장을 재배하기 시작했습니다. 또한 농경은 아메리카에서 출현했습니다. 메조아메리카에서는 옥수수maize와 호박을 기르기 시작했고, 안데스 지역에서는 감자가 매우 중요한 작물로 자리를 잡았습니다. 이들 중심 지역으로부터 농경이 이웃 지역으로 확산되었습니다. 이 과정에서 풀리지 않는 수수께끼는 어떤 중심 지역들도 서로 연결되지 않았다는 것입니다. 그렇다면 무엇이 정말 진행되었을까요?

PART 2

거의 20만 년 동안 수렵채집자로서 살아온 인류는 왜 서로 전혀 연관관계를 맺고 있지 않은 세계의 여러 지역에서 매우 짧은 시간 안에 굉장히 비슷한 행동을 하기 시작했을까요? 아마도 두 가지 이유를 들 수 있을 것 같습니다. 하나는 인구 과잉이며, 다른 하나는 기후변화입니다. 이 두 가지 요인은 세계의 여러 다른 지역에서 작용했습니다.

먼저, 인구 과잉에 대해 이야기해보겠습니다. 구석기 시대에, 인구가 너무 많이 증가하면 일반적으로 새로운 지역으로 이동함으로써 문제를 해결할 수 있었습니다. 그러나 1만 5000년 전부터 아메리카에 정착한 후에는 이동할 수 있는 대규모의 지역이 없어졌습니다. 그래서 그때부터 인구는 주어진 지역 안에서 증가하기 시작했고 더 많은 자원을 얻기 위해 노력해야 했습니다. 다른 말로 말하면, 농경을 해야만 했습니다. 이것이 첫 번째 요인입니다.

POPULATION GROWTH 인구 증가

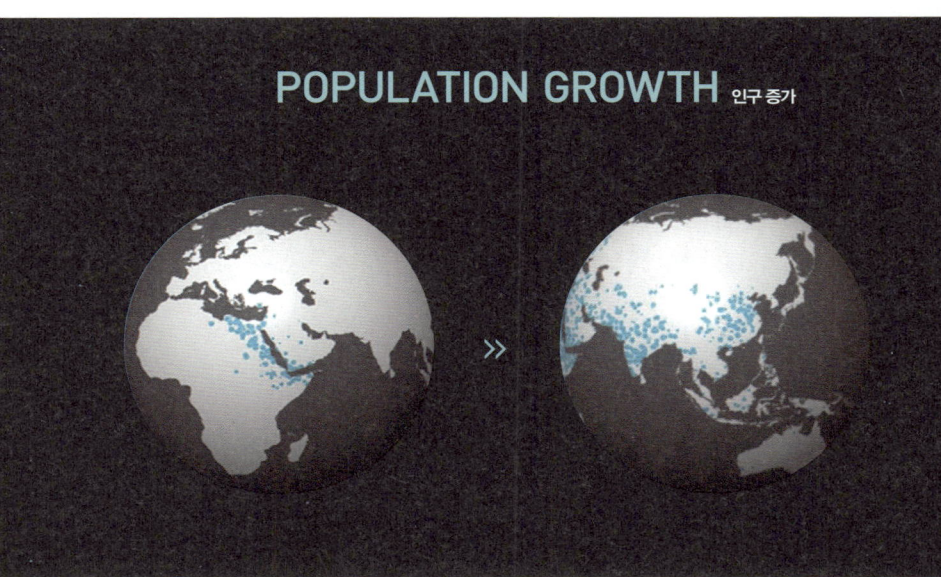

두 번째 요인인 기후변화는 좀 더 미묘합니다. 대부분의 구석기 시기는 빙하 시대였습니다. 빙하 시대에 대부분 기후는 매우 추웠고 예측하기 어려웠기 때문에 농경은 다소 불가능했습니다. 그러다가 약 1만 8000년 전부터 지구의 기후가 변하기 시작했습니다. 기후가 더욱 온난해지기 시작했습니다. 빙하는 후퇴하기 시작했고 바다 수면이 상승하기 시작했으며, 여기저기에서 기후가 더 따뜻해지고 더 습해졌습니다. 1만 3000년 전부터 1만 2000년 전 사이에 잠깐 다시 추워지는 시기가 있었습니다. 그러나 1만 2000년 전부터 기후가 더욱 따뜻해지고 습해졌으며, 오늘날 우리가 살고 있는 간빙기에 들어섰습니다.

GLOBAL CLIMATE CHANGE 기후변화

1만 8000년 전

오늘날

약 1만 8000년 전부터 기후가 온난해짐에 따라
빙하가 후퇴하고, 바다 수면이 상승하기 시작했다.
이후 잠깐 다시 추워지는 시기가 있었지만
1만 2000년 전부터 기후가 더욱 따뜻해지고 습해졌다.

지구의 기후변화로, 지구의 모든 곳에 있는 인류와 동식물의 행동이 변화하기 시작했습니다. 지중해 동쪽에 자리한 비옥한 초승달 지대 Fertile Crescent와 같은 지역에서는 자원이 더욱 풍부해졌습니다. 식물과 동물들이 더 많아졌습니다. 이들 지역에서, 특정 선호 지역에서, 어떤 수렵채집자는 여기저기를 돌아다니지 않고 일 년의 대부분을 한 지역에 머물며 살 수 있다는 사실을 알게 됨에 따라 정착하기 시작했습니다. 그들은 마을을 형성하기 시작했고, 그들은 정주민이 되었습니다.

비옥한 초승달 지대에서, 고고학자들은 이 같은 마을에 정착한 사람들을 나트프 인°이라고 불렀습니다. 고고학자들은 많은 나트프 인 마을을 발굴했습니다. 나트프 인 마을에 정착하면서 사람들의 행동이 변화했습니다. 특히, 인구가 증가하기 시작했습니다. 우리는 그 원인을 확실히 알 수 없지만, 한 가지 이유는 그들이 마을 주민이었다면 어린 아이들을 데리고 이리저리 돌아다닐 필요가 없었을 것이며 돌아다니는 번거로움 때문에 아이들의 수를 줄여야 하는 압박감을 덜 느꼈을 것이라는 점입니다. 어쨌든 인구는 증가했습니다. 그런데, 문제가 발생했습니다. 수세대가 지나기 전에, 그들이 한때 풍요로운 지역으로 여기며 살던 그곳에서 모든 사람들을 부양할 수 없다는 사실을 깨달았습니다. 그들은 무엇을 해야 했을까요?

○ **나트프 인** Natufians
팔레스타인 지역의 중석기 시대 문화를 이끌었던 사람들. 나트프라는 말은 동굴 이름에서 유래했는데, 와덴나트프 계곡의 동굴에서 중석기 유물이 발견되었기 때문이다.

아마도 그들은 수렵채집 생활로 되돌아갈 수 있었을 것입니다. 하지만 문제가 있었습니다. 그들은 오래된 수렵채집 기술을 대부분 잊어버렸고, 이웃들이 수렵채집의 지역들을 차지하고 있었을 것입니다. 그렇다면 그들은 무엇을 할 수 있었을까요? 그들은 작물과 가축을 더욱 신중하게 기르기 시작했습니다. 그들은 자신들이 좋아하는 작물에 더 많은 물을 주기 시작했습니다. 그들은 잡초를 제거하기 시작했습니다. 그들은 울타리 안에 특정 동물을 가두기 시작했습니다. 즉, 그들은 농경을 시작했습니다.

나트프 인들에게 일어난 것과 같은 현상이 다른 여러 지역에서도 일어났던 것 같습니다. 나트프 인의 경우, 마을의 팽창과 인구 증가에 대한 많은 증거를 찾을 수 있습니다. 그러나 이와 같은 현상이 여러 지역에서도 일어났고, 모든 곳에서 동일한 두 가지의 요인이 관련되어 있는 것으로 보입니다. 첫째 인구 과잉으로 농경이 필요하게 되었고, 둘째 지구의 기후변화가 농경을 가능하게 했습니다.

농경은 복잡성이 증가하는 일곱 번째 주요 임계국면입니다. 살펴본 바와 같이, 농경은 새로운 성질을 수반하는, 새롭고 더욱 복잡한 것들이 나타나도록 하는 중요한 사건입니다. 농경은 단순히 더 맛있는 과일의 문제가 아니며 더 살찐 소를 기르는 문제가 아닙니다. 농경은 그것보다 더욱 강력하게 역사의 추동력을 해방시켰으며, 인류의 역사를 변형시켰습니다. 어떻게, 그리고 왜 그랬을까요?

💡 더 깊이 생각하기

1 만약 모든 식료품점과 음식점이 2주 동안 문을 닫는다면 여러분은 무엇을 할 계획인가요?

2 인간에게 가장 중요한 음식은 무엇인가요?

3 인간에게 가장 중요한 음식은 전 세계적으로 얼마나 다양한가요?

4 작물화 혹은 인위적 선택을 통해 어떤 긍정적인 특징이 사라졌나요?

5 어떤 점에서 화석연료와 태양에너지는 유사하거나 다른가요?

6 세계의 지역들이 연결되어 있지 않았음에도 불구하고 어떻게 농경이 거의 동일한 시기에 다른 지역에서 발생했을까요?

7 만약 우리의 조상이 4000년 전에 '인구 과잉'이 문제라고 생각했다면, 그들은 오늘날 어떻게 생각할까요?

8 식량 생산 이외에, 정주 생활방식으로 어떤 다른 행동이 변화했나요?

9 농경, 기후변화, 그리고 인구 과잉 사이에는 어떤 연관성이 있나요?

10 어떻게 농경은 인류의 역사를 변모시켰나요?

7-2 최초의 도시는 어디에서 그리고 왜 출현했는가?

이 장에서 데이비드 크리스천 교수는 농경의 출현으로 세계 최초의 대규모 문명이 어떻게 나타나기 시작했는지를 설명한다. 문명 사회에 사는 사람들은 잉여 농산물의 덕택으로 농경이 아닌 다른 직업을 선택하고 전문화할 수 있게 되었다. 그 결과 사회에 새로운 역할이 출현했을 뿐만 아니라 새로운 형태의 계급질서가 생겨났다. 여러분은 어떻게 농경이 문명의 등장을 가능하게 했는지, 문명이 어떻게 비슷하고 달랐는지, 어떤 문명을 가능하게 했는지 설명할 수 있게 될 것이다.

핵심 질문
1. 어떤 요인으로 최초의 도시와 국가가 출현하게 되었을까요?
2. 최초의 문명에서는 무엇이 나타났을까요?

PART 1

앞에서 우리는 일곱 번째 주요 임계국면, 즉 농경을 살펴보았습니다.

우리는 약 1만 년 전부터 소규모 농경 사회가 어떻게 세계의 여러 지역으로 확산되기 시작했는지를 살펴보았습니다. 사실, 농경 사회는 지금껏 존재했던 인류의 가장 중요한 공동체 가운데 하나입니다.

이 사실은 놀라운 것일 수 있습니다. 우리는 인류의 역사를 생각하면 흔히 최초의 위대한 농경 문명을 생각하기 때문입니다. 우리는 로마나 로마 제국을 떠올립니다. 혹은 한漢 제국이나 그 수도인 시안°을 떠올립니다. 단순한 농경 사회의 완만한 확산 없이는 이런 농경 문명들이 절대로 존재할 수가 없습니다.

농경 문명을 이해하기 위한 핵심적인 열쇠는 복잡성의 증가입니다. 복잡성은 인구가 늘어남으로써 증가하는 것으로 보입니다. 그러나 보다 큰 인구를 부양하기 위해서 주어진 지역에서 더 많은 자원, 특히 더 많은 식량 자원을 획득할 수 있어야 합니다. 이것이 농경이 인류의 역사에 들어온 이유입니다.

° **시안**
한 제국 시기에는 장안이라고 불렸다.

7 농경과 문명

1만 년 전과 5000년 전 사이에 시작된 농경 덕분에, 인류의 인구는 500만 명의 10배인 5000만 명으로 증가한 것으로 보입니다. 수많은 사람들이 여전히 수렵채집자로 살고 있었고, 아마도 5000년 전에 이르면 이들 가운데 상당수가 농민이 되어 살았을 것입니다.

각 농경 지역 안에서 촌락이 싹을 틔우기 시작했습니다. 농경 지역의 핵심 구역에서, 그리고 변두리 구역에서. 그렇게 촌락이 확대되기 시작했습니다. 동시에 농민은 더 생산성이 높은 새로운 농경 방식을 발전시키기 시작했습니다. 그들은 전에 경작하지 못했던 지역을 경작하기 시작했습니다. 그들은 새로운 작물을 들여왔고, 많이 생산할 수 있는 새로운 경작 기술을 발전시키기 시작했습니다.

예를 들어 약 6000년 전부터 어떤 공동체는 가축화된 동물을 활용하는, 보다 생산성 높은 방식을 찾기 시작했습니다. 동물의 가죽이나 고기를 얻기 위해 가축을 도살하는 방식 대신에, 가축을 살려두면서 그들이 만들어낼 수 있는 생산물, 즉 가축의 털이나 우유 혹은 짐을 끄는 힘을 이용하기 시작했습니다. 이것은 진정한 에너지 혁명이었습니다. 인간은 75와트의 힘밖에 운반하지 못하지만, 말이나 소는 거의 그 10배를 운반할 수 있습니다.

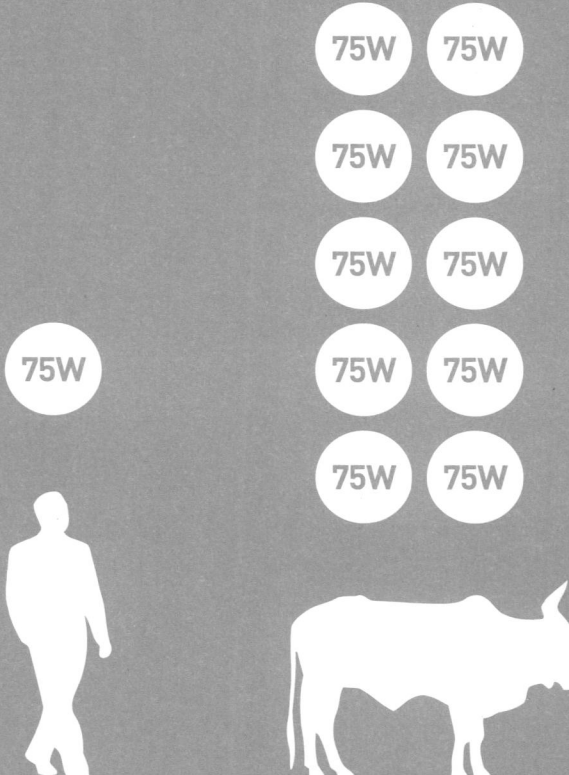

쟁기질하는 농부

관개(irrigation) 시설은 농사를 짓는 데 필요한 물을 논밭에 댈 수 있게 함으로써 농작물 수확량을 증가시켰다.

쟁기를 끌기 위해 가축의 힘을 이용함으로써, 어떤 공동체들은 그야말로 사람의 힘으로(괭이를 이용해서도) 경작할 수 없었던 토지를 경작할 수 있게 되었습니다. 가축의 힘을 이용함으로써 인간의 힘으로는 전혀 할 수 없었던 방식으로 물건을 운반할 수 있었습니다. 마지막으로, 가축을 이용한 보다 생산성이 높은 방식은 유목민들이 유라시아의 건조한 스텝 지역에서 정착할 수 있게 만들어주었으며, 유목 생활방식으로 가축들을 이끌고 돌아다녔습니다.

그러나 더욱더 생산성이 높은 혁신은 관개 시설이었습니다. 관개 시설은 충분한 강우량이 없는 지역을 경작하기 위해 활용되었습니다. 비옥한 토지의 경우에는 관개 시설을 통해, 특히 많은 조직을 동원해야 했던 운하와 수로처럼 대규모의 치밀한 관개 시스템을 도입함으로써 엄청난 수확을 얻어낼 수 있었습니다.

PART 2

농경 기술이 갈수록 복잡해지고 더욱 생산성이 높아지면서 결국 훨씬 인구밀도가 높고 더 복잡한 사회가 등장했습니다. 우리는 이 사회를 농경 문명이라고 부릅니다.

이러한 변화는 비옥한 초승달 지대의 서쪽 내륙에 있는 메소포타미아에서 처음 일어난 것으로 보입니다. 또한 거의 동일한 시기에 나일 강 유역을 따라 이러한 변화가 일어났습니다. 이 지역에서는 촌락이 확산되고 농경이 더욱 높은 생산성을 가지게 되면서 마침내 처음으로 대규모의 촌락, 그리고 그 후에는 타운town, 읍과 도시city가 나타났습니다.

메소포타미아의 티그리스 강과 유프라테스 강이라는 두 개의 큰 강 사이에 있는 지역은 관개 체계가 출현하여 엄청난 수확량으로 많은 인구를 부양했습니다.

그리고 5000년 전부터 메소포타미아 남부에서 수메르라고 부르는 지역에 최초의 진정한 도시가 출현했습니다. 이 도시들의 인구는 최대 5만 명 정도였습니다. 도시에는 돌벽 화단이 있었습니다. 도시는 요새로 둘러싸여 있었습니다. 도시에는 사원과 궁이 있었으며 복잡한 관개 체계를 갖추고 있었습니다. 심지어 그 도시들 가운데 하나, 니푸르 도시의 지도가 오늘날까지도 남아 있습니다. 그 지도는 약 3500년 전에 진흙에 조각하여 제작된 것입니다.

이 도시들은 당시까지 존재했던 것 가운데 가장 복잡한 사회였습니다. 도시의 출현에 가장 중요한 열쇠는 특히 농경의 생산성이 높아짐에 따라 농민들에게 작은 양의 잉여 생산물이 생겼다는 사실 때문으로 보입니다.

이는 더 이상 모든 이가 농민이어야 할 필요가 없어졌다는 것을 의미합니다. 전문가들이 출현하기 시작했습니다. 도공과 상인, 성직자와 군인이 출현했습니다. 이제, 일찍이 5~6억 년 전에 다세포 유기물의 출현과 더불어 발생했던 것과 거의 같은 현상이 일어났습니다.

개인들은 상호 간에 더 의존하게 되면서 일종의 조정 메커니즘이 필요하게 되었습니다. 예를 들어 도공은 그들의 상품을 팔기 위해 상인을 필요로 했습니다. 군인은 그들의 군사적 봉사를 고용할 수 있는 정부를 필요로 했습니다. 상인은 분쟁을 해결할 법원을 필요로 했습니다. 타운 거주민과 농민은 자신들이 의존하고 있는 거대한 관개 체계를 유지할 어떤 사람을 필요로 했습니다. 솔직히 말해서, 모든 사람들은 더욱더 복잡해지는 이 모든 관계를 조직하기 위한 어떤 사람을 필요로 했습니다.

최초의 이집트 지배자
호르-아하의 이름을 새긴 돌 조각

그 결과, 이러한 필요성에 대응하여 권력 중개자 계급이 생겨났습니다. 대부분 남성이었고, 그들은 사회를 조정하는 역할을 맡기 시작했습니다. 촌락에서 그들은 자신들을 따르는 사람들에 의해 선택된 것으로 보이며, 추종자들은 권력을 조정해줄 사람들을 필요로 했습니다. 그러나 권력 중개자들이 더욱 강력해지고 더 많은 자원을 갖게 되면서, 결국에는 자신들의 의지를 무력으로 강제할 수 있는 유급의 집행자들을 고용하기 시작했습니다. 이제, 처음으로 인류는 진정한 국가와 진정한 정부를 가지게 되었습니다.

그리고 또 다른 현상이 나타났습니다. 인류 사회에 새로운 형태의 식량 관계가 출현했습니다. 농민은 자연 환경에서, 생물권에서 자원을 추출합니다. 그러나 무력을 사용하여 농민으로부터 자원을 착취하는 엘리트 집단이라는 새로운 계층이 농민 계층 위에 올라섰습니다.

그래서 사회에 전체 위계질서가 발전했습니다. 그 꼭대기에는 매우 부유하고 아주 강력해서 사회의 90% 이상을 차지하는, 대다수의 농민으로부터 자원을 착취하는 소규모의 사람들이 군림하게 되었습니다. 더욱이 위계질서의 밑바닥에는 항상 소규모의 비천한 계급 혹은 노예 계급이 있었습니다.

PART 3

농경 문명은 세계의 여러 지역에서 출현했습니다. 이들 문명 사이에는 중요한 차이가 있었습니다.

이 문명들은 다른 언어, 다른 종교적 전통, 다른 예술적 전통을 가지고 있었습니다. 그러나 이 문명들에는 굉장히 중요한 공통점이 있었습니다.

예를 들어, 모든 문명에는 거대한 도시가 있었습니다. 이들 도시에는 사원, 피라미드, 궁궐 등 이른바 기념건축물이 있었습니다. 이들 도시에는 지배자가 있었으며, 위계질서가 있었습니다. 또한 과세제도와 군대도 있었습니다. 그리고 이 모든 것들을 지탱한 것은 엄청난 인구의 농민이었습니다. 그들의 대부분은 주요 도시 밖에서 거주했습니다.

메소포타미아의 수메르 지역에서 발견된 약 5000년 전의 설형 문자

또한 농경 문명은 문자를 가지고 있었습니다. 모든 문명이 말입니다. 문자는 집단학습을 가속화했기 때문에 매우 중요했습니다.

아마도 문자는 엘리트와 권력 중개자들이 더욱더 많은 자원을 축적하고 자원을 지속적으로 추적하는 과정에서 나타난 회계 체계로부터 출현한 것으로 보입니다. 그러나 결국에 회계를 위해 사용된 상징들은 일상 언어의 미묘한 차이를 전달하기 위해 사용되었으며 문자의 진정한 분야인 문학과 역사를 만들어냈습니다.

농경 문명은 농경이 번성한 곳에서는 어디에서나 출현했습니다. 그래서 이것은 약간의 흥미로운 예외성이 있긴 하지만, 농경 문명이 모든 농경 지역의 핵심 구역에서 출현했다는 것을 의미합니다.

예외적으로 파푸아 뉴기니에서는 농경 문명이 출현하지 않았습니다. 그것은 아마도 그곳에서 재배된 뿌리 작물이 저장될 수 없었기 때문이었을 것입니다. 또 농경이 잉여 농산물을 생산할 만큼, 그리고 전문가 집단을 지탱할 만큼 충분히 생산성이 높지 않았기 때문이었을 것입니다.

우리가 살펴본 바와 같이, 최초의 진정한 농경 문명은 약 5000년 전에 메소포타미아와 나일 강 유역을 따라 나타났던 것으로 보입니다. 어떤 문명은 촌락들로 둘러싸인 도시들로 구성되었으나, 나일 강을 따라 펼쳐진 광대한 지역을 지배한 최초의 이집트 국가를 포함하여 어떤 문명은 엄청나게 규모가 컸습니다. 약 4000년 전에 이르러 중국, 한국을 포함한 여러 아시아 지역에서 농경 문명이 출현했다는 증거가 있습니다.

또한 중앙아시아와 인더스 강을 따라 펼쳐지는 파키스탄과 같은 다른 지역에서도 도시가 출현했습니다. 그 후에 약 3000년 전에 아시리아 제국과 같은 거대한 제국들이 나타났습니다. 중국과 이집트에서도 거대한 제국이 나타났다는 증거가 있습니다. 아메리카에서 최초의 진정한 농경 문명은 약 2000년 전에, 2000년 전을 조금 넘는 시기에 출현한 것으로 보입니다. 유럽인들이 아메리카에 도착했던 500년 전, 잉카와 아즈텍 제국은 굉장히 거대한 지역을 지배하고 있었습니다.

농경 문명을 지탱했던 농경 기술처럼, 농경 문명은 지난 4000년이 넘게 천천히 진화하고 확산되었으며, 더욱 발전하여 더 복잡해지고 더 많은 인구를 부양했습니다. 1000년 전에 이르러 지구 상의 대부분의 인류가 농경 문명 안에서 삶을 영위할 수 있게 되었던 것으로 보입니다. 거의 대부분의 사람들은 농민이었을 것입니다.

약 기원전 400년경의
그리스 은 동전

함무라비의 비석

아즈텍

잉카

500년 전

잉카 제국의 건축물

7 농경과 문명

더 깊이 생각하기

1 타운town과 도시city의 차이는 무엇인가요?

2 타운이 큰 도시로 변하게 되면 무슨 일이 발생하나요?

3 인류의 인구 증가는 새로운 수준의 복잡성을 낳았습니다. 이 현상은 빅 히스토리에서 다른 임계국면과 어떤 관련성을 가지고 있나요?

4 에너지 혁명을 만들어내는 동물을 상상한다는 것은 매우 힘든 일입니다. 인류의 역사에서 중요한 또 다른 놀라운 에너지원은 무엇이 있나요?

5 새로운 기술의 발명은 우주에 대한 이해를 계속 심화시켰습니다. 여기에서, 기술이란 자원을 뽑아내는 능력의 향상을 의미합니다. 이것은 기술을 정의하는 데 어떤 점을 시사하나요?

6 메소포타미아, 즉 오늘날의 이라크는 '문명의 요람'이라고 불렸습니다. 이것은 적절한 설명인가요? 이것은 오해를 불러일으키는 설명인가요?

7 전문화specialization는 인류의 역사에 중요한 개념입니다. 여러분이 화학만을, 혹은 지질학만을, 혹은 예술만을 연구한다면, 이런 방식의 전문화는 어떤 결과를 가져올까요?

8 데이비드 크리스천 교수는 국가의 형성에 관한 원초적인 동기에 대해 강력한 견해를 가지고 있나요? 동일한 역사적 사실을 다른 독해법으로 읽을 수는 없나요?

9 2~3명으로 이루어진 작은 집단은 한 명의 리더를 필요로 하나요? 규모가 더 큰 집단은 어떤가요?

10
규모가 큰 집단은 사회적 위계 제도가 없어도 기능할 수 있나요? 어떻게 가능한가요?

11 전 세계적으로 나타난 농경 문명들의 유사성과 차이는 무엇인가요? 인터넷에서 메소포타미아, 중국, 아메리카의 농경 문명에서 기념건축물의 이미지를 찾아보세요.

12 농경 문명이 전 세계적으로 독립적으로 출현했다는 사실은 놀라운 일인가요? 왜 그런가요?

BIG
HISTORY

8
확장과 상호연결

8-1 세계는 어떻게 서로 연결되었는가?

농경의 출현은 커뮤니케이션 분야와 운송 분야에서 지속적인 혁신의 시대를 이끌었다. 이 두 분야는 세계의 여러 지역들을 의미 있는 새로운 방식으로 연결시켰다. 이 장에서, 데이비드 크리스천 교수는 세계가 어떻게 서로 더욱 긴밀하게 연결되었는지를 설명한다. 여러분은 교환 체계와 네 개의 세계권역을 알게 될 것이다. 또 상호연결을 가능하게 했던 주요 기술의 진보, 집단학습이 각 세계권역에서 다른 속도로 발전한 이유를 설명할 수 있게 될 것이다.

핵심 질문
1. 커뮤니케이션 분야와 운송 분야에서 어떤 진보가 상호연결과 집단학습을 향상시키는 데 가장 중요한 역할을 담당했을까요?
2. 네 개의 세계권역은 어디에 있으며 그것을 어떻게 구분할까요?

PART 1

사고실험을 해보겠습니다. 만약 여러분이 다른 사람들과 정보를 교환하지 않는다면 삶이 어떻게 될까요? 언어도, 책도, 전화도, 텔레비전도, 인터넷도 전혀 없다고 상상해보세요. 혹은 이것은 어떨까요? 여러분의 뇌 속을 들여다본다고 상상한 다음, 만약 다른 사람들과 전혀 의사소통하지 않는다면 얼마나 많은 생각, 이미지, 정보가 뇌에 있을지를 자신에게 물어본다고 상상해보세요. 제 생각에는 그 대답은 '별로 없다'일 것입니다.

우리가 보고 있는 것은 집단학습의 네트워크가 지닌 힘입니다. 수천 년 넘게 오늘날 살아 있거나 죽은 수백 만 명을 거쳐 작동해온 집단학습의 네트워크. 이 네트워크는 가족 관계를 통해서, 선물 교환을 통해서, 갈등을 통해서, 그리고 공식적인 교육을 통해서 작동해왔습니다. 사실, 효과적인 커뮤니케이션 체계와 이 체계를 가능하게 한 집단학습이 없었다면 오늘날의 세계 전체의 대부분은 사라졌을 것입니다.

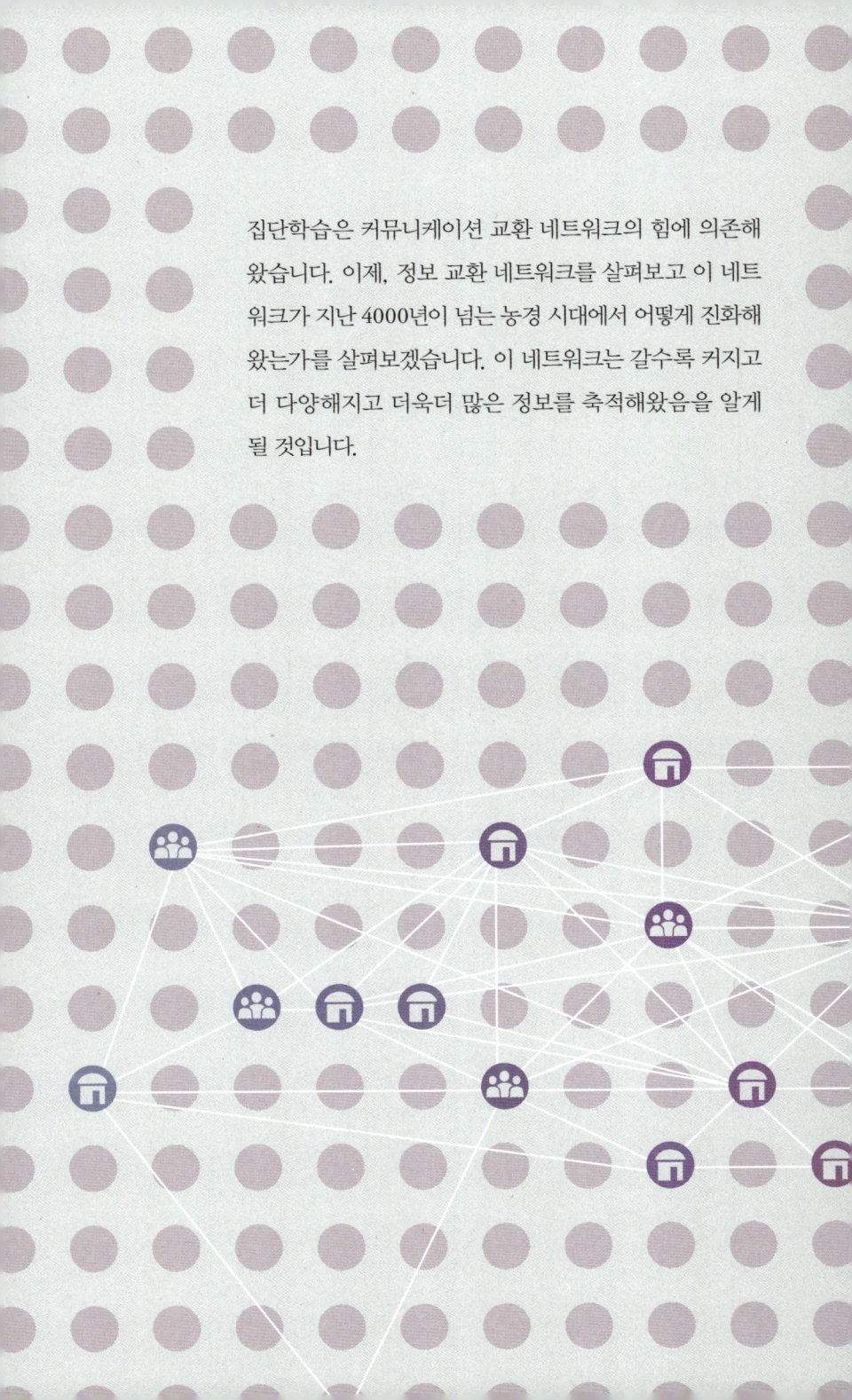

집단학습은 커뮤니케이션 교환 네트워크의 힘에 의존해 왔습니다. 이제, 정보 교환 네트워크를 살펴보고 이 네트워크가 지난 4000년이 넘는 농경 시대에서 어떻게 진화해 왔는가를 살펴보겠습니다. 이 네트워크는 갈수록 커지고 더 다양해지고 더욱더 많은 정보를 축적해왔음을 알게 될 것입니다.

PART 2

구석기 시대의 교환 네트워크는 거의 대부분이 비슷한 생활방식을 가지고 있는 수백 명 혹은 기껏해야 수천 명을 잇는 작은 단위의 네트워크였습니다.

농경 시대에는 인구가 증가하고 정착촌의 수가 증가함에 따라 교환 네트워크가 확대되었습니다. 또한 사람들이 전문화함에 따라 교환 네트워크도 다양해졌으며, 교환 네트워크에 다른 형태의 정보가 유입되었습니다.

이 모든 것이 집단학습의 과정을 더욱 빠르게 했습니다. 이 말은 사람들이 더욱 영리해졌다는 뜻이 아닙니다. 이것은 더 많은 사람들이 서로 관련되었고 더 많은 정보가 생겨났다는 뜻이며, 시간이 흐르면서 정보를 공유하는 데 더 익숙해졌다는 의미입니다.

커뮤니케이션 기술과 운송 기술이 일단 향상되자 집단학습의 과정이 더욱 신속해졌습니다. 이 기술들로 인해 교환 네트워크의 규모와 다양성 그리고 효과가 증대되었습니다.

커뮤니케이션 기술의 향상은 정보 교환 네트워크의 힘을 크게 증대시켰습니다. 5000년 전의 글자의 발명은 특히 중요했는데, 문자가 수세대에 걸쳐 정보를 전달해주는 역할을 담당했기 때문입니다. 문자 덕분에, 4000년 전 함무라비가 바빌론에서 포고한 법률을 오늘날에도 읽을 수 있습니다. 함무라비가 비석에 법률을 새겨놓았기 때문입니다.

가장 최근에는 종이와 인쇄의 발명으로 정보의 저장과 확산에 혁명이 일어났습니다. 저는 지금 한국의 청주에 와 있습니다. 이곳은 금속활자를 이용하여 서적을 처음 인쇄한 곳입니다. 이 책은 구텐베르크가 유럽에서 금속활자 인쇄기를 만들기 78년 전인 1377년에 인쇄되었습니다.

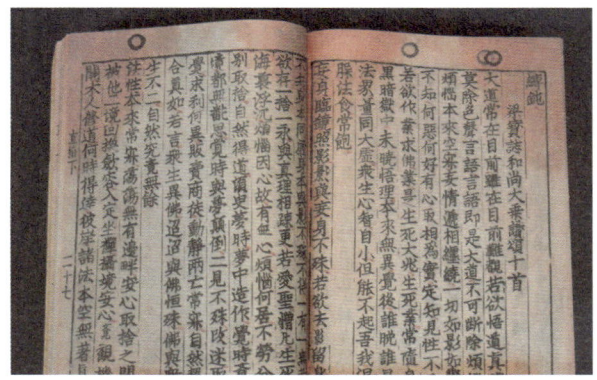

1377년 고려의 승려 백운이 만든
세계 최고(最古)의 금속활자본 『직지심체요절』

유럽의 구텐베르크는 1440년대에 금속 활자 인쇄기를 만들었다.

두 개의 돛대를 세운 로마의 배(타일 모자이크)

운송 기술의 발달 역시 큰 차이를 만들어냈습니다. 사람들과 물건들을 운반하기 위한 말, 소, 낙타의 사용은 운송과 전쟁 분야에 혁명을 일으켰습니다. 동물의 이용은 유목인들을 유라시아에 거주하게 하여 동아시아에서 지중해에 이르는 거대한 유동적인 지역을 창출했으며, 사람들과 정보 그리고 물건의 막대한 이동을 가능케 했습니다.

그 사이에 동남아시아에서는 새로운 조선 기술과 새로운 항해 기술이 축적되어 사람들이 태평양으로 이동하기 시작했고, 1500년 전에 이르러서는 대부분의 태평양 섬에 사람들이 살게 되었습니다.

그리고 마침내 페르시아와 중국의 거대한 제국들은 도로 체계와 운송 전달 체계를 발전시키기 시작했으며, 현대 이전까지 이 체계들은 가장 효과적인 정보 전달 방식을 제공해주었습니다.

PART 3

아프리카와 유라시아에서는 원거리 교역 체계가 발전했습니다. 원거리 교역 체계는 지역regional 교환 체계와 지방local 교환 체계를 연결시켰습니다.

첫째, 원거리 교역 체계는 바닷길로 중국에서 인도를 거쳐 아프리카에까지 상품, 사람, 정보를 전달했습니다. 그 다음의 원거리 교역 체계는 비단길(실크로드)로 알려져 있는 길입니다. 이 길은 중국, 중앙아시아, 인도, 지중해 세계를 육로로 이어 상품, 사람들, 정보를 전달했습니다.

이러한 네트워크의 결과로 2000년 전 비단이 중국에서 중앙아시아를 거쳐 로마와 이집트까지 사고팔렸습니다. 이와 동시에, 로마의 주화가 영국에서 베트남에 이르기까지 전파되어 오늘날에도 이들 지역에서 로마의 주화를 발견할 수 있습니다.

중국의 대항해가 정화鄭和의 여행 경로(1405~1433)

1000년 전에, 부유한 페르시아 소비자들은 중국에 특별히 디자인한 자기를 주문했고, 인도를 거쳐 페르시아에까지 운반된 자기를 소유할 수 있었습니다. 1400년대에는 중국의 제국 함대가 아프리카에 가서 기린을 사로잡아 베이징에 돌아온 후에 황제에게 선물로 바쳤습니다. 14세기에, 무슬림 여행자 이븐 바투타 Ibn Battūtah는 모로코에서 중앙아시아, 인도 혹은 중국에까지 여행했으며, 가는 곳곳마다 무슬림을 만났습니다.

이븐 바투타의 여행이 보여주는 것처럼, 종교 역시 교환 네트워크를 따라 확산되었습니다. 예를 들어, 불교는 인도에서 중앙아시아를 거쳐 중국, 한국 그리고 일본에까지 전파되었습니다. 이슬람교는 아라비아에서 페르시아, 중앙아시아, 인도 그리고 동남아시아에까지 전파되었습니다. 또한 기술도 이 길들을 따라 확산되었습니다. 예를 들어, 동아시아의 인쇄술, 화약제조술, 제지술은 중앙아시아를 거쳐 지중해로, 그리고 유럽으로 전파되었습니다. 질병 또한 이 길들을 따라 확산되었습니다. 여기에 파괴적인 질병도 있었습니다.

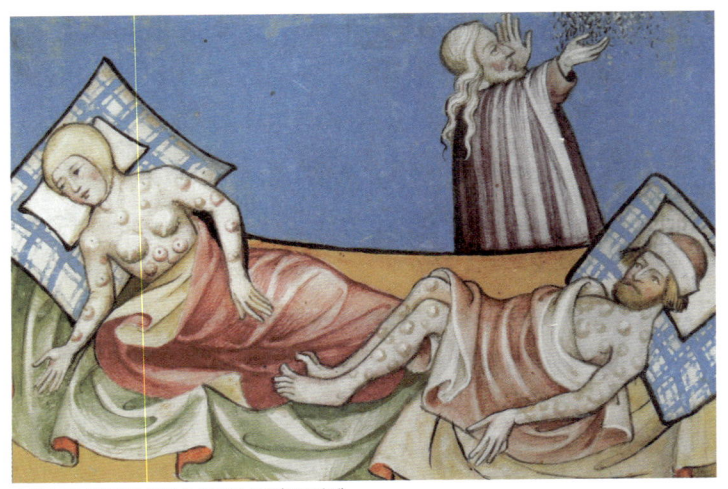

스위스에서 발간된 성경 속 전염병 그림(1411년경)

미하엘 볼게무트의
〈죽음의 무도〉(1493)

1800년 전에 로마에서는 천연두(두창)가 유행하였습니다. 그리고 갑작스럽게 나타난 천연두는 비단길을 따라 전파되기도 했습니다. 질병 가운데 최악의 것은 1400년대의 흑사병이었습니다.

이 전염병들은 중국을 거쳐 중앙아시아, 지중해, 유럽으로 퍼져 나갔으며, 이 질병이 도착하는 곳마다 유라시아의 (규모가 큰) 중심지hub의 인구를 대량으로 학살했습니다. 그러나 정보 교환으로 유라시아 중심지의 기술이 강화된 것처럼, 시간이 흐르면서 질병 교환의 결과로 사람들의 면역 체계가 강화되었습니다.

그러나 농경 시대 내내 이들 교환 네트워크의 규모, 정도, 힘에는 분명한 한계가 있었습니다. 사실상 세계는 네 개의 거대한 세계권역으로 구분되어 있었으며, 이 권역들 사이에서는 연결이 거의 없었기 때문입니다. 이는 인류의 역사가 네 개의 분리된 행성에서 진행된 것과 거의 다를 바 없었습니다.

이들 세계권역 가운데 단연코 가장 오래되고 가장 큰 세계권역은 아프로유라시아 권역이었습니다. 이 세계권역은 동시베리아에서 남아프리카에 이르는 지역이었습니다. 이 권역 안에서는 일찍이 4000년 전에 동물의 가축화, 금속의 이용과 같은 기술이 광범위하게 확산되었습니다. 이들 기술은 중심지에서 가장 큰 영향력을 행사했습니다. 중심지에서는 많은 인구가 생활했으며 매우 다양한 연결관계가 발전하였습니다. 아프로유라시아 세계권역에서의 주요 중심지는 지중해, 유럽, 메소포타미아, 이슬람 세계, 북인도, 동아시아였습니다.

아프로유라시아 권역

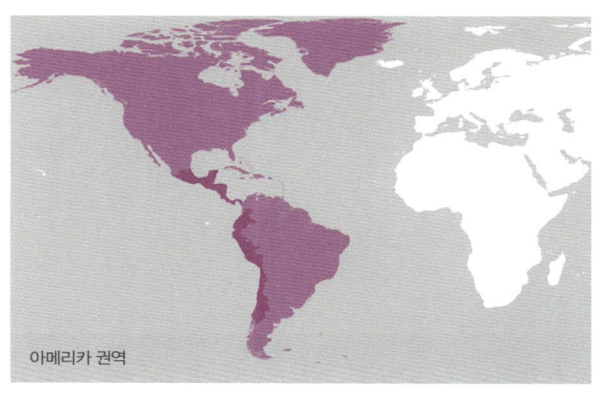

아메리카 권역

두 번째로 큰 세계권역은 아메리카 권역이었습니다. 이곳은 약 1만 5000년 전부터 인류의 정주 생활이 나타나기 시작한 곳이며, 이 권역 안에서 농경과 농경 문명을 가진 두 개의 주요 중심지가 출현했습니다. 그곳은 메소아메리카와 안데스 지역입니다. 그러나 이 지역은 아프로유라시아에서보다 인구가 적었고 훨씬 작고 약한 네트워크를 가지고 있었습니다. 따라서 훨씬 적은 정보, 인구, 기술이 교환되었습니다.

오스트랄라시아 권역

세 번째 세계권역은 오스트랄라시아° 권역입니다. 가장 최근까지, 농업 공동체가 있었던 파푸아 뉴기니의 산지를 제외하고, 여기 대부분의 사람들(거의 대부분의 사람들)이 수렵채집자로 살아왔습니다. 이것은 아프로유라시아의 기준에서 보면 인구가 매우 적었다는 뜻입니다. 교환 네트워크는 한정된 양의 정보를 전달했습니다. 그럼에도 어떤 지역에서는 혁신이 일어나고 인구가 증가하기 시작했으며, 1만 년 전의 나트프 인들처럼 이 권역의 어떤 사회는 모종의 농경으로 이행하고 있었을 수도 있습니다.

○ **오스트랄라시아** Australasia 오스트레일리아와 뉴질랜드, 남서 태평양의 여러 섬들을 포함하는 지역

마지막 세계권역은 태평양 권역입니다. 이 지역은 3500년 전부터 서남아시아에서 온 선원들이 거주하기 시작하여, 적어도 지리학적으로 세계권역들 가운데 단연코 가장 큰 권역을 형성했으며 가장 큰 교환 네트워크를 만들었습니다. 통가와 하와이와 같은 어떤 섬들은 아주 크며, 매우 큰 사회와 추장들이 있습니다. 그러나 일반적으로 섬들 간의 거리는 꽤 멀고 인구는 매우 적으며 정보와 상품의 교환과 기술은 아주 많이 제한적이었습니다. 아프로유라시아 세계권역보다도 훨씬 제한적이었습니다.

○ **통가**
뉴질랜드의 북동쪽에 위치해 있으며, 약 150여 개의 섬으로 이루어져 있는 입헌군주제 국가다.

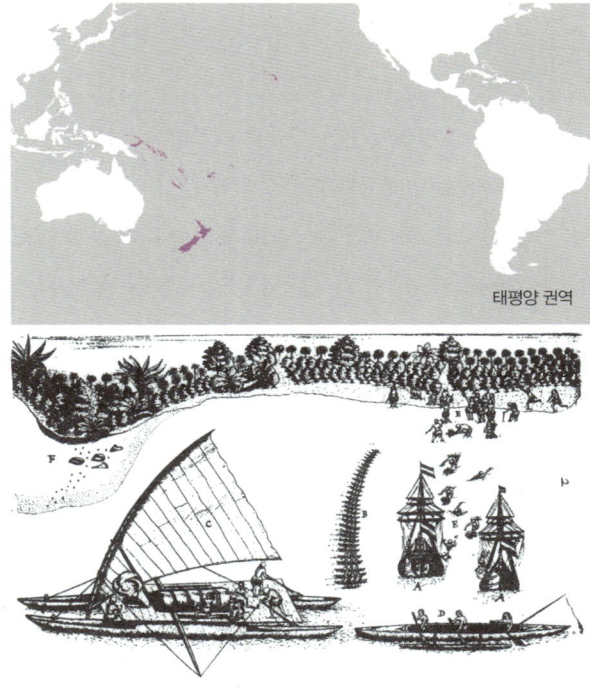

태평양 권역

PART 4

교환 네트워크는 인구 밀도가 가장 높고 가장 다양하며 상호 간에 가장 잘 연결된 곳에서 가장 효과적으로 작용하는 것으로 보입니다.

물론 어느 지역보다도 아프로유라시아 세계권역의 (규모가 큰) 중심지에서 그렇습니다. 그러나 이곳에서조차 농경 시대 전체에 걸쳐 혁신과 성장은 중대한 한계를 지니고 있었습니다. 한계들 가운데 가장 핵심적인 것은 모든 농경 문명에서 살펴볼 수 있는 인구 증감의 특징적인 패턴과 관계가 있습니다.

이 패턴은 이렇게 작동하는 것으로 보입니다. 관개와 같은 혁신을 들여다보면, 관개 시설로 수세기 동안 인구가 증가할 수 있습니다. 하지만 19세기의 위대한 학자인 토머스 맬서스Thomas Malthus°가 지적한 바와 같이, 인구는 너무 가파르게 증가하는 지점에 도달하게 됩니다. 인구는 혁신보다 더 빨리 증가하다가 바로 이 지점에서 인구가 너무 많아 부양할 수 없게 됩니다. 기아가 나타나기 시작합니다. 기근이 더욱 규칙적으로 오게 됩니다. 질병이 확산됩니다. 정부는 감소하는 자원에 대처하려고 노력하기 시작합니다. 결국 1400년대의 흑사병과 같은 파국적인 참화를 맞게 됩니다.

° **토머스 맬서스** 1766~1834 영국의 인구통계학자이자 정치경제학자. 1798년에 『인구론』을 저술했다.

영국의 경제학자 토머스 맬서스

만약 농경 문명에서의 인구 증가 그래프를 살펴본다면, 이른바 맬서스 주기라고 부르는 인구 증감의 특징적인 패턴을 보게 될 것입니다. 인류의 역사에서 이러한 패턴은 여러 차례 반복되었습니다. 최근세기에 매우 갑자기 패턴이 사라진 것으로 보입니다. 그 이유는 혁신의 속도가 매우 빨리 증가해서 인구 증가의 속도를 추월하기 시작했기 때문으로 보입니다.

그렇다면 질문을 하나 던지겠습니다. 왜 이런 일이 벌어졌을까요? 왜 집단학습은 최근세기에 매우 강력해졌을까요?

💡 더 깊이 생각하기

1 만약 여러분이 다른 사람을 만난 적이 전혀 없다면, 여러분의 마음속에 얼마나 많은 아이디어와 이미지가 있을까요?

2 페이스북과 같은 커뮤니케이션 네트워크에서 친구 사이에 정보는 어떻게 전달되나요?

3 페이스북과 그 외 다른 사회적 네트워크는 어떻게 집단학습을 강화하나요?

4 활자를 처음 활용하여 책을 인쇄한 시기에 대해 논란이 있나요? 출판과 같은 기술은 전 세계적으로 다른 시기에 다른 장소에서 출현했나요?

5 만약 여러분이 농경 문명에 살고 있다면, 무슨 방법으로 교통을 향상시킬 수 있나요?

6 왜 문명은 교역하기 시작했나요?

7 다른 문명과 교역하기 위해 무엇이 필요했나요?

8 한때 고립되었던 도시에 상품, 동물, 그리고 종교의 확산은 어떤 영향을 끼쳤나요?

9 다른 지역으로 확산된 질병의 다른 사례는 무엇이 있나요?

10 심지어 오늘날에도, 왜 이 질병 확산 시나리오는 무서운가요?

11 아프리카, 유럽, 그리고 아시아가 단일한 세계권역으로 결합되어 있었다는 주장은 왜 타당한가요?

12 왜 아메리카와 오스트랄라시아는 아프로유라시아보다 천천히 발전했나요?

13 만약 여러분이 어떤 태평양 섬에서 멋진 삶을 누리고 있는데, 세계가 더욱 상호 간에 연결된다면 여러분의 문명은 어떤 도전에 직면하게 될까요?

14 여러분이 규모도 동일하고 똑같은 제품을 판매하는 두 개의 상점을 운영하고 있다고 해봅시다. 번화한 교차로에 있는 큰 도시의 상점과 작고 조용한 타운의 상점, 둘 중에 어느 상점이 더 많은 물건을 판매할까요?

15 타운에 사는 것의 장점은 무엇인가요? 큰 도시의 경우는 어떤가요?

16 맬서스는 인구 증가와 기아의 관계를 어떻게 설명했나요?

17 인류가 대규모 기아를 피할 수 있었던 이유는 무엇이라고 생각하나요?

BIG
HISTORY

9

가속

9-1 변화는 어떻게 가속하게 되었는가?

세계는 농경 문명이 출현하면서 변화했고 초기 도시와 국가들 사이의 연결 관계가 발전하면서 또다시 변화했다. 1500년경, 변화 속도에 가속이 붙었다. 이 장에서, 데이비드 크리스천 교수는 변화를 가속시키고 현대 세계를 형성하는 데 가장 결정적이었던 요인들을 살펴본다. 여러분은 각 요인뿐 아니라, 지도를 활용하여 다양한 변화의 속도가 20세기에 어떤 역할을 하게 되었는지를 설명할 수 있게 될 것이다.

핵심 질문

1. 어떤 요인들이 1500년 이후 변화의 가속에 기여했으며, 왜 이 요인들이 중요할까요?
2. 어디에서, 그리고 왜 최초의 현대 사회가 출현했을까요? 그것이 의미하는 바는 무엇일까요?

PART 1

지난 500년 동안 우리 세계는 완전히 변형되었습니다. 이러한 변형의 핵심에는 생물권의 자원에 대한 인간의 통제력이 급속도로 증대되었다는 사실에 있습니다. 인구수의 증가를 살펴보면 분명하게 이런 증가를 볼 수 있습니다. 1500년에 지구 상에 인구는 5억 명이었습니다. 4세기가 지난 1900년에 인구는 16억 명이 되었습니다. 21세기에 진입한 오늘날의 인구는 70억 명에 달합니다.

인구 증가를 가능하게 했던 변화는 우리 세계를 변형시켰고 오늘날의 세계를 만들어냈습니다. 그 핵심에는 혁신 속도의 가파른 증가가 놓여 있습니다. 왜 혁신의 속도가 갑자기 증가했을까요? 이 질문은 역사가들이 한 세기 동안 논쟁을 벌여온 주제입니다. 이것은 지금 여기에서 우리가 해결할 수 있는 문제가 아닙니다. 여기서는 가장 결정적인 요소들 가운데 세 가지를 살펴보도록 하겠습니다.

첫째, 결정적인 변화는 네 개 세계권역 사이에 있던 장벽이 허물어진 것입니다. 이것으로 교환 네트워크의 규모와 다양성이 급속도로 팽창했습니다. 각 권역들은 새롭게 등장한 글로벌 네트워크에 각 권역의 식물, 동물, 관습, 상품, 정보를 제공했습니다. 글로벌 네트워크는 인류의 역사에서 이때 처음으로 등장했습니다.

마젤란의 항해(1519~1522)

1519년과 1522년 사이에, 포르투갈 선박°이 전 세계를 여행했습니다. 이것은 인류 역사상 처음 있었던 일입니다.

16세기 중반에 들어서면 아메리카의 옥수수가 중국에서, 특히 쌀을 재배할 수 없었던 중국 지역에서 경작되었습니다. 이것으로 인구가 급증했습니다. 또한 토마토, 감자, 고구마와 같은 다른 아메리카 작물들이 아프로유라시아에서 재배되었으며, 모든 곳에서 인구가 증가하기 시작했습니다.

○ 포르투갈 출신의 페르디난드 마젤란이 이끄는 탐험대는 인류 역사상 최초로 대서양과 태평양, 그리고 인도양을 횡단하여 전 지구를 돌았다.

9 가속

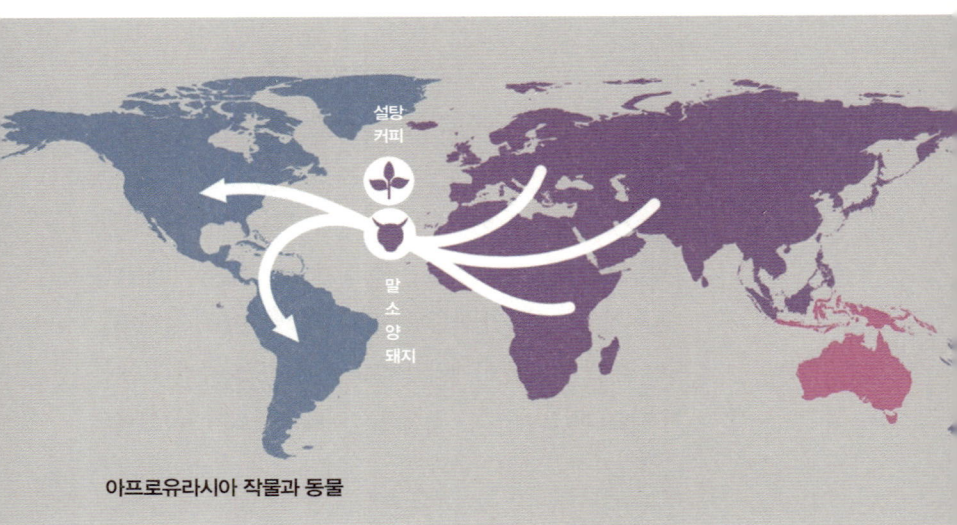

설탕, 커피와 같은 아프로유라시아 작물은 반대 방향으로 움직였습니다. 아프로유라시아의 동물인 말, 소, 양, 돼지도 반대 방향으로 움직였습니다.

사실, 말은 원래 아메리카에서 진화한 동물로 인류가 처음 아메리카에 도착한 이후 멸종했는데, 아프로유라시아에서 아메리카로 다시 이동했다는 것은 아이러니한 일이었습니다. 에스파냐 인들이 말을 아메리카로 다시 가져오자, 북아메리카 초원에 살고 있었던 아메리카 인의 생활방식이 바뀌었습니다.

천연두와 같은 질병도 대서양을 건너갔습니다. 질병의 영향은 면역이 전혀 없었던 아메리카 인들에게 참혹한 것이었습니다. 사실, 천연두가 아메리카에 도착했을 때 발생한 급격한 집단적인 사망은 아프로유라시아에서 흑사병으로 발생한 사망보다도 훨씬 많았습니다.

1570년대에 지금은 볼리비아이지만 당시에는 에스파냐 제국의 한 부분이었던 포토시Potosi의 은광에서 채굴된 은은 멕시코, 유럽, 필리핀을 거쳐 중국으로 흘러들어갔고 최초의 글로벌 화폐가 되었습니다.

새로운 정보도 확산되었습니다. 새로운 토지, 새로운 사람들, 새로운 관습, 새로운 식물, 새로운 작물, 새로운 별, 심지어 새로운 신에 대한 정보가 이동했습니다. 이러한 새로운 정보로 사람들은 세계에 대해 전적으로 새로운 생각을 하게 되었고 과학혁명을 일으켰습니다.

1800년에 이르러, 오스트랄라시아와 태평양 세계권역은 새로이 나타난 글로벌 체계에 편입되었습니다. 인류 역사상 가장 크고 가장 다양하며 가장 풍요로운 교환 네트워크가 만들어진 것입니다.

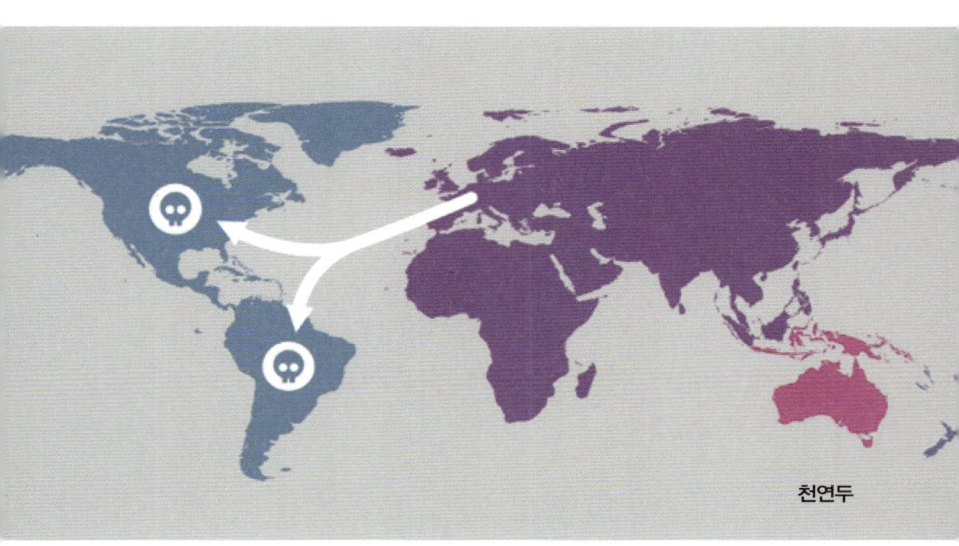
천연두

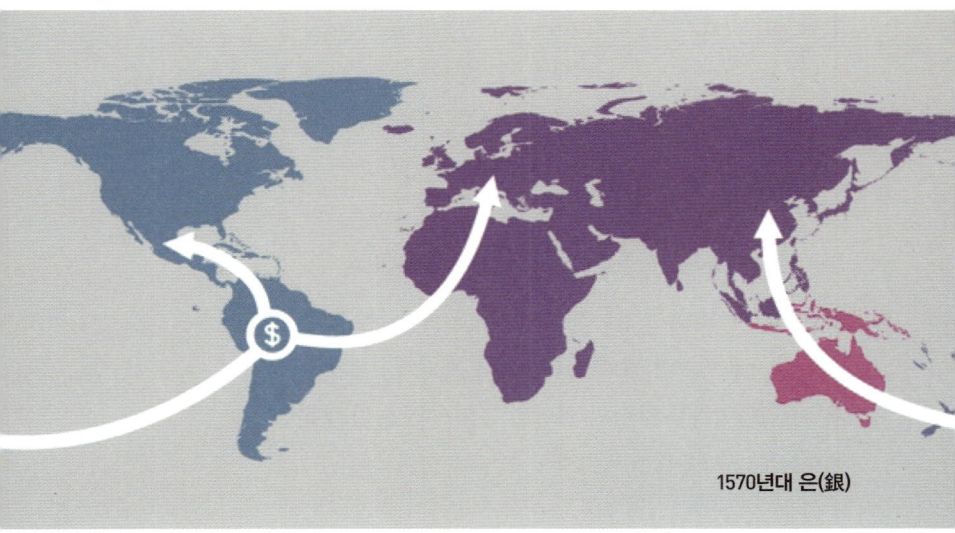
1570년대 은(銀)

두 번째 결정적인 변화는 통상과 시장의 중요성이 증대했다는 것입니다.

농경 문명에서는 우리가 살펴본 바와 같이 엘리트와 지배자가 무력의 위협을 통해 자원을 착취하는 경향이 있었습니다. 그러나 실제로 경쟁적인 시장에서 수익을 얻는 상인이나 장인 혹은 임금 노동자와 같은 많은 집단들도 있었습니다. 이들은 경쟁적인 시장에서 자신들의 상품, 노동력, 서비스를 팔았습니다.

경쟁적인 시장에서 성공하기 위해서는 혁신을 이룰 수밖에 없었습니다. 이는 경쟁자보다 더욱 좋은 상품, 서비스, 노동력을 제공해야 했다는 것을 의미합니다. 이것은 경쟁적인 시장이 번성한 곳에서 많은 혁신이 이루어진 까닭을 설명해줍니다.

이런 이유로 농경 시대에 걸쳐 베네치아와 바그다드와 같은 교역 도시는 많은 혁신이 일어났던 지역이었으며, 농경 문명 사이에 위치한 지역이 또한 많은 혁신을 이루었습니다. 이 지역에서는 무력의 위협을 통해서 상품이 교환된 것이 아니라 시장을 통해 교역이 이루어졌습니다.

1500년 이후, 글로벌 교환 네트워크의 팽창은 모든 지역에서 통상과 시장의 중요성을 증대시켰습니다. 그리고 통상과 시장이 사회를 변형시켰습니다.

정부는 입수 가능한 거대한 세원稅源이 통상에 있다는 사실을 깨닫기 시작했고 상인을 지원하기 시작했습니다. 특히, 유럽이 그랬습니다. 유럽의 정부들은 계속 전쟁 상태에 있었고 새로운 세원을 찾기 위해 지속적으로 노력했으며, 상인들은 국제 무역에 깊이 몰두했습니다.

이러한 변화는 일반 사람들에게도 영향을 주었습니다. 농민들 그리고 각별히 인구가 증가하는 지역에서 특히 그랬는데, 이는 농민들에게 토지가 부족했었다는 것을 의미합니다. 그들이 할 수 있는 일이라곤 돈을 벌 수 있는 새로운 방법을 모색하는 것이었고, 이는 종종 다양한 종류의 임금 노동을 의미했습니다. 그래서 농민도 직공이나 장인으로서 시장에 들어오기 시작했습니다.

세 번째 결정적인 변화는 화석연료에서 새로운 에너지원을 찾았다는 것입니다. 영국과 같은 지역에서는 목재가 부족해졌습니다. 목재는 전근대 세계에서 에너지의 주요 원천이었습니다. 이런 상황이 새로운 에너지원을 찾는 일을 재촉했습니다.

1700년대에 제임스 와트와 같은 혁신가들은 세계에 풍부하고 아직 개발되지 않은 에너지원인 석탄을 값싼 에너지로 전환시킬 수 있는, 비용 효율이 높은 증기기관을 개발하기 시작했습니다. 증기기관은 우리의 세계를 혁명적으로 변화시킬 에너지 진화의 시작을 알렸습니다.

19세기 초에 증기기관은 직물과 많은 다른 상품을 산업적 규모로 생산하는 데 활용되기 시작했습니다. 철도와 증기선의 발명으로 운송 역시 혁명적으로 변화하기 시작했습니다.

19세기 말과 20세기 초에 내연기관의 발명과 같은 새로운 혁신으로 두 가지의 다른 화석연료, 즉 석유와 천연가스를 동력으로 이용할 수 있게 되었습니다. 이전에는 이렇게 유례없이 값싼 에너지는 없었습니다.

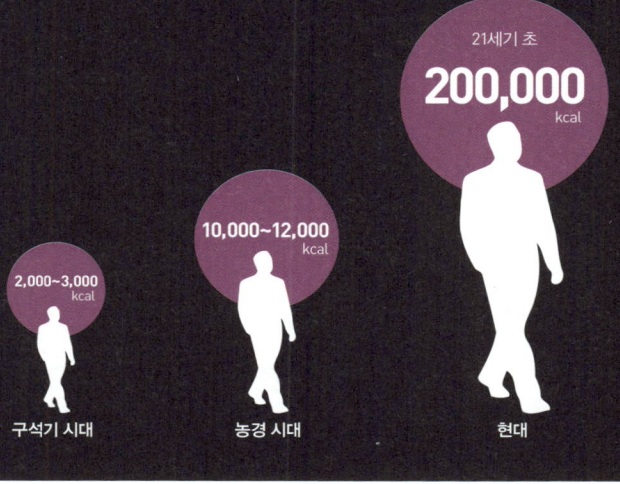

이러한 사실을 이해하기 위해 통계를 들어보겠습니다. 구석기 시대에 각 사람은 평균적으로 하루에 에너지를 2000~3000kcal를 사용했다고 추정됩니다. 이것은 생존하기 위해 필요한 에너지양에서 조금 넘는 정도입니다.

이 에너지 수치는 농경, 동물의 가축화 그리고 풍력과 수력의 이용으로, 어떤 지역에서는 일인당 에너지가 하루에 약 1만~1만 2000kcal로 올라갑니다.

21세기 초에 각 사람은 평균적으로 하루에 약 20만 kcal 에너지를 사용하고 있으며, 이 에너지의 대부분은 화석연료에서 유래합니다. 이는 화석연료가 하루아침에 사라진다면 여러분 개인이 사용하는 에너지양의 90~95%를 줄여야 한다는 것을 의미합니다.

PART 2

19세기 초에 이러한 세 가지 요인, 즉 최초의 글로벌 교환 네트워크의 출현, 통상과 시장의 팽창과 중요성, 화석연료의 발견이라는 요인이 세계의 일부 지역 사회를 변모시키기 시작했습니다. 이 변화들로부터 혜택을 받은 최적의 지역이 있었는데, 그곳은 유럽, 북대서양 연안의 인근 지역이었습니다. 이 지역들 가운데 어느 곳에서는 부와 권력이 급속도로 증가해 최초의 진정한 현대 사회가 출현했습니다.

1900년에 이르러 화석연료에 기초한 산업 생산방식은 전 유럽, 북아메리카, 러시아, 그리고 일본으로 확산되었습니다.

혁신은 특히 직물, 철, 강철, 염료·화학비료의 생산에 영향을 주었습니다. 또한 철도, 증기선, 전신, 전화, 라디오가 출현하면서 통신과 운송이 변모하였고, 상업적인 과학 실험실이 도입되었습니다. 이 모든 과정은 사람, 상품, 정보를 교환시켰고 그 교환의 속도를 가속화시켰습니다.

9 가속

이러한 요인들은 정부를 변모시켰습니다. 통상과 시장이 더욱더 지배하는 세계 속에서 정부가 새로운 경영관리라는 도전에 직면함에 따라 무력의 위협으로 농민에게서 자원을 착취해가는 것이 더 이상 가능하지 않게 되었습니다. 국민의 수가 증가하고 국민이 임금 노동자가 되면서, 정부는 시장의 경영 관리자가 되어야만 했습니다.

미국혁명과 프랑스혁명 기간 중에 정부는 선거제도를 창출하고 병역제도(때로는 의무적인 징병제도)를 도입함으로써 시민과 완전히 새로운 형태의 파트너십을 발전시켜 나가기 시작했습니다. 또한 정부는 대중교육이나 금융제도와 같은 새로운 서비스를 제공하기 시작했습니다. 대체로 정부는 더 강력하고 더 복잡하고 더 시장지향적으로 바뀌었고, 훨씬 더 부유해졌습니다.

권력의 이동

산업혁명은 부와 권력의 국제적 균형을 변모시켰습니다. 산업혁명은 농경 시대의 오랜 중심지에서 새로운 중심지로 국제적 중심지를 옮겼습니다. 즉 지중해 지역, 메소포타미아, 인도, 동아시아에서 북아메리카 지역으로 그 중심지를 옮겼습니다. 다른 수혜 지역에는 아메리카, 남아프리카, 오스트랄라시아와 같은 유럽인 정착 사회들이 포함되었습니다.

19세기 말에 이르러 영국, 미국, 프랑스, 독일, 그리고 그 후에 러시아와 일본을 포함한 초기 산업 사회는 자신의 증대된 부, 그리고 철갑 군함과 기관총과 같은 현대적인 군사 기술을 이용하여 강력한 군사력을 구축했고 결국에는 제국을 건설하기 시작했습니다.

새로운 산업 사회는 오랜 초강대국이었던 인도와 중국을 정복했습니다. 1900년에 이르러, 인도는 영국에 의해 통치되었고 중국 경제는 산업 열강에 의해 지배되었습니다. 서아시아, 동남아시아, 아프리카는 여러 식민지로 분할되었습니다. 이제, 산업화는 권력을 의미하는 것이 분명했습니다.

그리하여 1900년에 이르러 세계는 두 지역으로 구분되었습니다. 한 지역은 작지만 매우 강하고 산업화되어 부유한 지역, 다른 한 지역은 보다 크지만 약하고 산업화되지 않아 매우 가난한 지역입니다. 이것은 마치 최근세기의 주요 변화나 그 변화의 주된 결과가 두 지역을 만들어내어 한 지역의 희생으로 다른 지역에 혜택을 주는 것, 즉 부유한 지역과 가난한 지역을 만들어내는 것처럼 보이기 시작했습니다.

20세기 초에 이르러 이러한 변화의 진정한 의미가 이전보다 더욱더 심오하다는 것이 분명해졌습니다.

💡 더 깊이 생각하기

1 지구의 지표면을 살펴보세요. 오늘날 70억 명 인구의 각 사람에게 얼마만큼의 공간을 할당할 수 있나요? 이것과 1500년경에 할당할 수 있는 공간을 어떻게 비교할 수 있나요?

2 돌이켜보면, 네 개의 세계권역은 무엇인가요? 이들 세계권역 사이에 어떤 장벽이 있었으며 이 장벽들을 어떻게 극복할 수 있다고 생각하나요?

3 세계권역 사이의 장벽이 계속해서 붕괴되는 것을 보여주는 근대적인 사례로 무엇이 있나요?

4 세계권역 사이의 금융적 연결의 강점과 취약점을 보여주는 근대적인 사례로 무엇이 있나요?

5 경쟁이 초래한 차이, 예를 들면 스포츠나 상업의 차이를 경험했거나 관찰한 적이 있나요? 비경쟁적인 것과 반대되는 것으로, 이 차이가 관찰된 행동에 영향을 어떻게 끼쳤나요?

6 국가들이 상업상의 이익을 두고 전쟁을 벌였다는 주장을 지지하는 역사적 사건으로 무슨 사건이 있나요?

7 상점에서 상품 하나를 선택해보세요. 그 상품이 여러분 앞에 놓이기까지 다른 역할을 담당한 사람들을 얼마나 많이 거쳤을까요?

8 목재의 부족은 증기기관의 발명에 큰 역할을 했습니다. 이 경우 외에, 언제 희소성이 혁신에 중요한 역할을 했나요?

9 신석기 시대에 한 개인이 필요한 에너지는 어떻게 추정할 수 있나요?

10 여러분의 에너지 사용량을 어떻게 추정할 수 있나요? 여러분과 신석기 시대의 동등한 인물 사이의 차이를 어떤 요인들로 설명할 수 있나요?

11 왜 북대서양 연안에 있는 유럽에서 최초의 근대 사회가 등장했나요?

12 특정 지역으로의 근대화 확산은 무엇을 의미하나요?

13 정부를 '시장의 관리자'라고 부르는 것은 정당한 표현인가요?

14 정부가 '시장의 관리자'라는 주장을 지지하는 증거는 무엇인가요?

15 왜 농경 시대의 오랜 중심지가 권력을 장악하지 못했나요?

16 산업화가 초래한 복잡성의 증가로 무엇이 출현했나요?

17 1500년 이후 변화의 다양한 속도는 빅 히스토리의 다른 무엇에 비유할 수 있나요?

9-2 현대 세계는 어떻게 만들어졌는가?

세 가지의 추동력이 결합하여 현대 세계의 변화 속도를 가속시켰다. 이 장에서, 데이비드 크리스천 교수는 글로벌 교환 네트워크, 경쟁적인 시장, 에너지 사용의 확대가 어떻게 인류 사회를 변모시키고 생물권을 변화시켰는지를 설명한다. 여러분은 이러한 변화의 영향은 무엇인지, 왜 이러한 추동력이 새로운 복잡성의 임계국면을 보여주는지를 설명할 수 있게 될 것이다.

핵심 질문
1. 현대 세계에서 가속되는 변화의 긍정적 결과와 부정적 결과는 무엇일까요?
2. 왜 현대는 마지막 주요 복잡성의 임계국면을 의미할까요?

PART 1

지난 100여 년 동안, 지난 두어 세기에 걸쳐 일어났던 혁명적인 변화들이 누적되어 변화의 계기를 마련했습니다. 이 계기는 전 세계에 걸쳐 인류 사회를 변모시켰으며, 우리를 생물권에서 가장 강력한 변화 추동력을 가진 존재로 변화시켰습니다. 이 시기에 많은 현상들이 일어났는데, 몇 가지 주요 사건들을 조망해보겠습니다.

무엇보다도, 우리가 앞에서 살펴본 세 가지의 변화 추동력, 즉 글로벌 교환 네트워크, 경쟁적인 시장, 에너지 사용의 증대가 더욱더 강력한 힘으로 작동하기 시작했습니다.

글로벌 교환 네트워크는 더욱더 넓어졌고 훨씬 더 역동적으로 변했습니다. 20세기의 전반기에 주요 산업 열강 사이의 갈등은 파괴적인 세계대전(인류 역사상 최초의 진정한 세계대전이라고 부를 수 있는 전쟁)으로 치달았습니다. 주요 산업 열강은 식민지들조차 전쟁의 참화 속으로 끌어들이면서 전쟁을 벌였습니다. 그러나 20세기 후반에 국제 교역 관계가 재개되어 유례없이 가장 크고 가장 역동적인 세계 시장을 만들어냈습니다. 오늘날, 더 많은 상품, 더 많은 사람들, 더 많은 정보, 더 많은 화폐가 인류의 역사에서 전례없이 세계를 돌아다니고 있습니다.

산업화는 글로벌화되어 오랜 초강대국이었던 인도와 중국은 물론 '아시아의 호랑이들'이라고 불리는 한국, 홍콩, 대만에까지 확산되었습니다. 21세기 초에 중국 경제는 아마도 세계에서 가장 빠르게 성장하는 경제일 것입니다. 19세기의 식민 제국들은 새로운 독립 국가들을 탄생시키면서 해체되었습니다.

실제로 1945년에 국가들의 국제 조직으로서 만들어진 국제연합UN은 2007년 현재 192개의 회원국을 가지고 있습니다.

커뮤니케이션과 운송에서의 새로운 기술은 변화 속도를 가속화시켰습니다. 인터넷은 전 세계에 걸쳐 수백만 명의 사람들 간에 즉각적인 커뮤니케이션을 제공하고 있습니다. 또한 인터넷은 한 세기 이전에 모든 세계의 도서관에 보관되어 있던 정보보다 더 많은 정보를 저장할 수 있게 해주었습니다.

운송 부분은 괄목할 만합니다. 우리가 최초의 비행기를 만든 지 70년 만에 사람을 싣고 달에 갔다가 돌아오는 우주선을 만들었습니다.

또한 정부도 변모했습니다. 특히, 지구 온난화나 세계 경제 위기와 같이 전 지구적으로 결정해야 하는 일이 많아지면서, 결정 과정의 골격이 국제연합과 NGO(비정부기구)에서 이미 나타나기 시작했습니다.

이와 동시에, 민주적인 통치 방식이 전 세계에 걸쳐 확산되면서 정부는 시민과 더욱더 정교하고 복잡한 파트너십을 구축했습니다.

변화의 두 번째 추동력은 때로 자본주의로 알려진 경쟁적인 시장의 확산이었습니다. 이 추동력은 현재 세계 경제를 지배하고 있습니다. 그 의미를 살펴보기 위해 두 가지의 예를 들어보겠습니다.

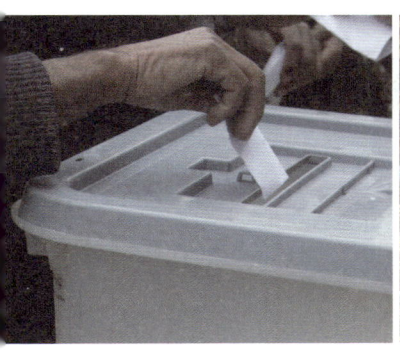

첫째 현대 세계는 더 이상 농민의 세계가 아닙니다. 그 대신 현대 세계는 임금 노동자의 세계입니다. 더욱이 현대 세계는 도시 거주민의 세계입니다.

인류의 역사에서 처음으로, 21세기 초에 인류의 50% 이상이 도시에 살게 되었습니다. 농민들은 부분적으로 고용 기회 때문에 도시에 몰려들었습니다. 그러나 새로운 형태의 기계, 새로운 형태의 운송, 보다 편리한 하수 체계, 전기 공급과 같은 새로운 기술이 인류의 역사에서 처음으로 농촌보다 도시를 더 활기 넘치는 장소로 만들었습니다.

경쟁적인 시장의 힘을 보여주는 두 번째 예는 비시장non-market 사회 혹은 공산주의라는 거대한 20세기 실험의 실패입니다.

1990년대에 이르러, 세계의 거의 모든 지역에서 비시장 사회가 붕괴했습니다. 붕괴의 이유는 분명히 시장 사회가 야기했던 혁신을 비시장 사회가 일으키지 못했기 때문이었습니다.

세 번째 변화 추동력은 에너지 사용의 증대입니다. 20세기에 에너지의 글로벌 소비는 16배 증가한 것으로 평가되며 대부분의 에너지는 화석연료에서 유래했습니다.

21세기 초에 화석연료의 사용은 특히 인도와 중국과 같은 인구가 많은 사회의 급속한 산업화로 아마도 더욱 증가하였을 것입니다.

PART 2

이러한 글로벌 변화 요인들이 추동력을 결집함에 따라, 혁신의 속도가 유례없이 가속화되었습니다. 몇 가지 예를 들어볼까요?

먼저, 식량 생산에 대해 말해보겠습니다. 20세기에 식량 생산은 인구 증가보다 빠르게 증가했습니다. 이것은 인공 비료와 살충제의 제조, 농작물의 유전자 변형, 새로운 형태의 관개 시설 등 많은 새로운 기술이 나타난 결과였습니다. 그러나 괄목할 만한 결과는 참혹한 지역적·지방적 기근이 많이 있긴 했지만, 글로벌 차원에서 맬서스적 위기를 아직 경험하지 않고 있다는 것입니다.

20세기에 총 경제 생산은 약 14배 증가했습니다. 어떤 통계 추정치에 의하면, 산업 생산은 40배가 증가했습니다. 그 결과, 생활 수준이 정말 매우 빠르게 상승하는 글로벌 중산층이 출현했으며, 늘고 있습니다. 수백만 명이 계속해서 비참한 가난 속에서 살고 있지만, 많은 글로벌 중산층 시민들은 농경 시대에 귀족들조차 꿈꿔보지 못했던 생활 수준을 향유하고 있습니다.

그러는 동안, 기대수명은 전 지구적으로 2배 증가했고, 교육 수준은 대중의 의무교육이 확대됨에 따라 빠르게 높아졌습니다. 21세기 초, 15세 이상의 사람들 가운데 80%

가 읽고 쓰는 기본 능력을 갖춘 것으로 추정됩니다. 비록 여성의 임금 수준과 교육 수준은 남성보다 지체되고 있는 것이 사실이긴 하지만, 많은 지역에서 성 불평등은 가족 구성 패턴과 직업 패턴의 변화로 감소하고 있습니다.

그러나 물론 모든 혁신이 긍정적인 것은 아닙니다. 사람이 만든 무기의 살상 능력은 기하급수적으로 증대되었습니다. 기관총에서 독가스로, 원자폭탄으로 발전했습니다. 20세기 초에 참혹한 세계대전으로 수백만 명이 죽었습니다.

원자폭탄은 1945년에 일본의 히로시마와 나가사키에 투하되었습니다. 투하된 지 며칠 만에 수십만 명이 사망했고, 방사능 피폭의 결과로 몇 년 지나지 않아 수천 명이 더 죽었습니다.

1962년 10월 쿠바 미사일 위기에, 세계는 전면적인 핵전쟁이 일어날 수 있는 일촉즉발의 상황에까지 내몰렸습니다. 만약 핵전쟁이 일어났었다면, 그 영향은 6500만 년 전에 소행성이 공룡을 멸종시켰던 것과 같이 참혹했을 것입니다. 당시는 매우, 아주 아슬아슬했습니다.

그러나 이러한 변화의 진정한 의미는 이 변화들이 인류와 생물권과의 관계를 변모시켰다는 점입니다. 만약 농경이 인류라는 하나의 종이 태양으로부터 에너지를 획득하는 것이었다면, 현대의 혁명은 인류가 생물권 전체를 장악하는 것이라고 할 수 있습니다.

네덜란드 과학자 파울 크뤼천Paul Crutzen○은 1800년 이후 지구가 인류세Anthropocene라고 부르는 전적으로 새로운 지질학적 시대에 진입했다고 주장했습니다. 인류세는 지난 40억 년 동안 처음으로 하나의 종이 생물권에서 변화의 지배적인 추동력이 된 시기입니다. 물론 그 종은 우리 인류입니다.

그렇다면 그의 주장은 옳을까요? 그의 주장을 뒷받침하는 증거는 매우 강력합니다. 1900년 이후, 인류의 수는 4배로 증가했고 인류가 사용하는 에너지는 16배 증가했습니다. 한 통계에 의하면, 광합성을 통해 생물권으로 들어가는 모든 에너지 가운데 우리 인류는 25~50%를 사용하고 있습니다.

○ **파울 크뤼천**
네덜란드의 과학자, 노벨 화학상 수상자. '인류세'라는 용어를 그가 처음 만들지는 않았지만 널리 확산시키는 데 공헌했다.

9 가속

동시에, 화석연료를 사용함으로써 우리는 대기를 변형시키고 있습니다. 우리는 수억 년 동안 묻혀 있던 탄소를 다시 대기로 방출하고 있습니다. 우리가 생물권을 더욱더 장악할수록, 도로와 도시를 탄소로 포장할수록, 농장 혹은 목재를 위해 숲을 개간할수록, 관개를 위해 강의 줄기를 바꾸면 바꿀수록, 탄소 증가율은 빠른 속도로 더 높아지고 있습니다. 그 결과, 다른 종들이 지난 수백만 년간 진행된 정상적인 속도보다도 아마 수천 배 빠르게 멸종하고 있습니다.

그리고 우리는 생물권의 화학 구성을 변화시키고 있습니다. 우리는 질소, 황, 탄소가 순환하는 방식을 변화시키고 있습니다. 우리는 플라스틱, 고무, 화학비료, 살충제, 합성섬유, 약품의 형태로 전에는 전혀 없었던 완전히 새로운 화학물질을 약 10만 종 정도 만들었습니다.

마지막으로, 인간이 만든 무기는 이론적으로는 수시간 안에 생물권의 대부분을 파괴할 만큼 매우 강력합니다.

이런 이유 때문에, 우리는 이 책에서 최근 200여 년 동안의 혁명적인 변화를 복합성을 증대시키는 여덟 번째 주요 임계국면으로 간주합니다. 이 변화는 완전히 새로운 것을 만들어냈습니다. 그것은 우주에서 우리가 알고 있는 어떤 것보다 복잡한 하나의 글로벌 체계로, 이 체계는 생물권 전체의 운명을 결정할 수 있는 힘을 갖고 있습니다. 이러한 일들을 할 수 있는 종으로서의 인류의 힘을 생각해보세요. 우리는 이러한 힘을 현명하게 사용할 수 있을까요? 그것은 부분적으로 우리 세대에 달려 있습니다. 이 모든 일을 할 수 있는 종의 힘을 생각해보세요. 그것은 적어도 부분적으로 여러분의 세대에 달려 있습니다.

💡 더 깊이 생각하기

1 빅 히스토리 이야기에서 변화의 추동력이 처음 뿌리를 내린 때는 언제인가요?

2 여러분의 삶 속에서 증대되는 글로벌 교환 네트워크를 보여주는 증거로는 어떤 것이 있나요?

3 커뮤니케이션과 운송에서의 새로운 기술은 변화의 속도를 가속화시켰습니다. 이 책을 읽기 전에 여러분은 이 변화를 장기적인 것으로 생각했나요, 아니면 단기적인 것으로 생각했나요? 지금은 어떻게 생각하나요? 왜 그렇게 생각하나요?

4 전 세계에 걸쳐 더욱더 의사전달에 힘쓰고 더욱 협력적이 되어가는 정부의 다른 예는 무엇인가요?

5 정부 활동을 조정하려고 노력함에 따라 정부는 어떤 도전에 직면하게 되었나요?

6 생계수단으로 농경에 종사하는 사람이 얼마나 많이 있다고 생각하나요? 이런 사람들의 수는 더욱 많아지나요? 아니면 적어지나요?

7 어느 곳이 세계에서 가장 빠르게 성장하는 도시인가요?

8 공산주의는 무엇인가요? 어떻게 공산주의는 혁신을 질식시켰나요?

9 어떤 방식으로 여러분은 학교에 있는 동안 여러분의 개인적인 에너지가 증가할 것이라고, 혹은 감소할 것이라고 기대하나요?

10 에너지 사용에 있어 왜 중국과 인도의 산업화가 중요한 요소일까요?

11 농경 기술의 활용에 대한 논쟁의 양쪽 입장은 무엇인가요?

12 왜 기대수명과 교육 수준은 높아지나요?

13 별의 형성 과정과 핵폭탄의 형성 과정의 공통점은 무엇인가요?

14 여러분이 지리학 국제학술대회에 참석하고 있고, 어떤 사람이 인류세를 새로운 지질학적 시대로 인정해야 한다고 주장한다고 합시다. 이 주장을 지지하는 논증과 반대하는 논증은 어떤 것이 있나요?

15 인류세를 임계국면으로 만드는 요소는 무엇이며 이에 관한 골디락스 조건은 무엇인가요? 어떤 복잡성이 증가했나요?

BIG
HISTORY

10

미래

10-1 미래에 복잡성은 어떻게 증가할 것인가?

이 장에서 데이비드 크리스천 교수는 먼 미래와 가까운 미래, 그리고 현재의 복잡한 세계가 가진 취약성에 대해 설명하고 있다. 과거를 조심스럽게 살펴본 후에, 빅 히스토리는 불가피하게 미래를 연구할 수밖에 없다. 미래에도 지구에서 복잡성이 계속 증가할 것이며 우주에서는 궁극적으로 단순성이 지속될 것으로 보인다.

핵심 질문
1. 현대 세계의 다음은 무엇일까요?
2. 우리의 자손들은 더 건강한 삶을 향유할 수 있을까요?

PART 1 : 그 다음은 무엇일까?

지금까지 138억 년을 다루었지만, 강의가 완전히 끝난 것은 아닙니다. 현대 세계의 다음은 무엇일까요? 그렇습니다. 미래가 있습니다. 물론 미래도 아마 과거와 같이 매우 길 것입니다. 사실, 가장 최근의 예측에 의하면 우주는 다소간 어떤 형태로 계속 존재할 겁니다. 그래서 이 책에서 살펴본 시기는 식전 음식과도 같을 것입니다.

역사가들은 일반적으로 미래에 대해 이야기하지 않습니다. 과거와 달리 미래는 예측할 수 없기 때문이라는, 매우 설득력 있는 이유 때문에 그렇습니다. 그러나 빅 히스토리 강좌에서 여러분은 미래를 피해갈 수는 없습니다. 마침내 우리는 거대한 추세를 살펴보았습니다. 우주의 팽창, 복잡성의 증가, 판구조의 운동, 인류의 에너지 소비의 증대, 그리고 그중에서 지구 온난화. 이러한 추세들은 즉각적으로 멈추지 않을 만큼 거대합니다.

그것은 유조 저장 탱크에 기름을 가득 채운 유조차가 최고의 속도로 달려가는 것과 같습니다. 엔진을 거꾸로 돌려서 유조차를 정지시키려고 하지만 유조차는 정지하기 전까지 수 km를 유영하듯 밀려나갈 것입니다.

그래서 예측이라는 목적으로 보면, 추세가 미래에도 계속된다는 사실은 유용합니다. 그 추세 때문에 우리는 앞으로 무엇이 생길 것인지에 대해 몇 가지를 알 수 있습니다.

더욱이 가까운 미래, 특히 앞으로 올 100여 년은 정말로 중요합니다! 가까운 미래는 여러분, 여러분의 자녀들, 여러분의 손자손녀들이 살아나갈 시간입니다. 미래가 어떠할지는 부분적으로 우리가 현재 무엇을 할 것인지에 달려 있습니다. 그래서 어떤 의미에서 여러분과 여러분의 세대가 빅 히스토리 이야기에 대해 이야기를 시작할 때이기도 합니다.

PART 2 : 먼 미래

예측하기에 가장 쉬운 추세는 가장 간단하고 가장 두드러진 추세입니다. 가장 거대한 규모로 보면, 우리는 우주가 계속 팽창하고 있다는 사실을 알고 있으며 우주에서 단순성이 지속될 것이라고 믿고 있습니다. 1990년대 말에 천문학자들은 우주가 더욱 커짐에 따라 우주의 팽창 속도가 가속하고 있다는 사실을 발견했습니다. 이것은 우주가 더욱더 커지게 될 것으로 보인다는 것입니다.

이것은 결국에 우주는 더욱더 단순하게 됨에 따라 우주에서 복잡한 것들을 만드는 일이 더욱더 힘들게 될 것이라는 것을 의미합니다. 미래의 수천억 년 혹은 수조 년에 은하단 사이의 간격이 더욱 넓어질 것이며 각 은하단은 혼자 남아 있게 될 것입니다. 그때가 되면, 별들은 수소를 다 소진하게 되어서 연소를 정지하게 될 것이고 별의 빛은 꺼지게 될 것입니다.

어떤 별들은 1000억 년 동안 타다 남은 잉걸불°처럼 천천히 그리고 은은히 빛날 것이고, 은하단은 광대한, 대부분이 텅 빈 우주 묘지로 변할 것입니다. 남은 잔해들은 블랙홀로 빨려들어가 결국에는 블랙홀도 붕괴되어 우주는 더욱더 텅 비게 될 것입니다. 그러나 그것은 엄청나게 먼 미래의 일입니다. 그동안 우리는 더욱더 복잡한 것들을 만들어내는, 많은 에너지를 가진 젊은 우주에서 살게 될 것입니다.

○ **잉걸불**
활짝 피어 달아오른 숯불의 불덩어리처럼 이글이글 타오르는 불의 상태 태양계는 어떻게 될까요? 30~40억 년 후에는 우리 은하는 가장 가까운 이웃인 안드로메다 은하와 천천히 충돌하기 시작할 것입니다. 이와 동시에 우리의 태양은 수소를 모두 태우고 베텔게우스처럼 적색거성으로 커져 (지구를 포함한) 암석질의 내행성들을 삼키고, 그 후에는 붕괴하여 죽음을 맞이할 것입니다. 태양은 충분히 크지 않기 때문에 초신성으로 폭발하지는 않지만, 최후의 시간에는 탄소를 생성하고 또한 산소와 질소를 만들어낼 것입니다.

지구와 관련해서, 수억 년 혹은 수천만 년 후에 판구조는 대륙을 새롭게 재배열할 것입니다. 태평양은 좁아지고 오스트레일리아는 아메리카와 더욱 가까워지고 대서양은 확대되어 더 넓은 대양이 될 것입니다.

인류는 그때까지 살아 있을까요? 그것은 '인류'를 어떻게 정의하느냐에 따라 달려 있습니다. 한두 세기만에, 우리 세대가 보기에도 정말 이상하고 이질적인 것처럼 보이는 방식으로 우리는 우리 자신을 유전학적으로 설계할지도 모릅니다. 그렇게 되면 우리의 후손들 중에 어떤 이들은 로봇과 함께 달이나 화성 혹은 목성이나 토성의 주위 위성들에 가서 살지도 모릅니다. 수세기가 걸리겠지만, 다른 태양계 주변에 있는 행성에 정착할 수도 있습니다. 지난 수년 동안에 우리는 인류가 정착하여 살 수 있는 행성들이 많이 있을 것이라는 사실을 알게 되었습니다.

PART 3 : 가까운 미래

그러나 대부분의 우리에게 중요한 미래는 가까운 미래, 즉 다음 수백 년의 미래입니다. 그리고 불행하게도 여기에서 예측은 더욱 어려워집니다. 변화의 속도에 가속이 붙어서 많은 것들이 가끔 통제 불능인 것처럼 보이기도 합니다.

우리의 자녀와 손자녀의 미래를 위협할 수 있는 몇몇 염려되는 추세들이 있습니다. 그 추세는 (물, 경작지, 화석연료와 같은) 더욱더 희소해지는 것들의 소비 증대, 다른 종의 멸종 가속화, 무기의 누진적인 파괴력, 해양의 산성화, 온실 기체 방출의 급격한 증가입니다.

만약 우리가 이러한 변화를 통제하지 못한다면, 미래의 세대들은 생활 수준을 철저하게 낮춰야 하는 도전과 심지어는 그들의 생존을 위협할 수도 있는 심각한 도전에 직면할 것입니다. 그래서 여러분은 우리가 냉혹하고 위험한 시기에 살고 있다고 주장할 수도 있습니다.

다른 한편으로, 많은 긍정적인 추세들을 지적하는 것은 그리 어려운 일이 아닙니다. 개인들 간의 폭력 수준이 인류 역사의 어느 때보다 낮으며, 어린아이가 건강하고 오랜 삶을 살 수 있는 기회는 이전 어느 때보다 큽니다. 좋은 교육을 받을 수 있는 기회도 크며, 더욱더 많은 정부가 국민에 의해 선출되었고 국민이 정책 결정 과정에 참여하도록 했습니다. 그래서 여러분이 원한다면, 여러분은 인류 역사에서 가장 가능한 좋은 시기에 우리가 살고 있다고 주장할 수도 있습니다.

우리의 자손들은 오늘날의 우리보다 일반적으로 더 풍요롭고 더 성취감을 느끼며 더 건강한 삶을 향유할 수 있을까요? 혹은 인류 사회는 자원의 현저한 감소, 잔인한 분쟁, 그리고 파괴된 환경의 압력 속에서 붕괴할까요?

그 대답은 부분적으로 여러분의 세대가 선택하는 결정에 달려 있습니다. 우리의 선택에 대해 긍정적으로 생각해야 할 매우 설득력 있는 이유가 있습니다. 그것은 우리에게 집단적으로 학습할 수 있는 능력이 있고 그것이 증대되고 있다는 점입니다. 우리는 집단학습의 힘이 인류의 역사를 통해 가속해왔다는 사실을 알고 있습니다. 그리고 새로운 기술, 새로운 정보, 새로운 해결책을 만들어낼 수 있는 능력이 인류 사회의 규모에, 그 다양성에, 그리고 그 연결성에 달려 있다는 사실을 알고 있습니다. 오늘날의 글로벌 사회는 이전 그 어느 시기보다도 규모가 큽니다. 글로벌 사회는 어마어마하게 다양한 숙련 기술과 지식을 가지고 있으며, 인터넷, 복잡한 운송 네트워크, 세계적인 미디어, 국제적인 기업과 기관들을 통해 글로벌하게 연결되어 있습니다. 한 세기 전만 해도, 우리 세계의 전 세계적인 연결성은 상상할 수도 없는 것이었고 인터넷이라는 아이디어는 순전히 공상과학이었습니다.

우리가 큰 문제에 직면해 있다는 것은 확실한 사실입니다. 그러나 또한 집단학습의 놀라운 능력이 우리를 도와 대부분의 문제를 극복하고 우리의 자손이 적어도 우리만큼 혹은 우리보다 훨씬 더 잘 살 수 있을 것이라고 생각할 만한 설득력 있는 이유가 있습니다. 확실히 우리는 70억 명의 결집된 노력으로 하나의 종으로서 우리가 직면하게 될 도전을 극복할 수 있을 것입니다.

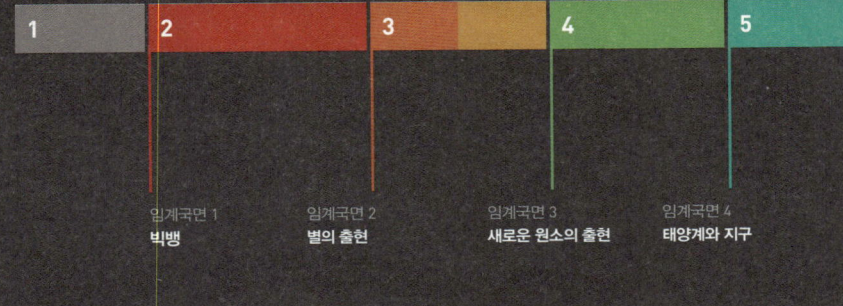

여덟 번째 임계국면은 새로운 기술의 폭발을 불러일으켰고, 그 덕분에 우리는 지구 상에서 가장 강력한 종이 되었으며 지구 자원을 더욱더 소비할 수 있었습니다. 여덟 번째 임계국면은 우리에게 '인류세'를 가져다주었습니다. 복잡성을 증대하는 그 다음의 주요 임계국면은 무엇이 될까요? 다음 임계국면에서 우리가 생물권과 더불어 더욱 지속가능하게 살 수 있는 세계를 건설하는 데 집단학습을 이용하는 존재가 될 수 있을까요? 지금 우리가 관찰할 수 있는 매우 긍정적인 추세는 인구 성장률이 줄어들고 있다는 것입니다. 여러 세기 동안, 인류의 수는 이전보다 더 빠르게 증가했지만, 20세기 말에 분명히 증가율이 내려가고 있으며 그것도 매우 빠르게 내려가고 있습니다. 많은 인구 통계학자들은 인류의 수가 다음 100년 후에 약 90억~100억 명이 될 것이며, 그 후에 감소하기 시작할 것이라고 예상하고 있습니다. 그것은 더욱 지속가능한 미래의 첫 신호탄일까요?

다음은 여러분 차례입니다. 여러분의 증손자들이 100년 후에 빅 히스토리를 배울 때, 여러분은 그들이 여러분 세대가 성취한 업적에 대해 뭐라고 말했으면 좋겠나요? 여러분은 미래가 뭐라고 말할 것이라고 생각하나요?

옮긴이의 말

빅 히스토리, 시대 정신에 부합하는 융합 학문

이 책은 마이크로소프트 사의 설립자인 빌 게이츠Bill Gates 가 지원하는 빅 히스토리 프로젝트Big History Project의 기본 텍스트를 번역하여 엮은 것이다. 10부로 구성된 빅 히스토리 프로젝트는 내용의 규모에 따라 2~3개의 장이 있고, 각 장에는 한 개의 기본 텍스트와 이 기본 텍스트를 기반으로 한 영상 강의가 있다. 영상 강의는 학생들이 필요할 때 언제나 쉽게 보고 반복적으로 시청할 수 있도록 5~6분의 길이로 구성되어 있다.

그리고 각 장에는 기본 텍스트 이외에 여러 다양한 보충 자료가 함께 제공된다. 세계적으로 유명한 역사학자들은 물론이고 자연과학자들의 영상 자료, 문헌 자료, 주요 개념에 대한 설명 등을 접할 수 있다. 따라서 기본 텍스트는 빅 히스토리의 주요 흐름을 놓치지 않으면서도 빅 히스토리의 주요 개념을 충실히 이해할 수 있도록 교육하는 데 목적을 두고 작성되었다. 요컨대, 기본 텍스트인 이 책은 빅 히스토리 프로젝트에서 제공하는 교육 내용의 핵심이자 교육과정의 길잡이인 셈이다.

빌 게이츠의 빅 히스토리 프로젝트는 미국에서 9~10학년 학생, 우리나라로 말하자면 중3~고1 학생을 주요 대상으로 해서 교육 내용을 제공하고 있다. 왜 하필 중3~고1일까? '중3~고1'이라는 나이는, 지난날의 파편화된 지식을 종합해보고 한번쯤 정리해서 현대 사회가 제공하는 모든 지식의 그림을 전체적으로 그려볼 수 있는 시간이다.

사실 여기에서 말하는 중3~고1은 상징적인 것이다. 개인적인 지식 성취도와 흥미에 따라, '중3~고1'은 좀 일찍 찾아올 수 있고 좀 늦게 찾아올 수도 있다. 빅 히스토리는 미국과 호주에서 9~10학년 학생을 위해 개설되어 운영되지만, 실제로 그보다 낮은 저학년 학생들이나 고학년 학생들도 큰 흥미를 가지면서 수강하는 것을 본 적이 있다. 물론 대학교 교양과목 수준에서도 빅 히스토리를 가르친다. 보다 치밀하고 전문화된 교육 내용으로 가르치는 것이지만, 빅 히스토리가 중3~고1만을 위한 것이 아니라는 점은 분명하다. 다만, 이 책, 즉 빅 히스토리 프로젝트의 기본 텍스트는 중3~고1 정도의 수준에 맞춰 작성된 것이라는 점을 강조하고 싶다.

이런 이유 때문에, 자연과학적 소양이 두터운 학생이 인문학적 교양을 쌓고자 하거나 인문학적 소양이 깊은 학생이 자연과학적 교양을 연마하려고 할 때, 이 책은 매우 유용한 역할을 할 수 있다. 흔히, 고등학교에서 인문계와 이 공계로 나뉘면서, 학생들은 인문학을 잃어버리거나 자연 과학에 대한 흥미를 잃어버린다. 그렇게 되면, 조만간 학생들은 자신이 속해 있지 않은 다른 지식 세계에 대해 두려움을 가지게 된다. 이 두려움은 때로 다른 지식 세계에 대한 무시나 폄하로 나타나거나 심지어는 반감이나 적대감으로 표출되기도 한다. 이런 교육과 문화 속에서 성장한 학생들은 성인이 되어서도 공포와 폄하, 적대감을 확대 재생산함으로써 사회적으로 커다란 장벽으로 갈라진 '두 개의 문화'를 만들고 지속시키는 것이다.

그래서 이 책은 단순히 중3~고1의 특정 학년 학생을 위한 것이 아니라, 다른 지식 세계에 대한 지적 갈망을 가진 사람이나 '두 개의 문화'가 조장한 두려움을 극복하고자 하는 모든 사람들에게 필요한 책이라고 할 수 있다.

현대 사회는 엄청난 과학기술의 발달과 성취에 입각하여 구축된 사회이다. 앞으로도 과학기술에 대한 의존은 더욱 심화되고 확대될 것이다. 지구 온난화 문제처럼, 과학기술은 인류에게 역사상 유례없는 새로운 문제들을 가져다주었으며 그 문제를 해결할 수 있는 방법도 가져다줄 것이다. 그러나 우리가 인간인 이상, 인간에 대한 깊은 이해와 겸허한 마음, 그리고 나눔의 정신을 저버릴 수는 없다. 과학기술도 인간과 인간이 속한 생태계를 위한 것일 때, 비로소 그 가치가 인정되는 것이다.

빅 히스토리는 이런 현대 사회의 시대정신에 부합하는 융합학문이며 융합 교육 프로그램이다. 빅 히스토리는 현대 사회를 이끄는 극소수의 지도자만이 가져야 할 전문 지식이 아니라, 현대 사회에 사는 모든 사람들을 위한 도덕 지식이다. 추천사에서 빌 게이츠도 지적한 바와 같이, 현대 사회가 당면하고 있는 다양한 문제들은 개인이나 집단, 국가의 층위를 넘어서 인류 전체를 포괄하는 층위에서 마땅히 검토되고 그 해결책이 마련되어야 한다.

그뿐만 아니다. 최근에 급속도로 발전한 과학기술이 불러일으킨 다양한 지식의 세계가 우리 앞에 놓여 있다. 그리고 그 지식 세계는 새로운 차원의 발전과 향상을 기다리고 있다. 현대인으로서 이렇게 즐거움과 기쁨이 넘치는 새로운 지식을 제대로 향유하지 못한다면, 이는 안타까운 일이 아닐 수 없다. 어렸을 때 마음껏 누렸던 융합 지식의 세계를, 잃어버린 '반쪽 인간'의 삶을 다시 풍요롭게 하는 것은 인간성을 회복하는 것과 다름없는 작업일 것이다.

빅 히스토리는 이러한 새로운 지식 세계로 이끄는 초대장이다. 나 자신도, 오래전 미국 워싱턴에 있는 스미소니언 자연사박물관을 한두 시간 만에 둘러보다 나왔지만, 빅 히스토리를 공부하기 시작한 이후에는 이틀하고도 반나절의 시간도 부족했던 경험이 있다. 모든 것이 나에게 새롭게 그리고 흥미롭게 다가왔던 것이다. 그 이후에 끊임없이 계속해서, 나는 여전히 빅 히스토리를 배운다.

빅뱅에서 현재 그리고 미래에 이르는 광대한 시간의 역사를 살펴보는 지식은 나약한 한 인간에게 여전히 압도적이지만 다른 한편으로 그 광대한 것을 이해하려고 노력하는 영웅적인 한 인간에게 종속적이기도 하다.

바로 이런 역설이 빅 히스토리가 우리에게 전해주는 값진 지혜들 가운데 하나다. 독자들도 빅 히스토리를 살펴보면서 그 속에서 수많은 크고 작은 지혜를 찾을 수 있기를 소망한다. 밤하늘의 무수한 별과 은하들처럼, 경쟁이 치열한 현대 사회의 거친 삶 속에서도 영롱하게 빛나는 지혜들을 빅 히스토리에서 발견할 수 있기를 기대한다.

빅 히스토리 프로젝트를 실질적으로 지원, 운영하면서 한국어 번역본이 빛을 볼 수 있도록 허락해 준 bgC3의 앤디 쿡Andy Cook, 그리고 흔쾌히 추천사를 써 준 빅 히스토리의 창시자 데이비드 크리스천 교수에게 이 자리를 빌려 깊은 감사를 드린다. 앤디 쿡은 개방적인 안목과 효율적인 결정으로 많은 도움을 주었으며, 크리스천 교수는 지난 5년간 매년 여름에 두 달 동안 한국에서 체류하면서 우리나라의 빅 히스토리 교육과 연구를 위하여 함께 열정을 쏟아 주었다.

그리고 우리나라에서 최초로 빅 히스토리를 대학 정규과목과 중등학교 방과 후 활동 프로그램에서 빅 히스토리를 가르친 김서형 이화여자대학교 지구사연구소 연구교수의 헌신적인 도움에도 심심한 감사를 표한다.

도판의 출처

약칭 fl – www.flickr.com/photos
      wiki – www.wikipedia.org

1장
8쪽 ⓒThe Big History Project
14쪽 ⓒNASA
17쪽 ⓒNASA
18~19쪽 ⓒNASA
21쪽 ⓒNASA
22쪽 ⓒThe Big History Project
24~25쪽 ⓒThe Big History Project
32쪽 ⓒThe Big History Project
34쪽 ⓒThe Big History Project
36쪽 ⓒThe Big History Project
41쪽 ⓒ스트리트 H
43쪽 ⓒThe Big History Project
45쪽 ⓒNASA, The Big History Project

2장
50쪽 ⓒThe Big History Project
55~57쪽 ⓒThe Big History Project
59쪽 위 ⓒWikipedia
59쪽 아래 ⓒThe Big History Project
61쪽 ⓒNASA
63쪽 ⓒThe Big History Project
65쪽 ⓒNASA, ESA, L. Frattare(STSd), A. Riess(STSd/JHU) and L. Macri(Texas A&M University)
66~67쪽 ⓒThe Big History Project
69쪽 ⓒThe Big History Project
72쪽 ⓒThe Big History Project
75쪽 ⓒWestern Woshington University
76쪽 ⓒCardiff University
77쪽 ⓒThe Big History Project
83~87쪽 ⓒThe Big History Project
89쪽 ⓒNASA
90쪽 ⓒNASA/WMAP Science Team
91쪽 ⓒThe Big History Project

3장
98쪽 ⓒNASA
101쪽 ⓒNASA
102~103쪽 ⓒThe Big History Project
105쪽 ⓒNASA/WMAP Science Team
107쪽 ⓒNASA
111쪽 ⓒNASA
113쪽 ⓒNASA/JPL–Caltech/UCLA
115~117쪽 ⓒNASA
120쪽 ⓒNASA
123쪽 ⓒThe Big History Project
125쪽 ⓒNASA
127쪽 ⓒNASA, The Big History Project
129쪽 위 ⓒThe Big History Project
129쪽 아래 ⓒNASA
133쪽 ⓒNASA/ESA/JPL/Arizona State University
135쪽 ⓒThe Big History Project

4장
142쪽 ⓒESA/NASA/SOHO
146쪽 ⓒThe Big History Project
149쪽 ⓒThe Big History Project
150쪽 ⓒNASA/JPL–Caltech/T.Pyle(SSC)
151쪽 ⓒNASA
153쪽 ⓒNASA/ESA and L. Ricci(ESO)
154~155쪽 위 ⓒLunar and Planetary Institute
155쪽 아래 ⓒNASA/JPL/University of Arizona
157~158쪽 ⓒThe Big History Project
161쪽 ⓒNASA/JPL–Caltech/H. Knutson(Harvard–Smithsonian CfA)
163쪽 위 ⓒNASA/JPL–Caltech
163쪽 가운데 ⓒNASA
163쪽 아래 ⓒNASA/JPL
166쪽 Pangea Continents ⓒkieff(wiki)
168~169쪽 ⓒThe Big History Project
173~174쪽 ⓒThe Big History Project
177쪽 Orbis terrarum nova et accuratissima tabula ⓒNorman B. Leventhal Map Center at the BPL(fl/normanbleventhalmapcenter)
179쪽 ⓒThe Big History Project
181쪽 ⓒThe Big History Project
183쪽 Aerial photo of the Andes ⓒRobert Morrw(wiki)
184쪽 Everest North Face toward Base Camp Tibet Luca Galuzzi 2006 edit 1 ⓒLuca Galuzzi(wiki)
185쪽 San Andreas Fault in the Carrizo Plain

©lkluft(wiki)
187쪽 위 ©The Alfred Wegener Institute for Polar and Marine Research
187쪽 아래 ©Princeton University Archives

5장
192쪽 ©이무락
195쪽 ©The Big History Project
197쪽 Anatomy of an amoeba ©Pearson Scott Foresman(wiki)
202~203쪽 ©The Big History Project
205쪽 위 ©www.cambridgeshire.gov.uk
205쪽 아래 ©The Big History Project
206쪽 ©The Big History Project
207쪽 ©Ernst Haeckel
208쪽 위 Darwin's Finches ©John Gould(wiki)
208쪽 아래 The Origin of Species by Means of Natural Selection ©Cradie of humankind(fl/29572373@N08)
212쪽 The Fossil Room ©fairlybuoyant(fl/fairlybuoyant)
215쪽 ©The Big History Project
216~217쪽 ©The Big History Project
219쪽 ©The Big History Project
221쪽 Onion cells 2 ©kaibara87(fl/34745138@N00)
222~229쪽 ©The Big History Project
232쪽 Lava channel overflow ©Jennifer williams(wiki)
235쪽 ©The Big History Project
240쪽 ©The Big History Project
243쪽 ©The Big History Project
245쪽 ©The Big History Project

6장
250쪽 Pan troglodytes, Zoo Leipzig ©Thomas Lersch(wiki)
253쪽 ©The Big History Project
255쪽 위 Mrs. Ples, discovered in South Africa. ©Jose Braga ; Didier Descouens(wiki)
255쪽 아래 Australopithecus africanus from Taung, replica ©Gerbil(wiki)
256쪽 The Good Rebel ©oddernod(fl/22361779@N08)

259쪽 ©The Big History Project
261쪽 위 Lucy skeleton ©Wikipedia
261쪽 아래 ©The Big History Project
262쪽 Skulls of KNM-ER 1470 and KNM-ER 1813 ©Wikipedia
263쪽 Biface ©Didier descouens(wiki)
264쪽 Bifaz eliptico ©José-Manuel Benito Álvarez(wiki)
265쪽 ©The Big History Project
268쪽 British Museum : Parthenon ©bram-souffreau(fl/bram_souffreau)
271쪽 위 The City from the Shard ©Duncan(fl/duncanh1)
271쪽 아래 왼쪽 fly ©twicepix(fl/twicepix)
271쪽 아래 오른쪽 Boyne City ©odalaigh(fl/odalaigh)
273쪽 Museum Inhabitant ©Son of Groucho(fl/sonofgroucho)
275쪽 위 Luxor Temple ©watchsmart(fl/watchsmart)
275쪽 아래 Temple of Maharraka ©Verify Cridland(fl/58789412@N00)
276쪽 Detroit to LasVegas ©246-You(fl/fotois)
277쪽 ©The Big History Project
278쪽 ©The Big History Project
284쪽 Stonehenge ©CJ TravelTips.com(fl/cjtraveltips)
287쪽 Algerien_5_0050 ©Gruban(fl/gruban)
289쪽 가운데 Blombos Cave ©Magnus M. Haaland(wiki)
289쪽 아래 왼쪽, 오른쪽 Blombos Cave ©John Reader/Photo Researchers, Inc.
290~291쪽 ©Bettmann/Corbis
293쪽 Newspaper Rock, UT ©Jirka Matousek(fl/jirka_matousek)
294쪽 Prehistoric Painting ©klearchos(fl/klearchos)
297쪽 ©The Big History Project
298쪽 Middle Stone Age Silcrete bifacial points, engraved ochre and bone tools ©chenshilwood(wiki)

7장
304쪽 Horedum vulgare ©Matt Lavin(fl/35478170@N08)

307쪽 Myrmecocystus ants storing nectar to prevent colony famine ©Greg Hume(wiki)
308쪽 위 왼쪽 Teosinte ©mbhufford(wiki)
308쪽 위 오른쪽 corn ©Muffel(fl/53133240@N00)
308쪽 아래 왼쪽 Himalayan Goral ©Ali-Arsh(fl/ali_arsh)
308쪽 아래 오른쪽 Sheep-6 ©A Roger Davies(fl/rogdavies)
311쪽 ©The Big History Project
313쪽 ©The Big History Project
314쪽 ©The Big History Project
317쪽 ©김지연
320쪽 Tomb of Amenemhet ©ancientartpodcast.org(fl/ancientartpodcast)
323쪽 위 Butser Ancient Farm taken from windmill hill ©Geni(wiki)
323쪽 아래 Majestic Terraced Fields ©Wootang01(fl/mckl.n)
325쪽 ©The Big History Project
326쪽 위 January : Ploughing ©spratmackrel(fl/30591976@N05)
326쪽 아래 Irrigation Channel ©TyB(fl/tylerbell)
329쪽 Ancient ziggurat at Ali Air Base Iraq ©hardnfast(wiki)
330쪽 Le Louvre-Lens ©OliBac(fl/olibac)
332쪽 ©The Big History Project
333쪽 Dead can dance ©menti(fl/milarupa)
335쪽 ©The Big History Project
336쪽 왼쪽 Law code of Hammurabi - King Hammurabi with Shamash ©charlie Phillips(fl/10807466@N03)
336쪽 오른쪽 Ancient Greek Silver Coin(Dekadrachm) ©Carl Malamud(wiki)
337쪽 위 ©The Big History Project
337쪽 아래 The exterior wall of the Inca fortress of Sacsayhuaman ©Christophe Meneboeuf(wiki)

8장
342쪽 Sailing-Ships(c. 1886-1890)-Constantinos Volanakis ©Tilemahos Efthimiadis(fl/64379344@N00)

347쪽 ©The Big History Project
349쪽 위 Jikji ©Daderot(wiki)
349쪽 아래 Gutenberg Press 3 ©aplumb(fl/81685076@N00)
350쪽 Roman trireme on the mosaic in Tunisia image ©Wikipedia
353쪽 ©Philadelphia Museum of Art/Corbis
354쪽 Map of the routes of Zheng He ©Wikipedia
356쪽 위 Illustration of the Black Death from the Toggenburg Bible ©Wikipedia
356쪽 아래 The Dance of Death ©Wikipedia
358쪽 위 ©The Big History Project
358쪽 아래 Pharaoh Horemheb's tomb ©Jon McL(fl/fogey03)
359쪽 위 ©The Big History Project
359쪽 아래 peru - gold cups ©CâSbr(fl/69275268@N00)
360쪽 위 ©The Big History Project
360쪽 아래 rock 39 cave painting 2 ©Lyndi&Jason(fl/citnaj)
361쪽 위 ©The Big History Project
361쪽 아래 Arrival of Abel Tasman in Tongatapu, 1643 ©Wikipedia
363쪽 Thomas Robert Malthus ©Wikipedia

9장
368쪽 ©NASA
371쪽 ©The Big History Project
372쪽 ©The Big History Project
373쪽 Soldiers way off-get more Indians, Heap go catch em, Steal big cans, Wilson's Good Beef ©Boston Public Library(fl/boston_public_library)
375쪽 ©The Big History Project
377쪽 München 035 Alte Pinakothek, Antonio Canaletto - Piazzetta und Riva degli Schiavoni von Venedig ©Allie-Caulfield(fl/28577026@N02)
379쪽 ©The Big History Project
381쪽 위 왼쪽 Mailand, Signallampen im Straßenverkehr ©Wikipedia
381쪽 위 오른쪽 MM00000309 ©Florida keys_public Libraries(fl/97623182@N00)
381쪽 가운데 왼쪽 Wireless telegraphy

equipment at the Adelaide Observatory, 1900 ©State Library of South Austraila(fl/state_library_south_australia)
381쪽 가운데 오른쪽 The old Train ©paukrus(fl/paukrus)
381쪽 아래 First car-mounted radio-telephone:1924 ©abaporu(fl/abaporu)
383쪽 ©The Big History Project
384쪽 위 World War I Battleship ©Rennett Stowe(fl/10393601@N08)
384쪽 가운데 B73110 ©State Library of South Austrailia(fl/state_library_south_australia)
384쪽 아래 1918 Versailles, France ©dok1(fl/dok1)
388쪽 Wet night city: Seattle, from high above on Beacon Hill, 12th and 13th floors PAC-MED building, amazon.com, Washington state, USA ©Wonderlane(fl/71401718@N00)
391쪽 ©The Big History Project
393쪽 위 IMG_8111©razvan.orendovici(fl/razvanorendovici)
393쪽 가운데 ©NASA
393쪽 아래 왼쪽 Afghans cast votes in Marjah ©DVIDSHUB(fl/dvids)
393쪽 아래 오른쪽 New York 2009-United Nations ©Barbara(fl/10028574@N02)
394쪽 왼쪽 Man-made-New York City-Empire State Building worker ©Trodel(fl/trodel)
394쪽 오른쪽 Icarus, 1930, Hine ©Bluesguy from NY(fl/8392121@N02)
395쪽 왼쪽 1960 eldo seville ©thebig429(fl/thebig429)
395쪽 오른쪽 New York City, Manhattan, Midtown:"Empire State Building" 1930-31 ©vincent des jardins(fl/endymion120)
397쪽 A dense column of smoke rises ©Marion Doss(fl/7337467@N04)
399쪽 위 Biggest City in the World ©Southtopia(fl/southtopia)
399쪽 아래 I-85/I-485 Interchange©NCDOTcommunications(fl/ncdot)
400쪽 왼쪽 View of West of Delhi ©jepoirrier(fl/jepoirrier)
400쪽 오른쪽 Lake Hume at 4%-6531 ©Tim J Keegan(fl/49333819@N00)

401쪽 Surviving in the Arctic ©U.S. Geological Survey(fl/27784370@N05)

10장
406쪽 ©NASA Earth Observatory
409쪽 ©NASA
410~411쪽 ©NASA
413쪽 ©NASA
414쪽 future systems, copenhagen harbour, 2004-2008 ©seier(fl/seier)
417쪽 Fireworks ©Merritt Boyd(fl/chaos08)
418~419쪽 ©The Big History Project

빅 히스토리

1판 1쇄 2013년 9월 10일
1판 23쇄 2025년 12월 1일

지은이 데이비드 크리스천·밥 베인
옮긴이 조지형

기획 고래방 최지은
책임편집 허영수 김소희
디자인 이혜령
마케팅 이보민 손아영

펴낸곳 (주)북하우스 퍼블리셔스 | **펴낸이** 김정순
출판등록 1997년 9월 23일 제406-2003-055호
주소 04043 서울시 마포구 양화로 12길 16-9(서교동 북앤빌딩)
전화 02-3144-3123 | **팩스** 02-3144-3121
전자우편 henamu@hotmail.com | **홈페이지** www.bookhouse.co.kr
인스타그램 @henamu_official

ISBN 979-89-5605-693-7 03900

해나무는 (주)북하우스 퍼블리셔스의 과학·인문 브랜드입니다.